121

新 知
文 库

XINZHI

A Treasury of Deception

Copyright © 2005 by Micheal Farquhar
Published by agreement with Harvey Klinger, Inc.,
through The Grayhawk Agency Ltd.

骗 局

历史上的骗子、赝品和诡计

[美] 迈克尔·法夸尔 著　康怡 译

生活·讀書·新知 三联书店

Simplified Chinese Copyright © 2020 by SDX Joint Publishing Company.
All Rights Reserved.
本作品简体中文版权由生活·读书·新知三联书店所有。
未经许可，不得翻印。

图书在版编目（CIP）数据

骗局：历史上的骗子、赝品和诡计／（美）迈克尔·法夸尔著；康怡译．—北京：生活·读书·新知三联书店，2020.7 （2022.3 重印）
（新知文库）
ISBN 978-7-108-06743-2

Ⅰ．①骗… Ⅱ．①迈… ②康… Ⅲ．①诈骗-世界-通俗读物 Ⅳ．① C913.8-49

中国版本图书馆 CIP 数据核字（2020）第 061624 号

责任编辑	曹明明
装帧设计	陆智昌　康　健
责任校对	张国荣
责任印制	卢　岳
出版发行	生活·讀書·新知 三联书店
	（北京市东城区美术馆东街 22 号 100010）
网　址	www.sdxjpc.com
图　字	01-2019-1002
经　销	新华书店
印　刷	北京隆昌伟业印刷有限公司
版　次	2020 年 7 月北京第 1 版
	2022 年 3 月北京第 2 次印刷
开　本	635 毫米 × 965 毫米　1/16　印张 19.5
字　数	235 千字　图 50 幅
印　数	10,001-13,000 册
定　价	48.00 元

（印装查询：01064002715；邮购查询：01084010542）

新知文库

出版说明

在今天三联书店的前身——生活书店、读书出版社和新知书店的出版史上，介绍新知识和新观念的图书曾占有很大比重。熟悉三联的读者也都会记得，20世纪80年代后期，我们曾以"新知文库"的名义，出版过一批译介西方现代人文社会科学知识的图书。今年是生活·读书·新知三联书店恢复独立建制20周年，我们再次推出"新知文库"，正是为了接续这一传统。

近半个世纪以来，无论在自然科学方面，还是在人文社会科学方面，知识都在以前所未有的速度更新。涉及自然环境、社会文化等领域的新发现、新探索和新成果层出不穷，并以同样前所未有的深度和广度影响人类的社会和生活。了解这种知识成果的内容，思考其与我们生活的关系，固然是明了社会变迁趋势的必需，但更为重要的，乃是通过知识演进的背景和过程，领悟和体会隐藏其中的理性精神和科学规律。

"新知文库"拟选编一些介绍人文社会科学和自然科学新知识及其如何被发现和传播的图书，陆续出版。希望读者能在愉悦的阅读中获取新知，开阔视野，启迪思维，激发好奇心和想象力。

生活·讀書·新知三联书店
2006年3月

谨以此书献给我的父母，
他们一辈子都只对我说真话
（除了圣诞老人那回事儿之外）

所有骗人之物，必有迷人之处。

——柏拉图

目　录

导　语　　1

第 1 章　超级巨骗　　1
吹牛不用打草稿 3 / 绝无仅有的"福摩萨亲王" 5 / "榨金王子" 8 / 空中楼阁 13 / 千面人生 17 / 雷厉"疯"行 21

第 2 章　媒体乌龙　　25
震惊！普利策获奖新闻竟然是…… 27 / 本杰明·富兰克林：鬼话连篇幽您一默 33 / "坡"为失败 35 / "日"新"月"异 36 / "狼来啦！"（逗你玩儿）39 / 人心不足蛇吞象 43 / "着火啦！"（子虚乌有）45 / 小小浴缸大有文章 47 / 梦游高棉 49 / 定"时"炸弹 51

第 3 章　兵不厌诈　　55
痛施苦肉计，智取巴比伦 57 / 孙膑复仇记 58 / 胜之不武？60 / 以少胜多 62 / 警告：吸烟可能导致战败 64 /

乘风破浪的无名英雄 66 / 幻影战队 67

第4章　局之大者　　　　　　　　　　　　　　　　75

伪造的圣谕 77 / 西洋三国志 80 / 红衣主教的罪恶 86 / 挑衅的艺术 89 / 第三帝国的谎言与欺骗 91 / 总统夫人的注水文凭 106 / 智斗卡扎菲 108 / 美利"奸"风云 108

第5章　科幻奇谈　　　　　　　　　　　　　　　　121

猿＋人≠猿人 123 / 诞兔逸闻 127 / 石头计 129 / 追求永恒 132 / 杏林神棍 134 / 赤裸的谎言 137 / 你我皆克隆 138

第6章　传世高仿　　　　　　　　　　　　　　　　141

都灵裹尸布 143 / 莎翁模仿秀 145 / 伊特鲁里亚遗迹的真相 147 / 法式骗局 149 / 以假乱真 151 / 量贩式名作 154 / 年度巨骗 155 / 元首日记 163 / 鱼死网破 166

第7章　致命谎言　　　　　　　　　　　　　　　　171

血谤起源 173 /《锡安长老会纪要》178 / 猎巫狂潮 181 / 以神之名 185

第8章　欺世盗名　　　　　　　　　　　　　　　　193

王子与贫儿 195 / 沙皇·"杀"皇 199 / 跨国公主梦 205 / 皇太子疑云 207 / 真假公主 212

第9章　金蝉脱壳　225
　　血遁与金遁 227 / 变装出逃 228 / 通往自由的快递 231 / 三十六计，走为上计 233 / 再见，科尔迪茨堡 234

第10章　愚人娱己　243
　　柯南·道尔与精灵 245 / 拯救曼哈顿 246 / 开门，有快递！248 / 文艺女青年的无畏岁月 249 / 以恶搞为己任的美利坚前辈们 252 / 严肃媒体逗你玩儿 253 / 初生牛犊的热血青春 254 / 假做真时 256

附　录　259
　　一　《圣经》中的十大诡计 261 / 二　文学名著中的十佳说谎能手 267 / 三　希腊神话中的十大妙计 272 / 四　近现代美国史上的十大"委婉"案例 281

参考资料　287

致　谢　291

导　语

　　济慈曾写下"美即是真，真即是美"的诗句①，然而历史本身却被各种欺世盗名的行径伤害得满目疮痍，甚至可以说是面目全非。有史以来，追求真相这个人类最伟大的理想每当遭遇燃眉之急便不得不一次次屈服于现实。不过很多时候这种让步并不可耻，比如说当年骗过了希特勒的妙计很可能拯救了全人类。为了现实牺牲理想是生而为人不可或缺的一部分，而历史上那些惊世骗局也和人类一样种类繁多，而且每个个体之间都存在着微妙的差别。

　　有那么几个世纪，在荒谬的伪造文书《君士坦丁献土》的作用下，欧洲的大部分地区长期被梵蒂冈教廷霸占。1915年，一些知名的科学家把所谓的"皮尔当人"公之于众，信誓旦旦地声称那就是连接人类与猿猴之间一直都没被发现的证据链，结果那个玩意儿不过是用中世纪英格兰人的头盖骨和红毛猩猩的下颌骨胡乱拼在一起的赝品。希特勒从来没写过日记。末代沙皇家的安娜斯塔西娅公主并未逃过灭门劫难。诺查丹玛斯也根本不能预知未来。而另一方

---

① 出自《希腊古瓮颂》。——译者注

面,比尔·克林顿却真的和那位女士,也就是莱温斯基小姐,发生过性关系。

各位读者可以把本书当作史上各大"伪人"、吹牛大王和大小忽悠们的奇闻总汇,也可以认为这本书只是给各种骗术脸上贴金,满纸荒唐言,根本不算书。本书里的某些故事可能大家早就耳熟能详,但是收录骗局的合集缺少了它们便不算原汁原味,所以请大家原谅这些老生常谈。书中大部分内容摘自西方各国年鉴和史录,这也从侧面反映出作者很遗憾地对东方国家几乎一无所知。关于本书最重要的一点是,虽然它是一本谎言和骗术的选集,但是每一个故事都真真切切发生过哟!

第 1 章
超级巨骗

虽然本书中提到的所有人物都当得起"超级巨骗"这个头衔，但是这一章中提到的人物却不太适合分在其他骗子的组里。当然他们都是骗子无疑，但是每个人在撒谎和设局等方面都拥有独一无二的风格。

诺查丹玛斯——《诸世纪》的"制骗人"

吹牛不用打草稿

如果诺查丹玛斯（Nostradamus）真的无所不知的话，他怎么就没提前让他亲爱的国王亨利二世不要参加1559年那场会令其驾崩的比武大赛呢？这位16世纪著名的预言家，原名米歇尔·德·诺查达姆（Michel de Nostredame）的诺查丹玛斯在其预言集《诸世纪》（Centuries）中特意为法国君主亨利二世书写预示其光明未来的信札。在他的笔下，亨利二世"战无不胜，所向披靡"。可惜成书不久，亨利二世就蹊跷地死于一次马上长矛比武。尽管如此，在亨利二世留下的孀妇凯瑟琳·德·美第奇王后的资助下，诺查丹玛斯开启了辉煌的人生。而这400多年来各路人马绞尽脑汁的各种解读更是让他的名气长盛不衰。

上自1666年的伦敦大火，下至希特勒掌权，后人认为诺查丹玛斯在《诸世纪》里创作的将近1000多首四行诗预示了后世发生的各种重大灾难。诺查丹玛斯的写作风格和其历代信徒对《诸世纪》的解读方式糅合为一本正经地胡说八道的理论体系，以支撑他们毫不动摇的信仰。这种用文字游戏构成的诡计，用著名的打假人"了不起的"詹姆斯·兰迪（James Randi）的话来解释，即尽量用模棱两可的语言制造大量的宣言，并尽可能地使用象征主义和寓言式叙述。这样一来，凡是愿意相信他的人就能把自己心中认定的意义和真相无限地填充到所谓的预言框架之中。

举个例子，有个叫约翰·侯格（John Hogue）的人写过好几本赞美诺查丹玛斯的书，他读到下面这首四行诗的时候如获至宝：

> 以海为名的宗教必将战胜
> 阿道尔伦卡提夫（Adaluncatif）之子的部族
> 为顽固而哀叹的部族会害怕
> 被 A 和 A 伤害的二人

这首诗描写的不就是利比亚的独裁暴君卡扎菲（Gadhafi）吗！侯格惊叹道。Adaluncatif 的字母打乱之后明显就是 Gadhafi Luna（虽然原文里的 t 无处安放），也就是"卡扎菲月亮"，而作为月相之一的新月刚好是伊斯兰教标志的组成部分。接下来这首四行诗则证明诺查丹玛斯对柏林野兽希特勒也了如指掌：

> 因饥饿而发狂的野兽会涉过河流
> 军队的主力会交战于多瑙河下游地区（Lower Danube）
> 大儿子将被拖进铁笼
> 他年幼的弟弟则视而不见

古罗马地图上标注多瑙河下游地区的古拉丁语词汇"Hister"和希特勒（Hitler）非常相似。这个牵强附会的解读让众多"诺学家"至今都像打了鸡血一样兴奋不已。其实在这个解读出现之前，这首诗描写的是土耳其军队对该地区的一次入侵，而且那个事件恰好发生在诺查丹玛斯创作《诸世纪》之前。事后诸葛亮果然能够神机妙算！

以预示灾难为长项的诺查丹玛斯进一步预测了世界什么时候会

毁灭，但是对这个预言的解读从1999年到7000年不一而足。人们想确定究竟诺查丹玛斯预测到哪一天是不可能的，因为他深知预言之道，那就是不惜一切代价地语焉不详。

绝无仅有的"福摩萨亲王"

他的真实姓名至今仍是个谜，不过这位自称乔治·撒玛纳札（George Psalmanazar）的男子却炮制了史上最吸引眼球也最成功的骗局。1704年，撒玛纳札只身到达伦敦，自称"福摩萨原住民"。虽然他从未涉足那座岛屿（即台湾岛，福摩萨是葡萄牙文Formosa的音译，是带有殖民色彩的称呼，今不用；在当年鲜有外人登陆探索），但是面对兴致高昂的民众他大肆吹嘘自己是"福摩萨"某王侯家族的一员，取道日本辗转来到岛外的世界。他的著作《福摩萨历史地理考》（An Historical and Geographic Description of Formosa）[1]用看似丰富翔实的描述和插图向大家展示了"福摩萨人"的服饰、文化、宗教信仰和社交礼节等方方面面，但那些都是他胡编乱造的产物，而且书里竟然还附了一份所谓的"福摩萨语"字母表。

撒玛纳札借此在整个欧洲引起了轰动。他的书大卖特卖，还被翻译成好几种语言文字。科学界的专业人士们被他煞有介事的演讲完全唬住了。在他的描述里，"福摩萨"是个民风怪异的荒蛮之地，在那里只要男人宣称妻子对自己不忠，便可令妻子受砍头之刑，并吃掉她的尸身。他说当地居民每年都要向神明献上一万八千名九岁以下的男童作为祭品，而且彼处食人之风极盛。他还说由于"福摩萨人"嗜饮蛇血，大部分人都能长命百岁。

---

[1] 台湾真的出版过这本书的繁体中文版，译名定为《福摩萨啥》。——译者注

《福摩萨历史地理考》中的"福摩萨"传统火葬仪式示意图

书中关于"福摩萨人"的插图

6　　　　　　　　　骗局——历史上的骗子、赝品和诡计

书中的"福摩萨语"字母表

即便有人质疑撒玛纳札的胡言，他也能态度强硬且顽固地死不改口。他后来曾写过这样的自白："凡是我曾经说过的话，不论当时听众有多么少，不论我所说多不可信、多么荒谬，我也永远不会对它做出修正或者说出自相矛盾的话来。虽然不止一人向我提起即便当地人能够愚昧地遵守献祭传统，那么小的岛每年流失这么多孩童也是不太可能的事情，不然岛上早就荒无人烟了；但是既然当初我不小心把每年献祭儿童的数目说成了一万八，那个数字就不能改小了。"

撒玛纳札设下的骗局成功到什么地步呢？当年伦敦主教亲自举荐他去牛津大学进行"福摩萨"历史的研究与讲习，而圣公会则任命他把《旧约》和《新约》一并翻译成他的母语，也就是所谓的"福摩萨语"。就这样风光了几年之后，撒玛纳札自编自导的闹剧开始逐渐崩坏,他的内心长期忍受着内疚的折磨,身体也被万恶的鸦片瘾摧垮。在他死后两年才出版的回忆录里,他用悲怆的语句坦白了欺诈行为,却对自己的真实身份只字未提。

"榨金王子"

1842年是科学发展史上何其辉煌的一年:约瑟夫·亨利(Joseph Henry)发现了电火花的振荡性;克里斯蒂安·多普勒(Christian Doppler)发现了运动中的声源对声波传导的影响,世人将其命名为多普勒效应;热力学第一定律得到普及与推广;乙醚被首次作为麻醉剂使用在外科手术中;蒸汽轮船在美国的河川水路里大显身手,这样的光景放在几年前根本没人能想象得到;英国的维多利亚女王首次乘坐火车,从此铁路交通得到了皇家认可,成为最时髦的出行方式。

科学与技术理所当然地主导着1842年前进的方向,但就是在人们以日新月异的速度不断取得巨大成就的一年,自诩为"榨金王子"的P. T. 巴纳姆[①]为公众带来了怎么看都是假货的"斐济美人鱼"。人们排着长队去参观一件由死猴子的上半身和一条干鱼的尾部拼起来的展品。当年的广大群众对各种新闻来者不拒,哪怕是凭空捏造出来的产物。问题出在哪儿呢?生活在科学如此昌明的时代,人们难道不会随之睿智起来?嗯,不太一定。

有些历史学家认为,正是因为当时科学以令人应接不暇的速度大踏步地前进,人们对新鲜事物变得毫不怀疑。一波接着一波的新发现使任何事情都有可能出现。正是这种排山倒海的效应才让当

---

① 全名 Phineas Taylor Barnum。——译者注

时的人们相信了《纽约太阳报》上刊发的所谓月球居民的生活状况（详见本书第 2 章第 4 个故事）。也正是这样的大环境令巴纳姆如鱼得水，稳赚不赔。据说他曾说过"有人群的地方就有金钱的光环"，而他则毕生致力于从人们身上接下金钱的重担。

这位集卖艺与行骗于一身的传奇人物，其职业生涯始于 1835 年，那一年他把黑人老妪乔伊斯·赫斯（Joice Heth）作为"世界上最令人震惊的奇人"展示给民众。巴纳姆把乔伊斯包装成乔治·华盛顿婴儿时期的保姆，时年 161 岁！深谙炒作之道的巴纳姆在纽约利用传单、海报并在报纸上付费发表文章大肆宣传美国人民能看到的"最古老的人类活化石"——第一个给国父穿上衣服的人。靠着这些噱头，他在纽约吸引了大批看客。

纽约的展出反响空前，巴纳姆紧接着带着乔伊斯·赫斯前往新英格兰地区进行巡展，为大众讲述小乔治和华盛顿一家的趣闻逸事。当人们的新鲜感开始褪去的时候，巴纳姆早就设好了下一个套儿。他在波士顿的一家报纸上刊登文章声称乔伊斯·赫斯整个人都是假的，"是用鲸骨、印度橡胶和数不清的弹簧组合而成的精妙物件，只消操纵者轻动手指便可令其行动"。这一招剑走偏锋效果显著，引得人们纷纷掏钱一睹乔伊斯的真容，想要分辨她到底是人类还是什么机器人。[1]

巴纳姆在"事业"取得了开门红之后就开始为自己在纽约城里经营的新美国博物馆四处搜罗珍奇物件。展品中很多东西的来

---

[1] 乔伊斯·赫斯于 1836 年去世，尸检结果表示她的真实年龄只有巴纳姆声称的 161 岁的一半左右。《纽约太阳报》强烈地谴责了巴纳姆的骗局，但是巴纳姆的合伙人列维·莱曼（Levi Lyman）买通纽约《先锋报》，刊登文章声明所谓的尸检才是假的，乔伊斯·赫斯仍然健在。

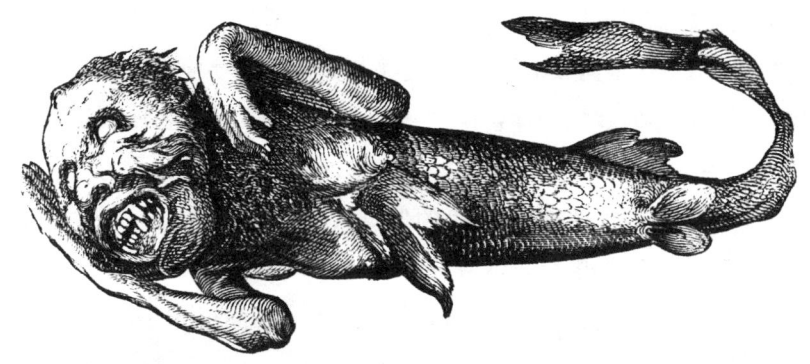

斐济美人鱼。这是当年广告上的图画，据说最早的实物毁于一次火灾，现在还有许多仿制品被收藏在美国一些博物馆中

历都令人持怀疑态度，比如据说是桑塔·安纳将军[①]用过的一条木腿。不过从人气上来看，鲜有能与"斐济美人鱼"媲美的展品。巴纳姆曾经对某位合伙人如此形容该物的尊容："那个动物标本非常难看，干巴巴黑黢黢的，也就3英尺（大约0.9米）长。它的嘴是张开的，尾巴翻拧着，双臂向上做挣扎状，仿佛死得很惨。"虽然那个东西并不好看，但是巴纳姆铁了心地要让他的"美人鱼"成为一棵摇钱树。

早在"斐济美人鱼"正式亮相之前，巴纳姆就暗地里从好几个南部城市分别给纽约几家报纸寄出了很多信件，信中提到英国的一位博物学家格里芬博士其实是他的合伙人列维·莱曼的手里有一条据说在"斐济群岛"附近捕获的美人鱼标本。接着，巴纳姆安排"格里芬博士"在纽约一家旅馆里接受记者采访，并向他们展示那件了不起的标本。与此同时，巴纳姆也没闲着，按照他自己的记

---

① 桑塔·安纳，全名 Antonio de Padua Maria Severino Lopez de Santa Anna y Perez de Lebron（1794—1876年），19世纪墨西哥军事独裁者，曾七次出任该国总统。——译者注

述,"列维在太平洋旅馆对美人鱼进行先期宣传的时候,我也很卖力地(虽然是在幕后)搞了一大批证明美人鱼真实性的刻版画和幻灯片,还有宣传册子"。

巴纳姆给当时纽约的每一家报社都免费送了一张美人鱼的刻版画,大部分报纸都在1842年1月17日刊登了那张画。同时,巴纳姆在纽约散发了一万份美人鱼的宣传手册。这一连串行动全面吊起了民众对美人鱼的胃口,于是化身为"格里芬博士"的莱曼适时地在百老汇歌剧厅展出了那件假得不能再假的标本,并对其在大自然中的特殊地位侃侃而谈。一周以后,"美人鱼"被大张旗鼓地转移到巴纳姆的博物馆,且"不收取额外参观费"。一时间买票去参观他博物馆的人数几乎达到了以往的三倍之多。

几年以后,以弄虚作假的手段娱乐大众并取得了巨大成功的"榨金王子"巴纳姆发现有人在抢他的市场。那个人叫乔治·赫尔(George Hull),他搞出来的名堂比巴纳姆以往的一切把戏都大多了。赫尔先是在他某个表亲位于纽约上州地区的农场里用石膏弄了个巨大的人形雕像,然后把那个雕像埋了起来。他这么做的灵感据他说来自和某个福音派传教士的争论,后者坚定不移地声称地球上曾经到处都是巨人,因为《圣经》里是那么说的。在赫尔的策划下,石膏像入土一年以后被人"发掘",引起了极大的轰动。成千上万的群众蜂拥而至,不惜花大价钱参观所谓的"卡迪夫巨人"。一位记者描述道:"只消看上一眼,任何人都会觉得伫立在自己面前的是何等伟大的存在。巨人身边的观众仿佛中了魔咒一般。现场气氛庄严肃穆,无人调笑。"不过围绕着巨人本身还是产生了许多争论:一派意见认为那是一件好几千年前的古人类化石,另一派意见认为那是一件古代雕塑,还有一派嗤之以鼻地表示这不过是骗人的把戏。

"卡迪夫巨人"出土情景,现场庄严肃穆

这个重大发现的消息很快传到了一直在四处寻宝的巴纳姆的耳朵里。他觉得"卡迪夫巨人"素质极佳,意欲出重金收购(那个时候赫尔已经把巨人转手卖掉了),巨人的新持有者们一口回绝了巴纳姆。但是他并没有气馁。在这个极具吸金潜力的项目面前巴纳姆岂能掉头离开,于是他也搞出一座雕像,并把它命名为"真·卡迪夫巨人"。就在"卡迪夫巨人"在纽约展出的同时,巴纳姆的"真·卡迪夫巨人"在同城的伍兹博物馆亮相,而且业绩经常超过前者。① "卡迪夫巨人"的新持有者们向法院申请针对巴纳姆的展览禁令,但是巡回法院的法官驳回了他们的上诉,于是巴纳姆得以继续以骗治骗。据说有个投资原版巨人骗局的人看着排在巴纳姆盗版巨人展厅门口的长队曾经感慨地说过:"傻子年年有。"不

---

① 时至今日那两尊巨人像仍然在展出。原版赝品被收在位于纽约州库珀斯敦市的纽约州历史协会农业博物馆,巴纳姆的盗版赝品则在密歇根州法明顿山市的马尔文奇妙机械博物馆接待游客。

"卡迪夫巨人"展览现场,广告横幅上写着:巴纳姆欲出15万美元收购!

过这句话后来也被巴纳姆拿去当自己的名人名言了,讽刺的极致不过如此吧。

空中楼阁

和以娱乐为宗旨愚弄众人的巴纳姆不同,奥斯卡·哈特泽尔（Oscar Hartzell）那种专业老千们设起局来就只有骗钱这一个目的。虽然今天听说过哈特泽尔这个名字的人不多了,但是他可是历史上最厉害的巨骗。在20世纪初期,哈特泽尔用著名的英国私掠船长弗朗西斯·德雷克爵士（Sir Francis Drake）留下的巨额不动产为诱饵,哄骗数以万计的美国中西部父老乡亲向他支付了上百万美元。他的骗局非常成功,甚至在他被逮捕并被宣判有罪之后,很多当初的投资人仍不相信他是个骗子,反而把他当作英雄崇拜。

哈特泽尔并不是德雷克遗产骗局的始作俑者。实际上以前他也是受害者，被两个声称德雷克风投项目完全合法的掮客说动了心。起初哈特泽尔对这个项目深信不疑，为那两个人卖命地工作，得到的报酬就是虚假的股份，到后来他也混成了老油条，慢慢地把这个骗局从那两个人的眼皮底下偷了过来。哈特泽尔把该项目据为己有，并用看似美好前景把它重新粉饰一番。这个骗局的来龙去脉大致是这样的：直到1596年德雷克去世之前，他曾在伊丽莎白时期靠着抢劫西班牙船只积攒下一笔包括土地、豪宅和金银财宝在内的庞大财产，而他的遗嘱据说包含一些不太规范的内容，正是那些内容为他身后出现的骗局奠定了基础。其他以德雷克之名设局的人无非就是给电话簿里列出的所有姓德雷克的人打电话，告诉他们只要支付一定费用就有可能继承巨额遗产；哈特泽尔则自称是被德雷克家族后人"德雷克塞尔·德雷克上校"授权的德雷克遗产唯一继承人。按照哈特泽尔的说法，他与该上校的侄女订了婚，而且上校不希望财产外流，所以就把继承权转让给了他。远在伦敦的哈特泽尔向美国的投资者们寄出大量书信，向他们承诺一旦遗产交接完毕，所有的入伙人都能得到丰厚的回报：

> 就算把密苏里州、堪萨斯州和爱荷华州所有的土地加起来按照均价125美元一英亩算个总价值，再把那三个州的股市里所有股票价值、银行里所有的存款，还有他们拥有的铁路文书以及城市资产都加上，也大不过英格兰这边弗朗西斯·德雷克爵士的遗产。我正是这份遗产的唯一继承人，仅此一家，别无分店，而且英国政府正在筹划把遗产总值用现金向我兑付。一旦交接完毕，我将把全部财产带回美国，与在此过程中向我支援各种手续费用的兄弟姐妹们共享荣华……我跟各位实说了吧，英国金融界的高层人物曾向我透露，变卖德雷克遗产得到的金额比美国持有的不列颠国债再加上不

列颠持有的世界其他国家国债的总和还要可观，那些国债的数额各位有目共睹，大概价值四十五亿多英镑，也就是二百多亿美元。这种规模的财富我们必须积极争取，为之奋斗，并殷切期盼。

从大后方美国汇来的钱财让侨居伦敦远程行骗的哈特泽尔过起了神仙般的生活，一来他不用面对急于分红的入伙人，二来他躲在美国的法网之外。哈特泽尔这个一度破产、经营农场和牧场均以失败告终的落魄人士如今身着考究的礼服，在伦敦最高级的饭店享用美食，还混入了英格兰上流社会的交际圈，与各路精英谈笑风生。后来他甚至自称"巴克兰男爵"，声称那个爵位是当年"德雷克上校"把他指定为遗产唯一继承人的时候一并赠予他的。爵位也好，其他的各种权益也好，都得到了"王与冠委员会"的认证，虽然那个委员会根本就是子虚乌有，但是哈特泽尔对大家说那可是不列颠最权威的机构。这些空话把各位投资人吃得死死的。

当然，哈特泽尔并没有什么德雷克遗产，他只能用画饼充饥的方式把希望的泡影呈现给大家。在他的口中，那笔财产永远处于即将到手的临界点，以便安抚投资人的情绪。首先，他会告诉大家那么大规模的财产牵涉到的各种审计核算繁琐至极，而且该遗产覆盖的范围从伦敦一直能追溯到南美洲，又经过了三百多年的钱生钱、利滚利，这种天价资产的交接工作必然不是一两天能够办完的。随着时间的推移，哈特泽尔抛出的借口越来越有创意，甚至让人觉得有画蛇添足之嫌。

"英格兰国王在为我办理移交手续的时候突然病倒了。"哈特泽尔在1926年写给美方经纪人的信里这样讲，"咱们必须得等他恢复健康之后继续这项工作，这种等待很费钱啊。所以转告西部那些一直为此慷慨解囊的乡亲，这事儿就跟运转起来的机器一样不能停，遗产转账成功之前他们还得继续贡献，钱不能断。月底之前必须给我打六千美元，只能成功，不能失败。"

不可思议的是，金钱源源不断地涌向哈特泽尔，数额还节节攀升。哈特泽尔传记的作家理查德·雷纳（Richard Rayner）认为有好几个因素促成了哈特泽尔的巨大成功。"和其他巨骗一样，哈特泽尔擅长制造戏剧性气氛，"雷纳写道，"他能够打造出亦真亦幻的空中楼阁，而且他能够凭空捕捉到任何极具偶然性的事件作为编织谎言的主要材料。"比如说，他听说英王乔治五世偶染贵恙，就利用这个消息为自己的骗局添砖加瓦。根据雷纳的进一步剖析，哈特泽尔赶上了美国历史上广大民众对各种大型骗局最没有抵抗力的大好时机。"在美国民众的主观臆断里，他们前景乐观，无所不能。"雷纳写道，"尤其是发家致富的可能性，在他们的心里非常高。到了 20 世纪 20 年代，那种盲目自信膨胀到了历史新高。"当时的美国总统约翰·卡尔文·柯立芝（John Calvin Coolidge）[①]曾宣布："美国的国是即商事。"同时期美国的商业确实欣欣向荣，一夜暴富的事例层出不穷，仿佛天底下就没有办不到的事情。在对华尔街持保留态度的美国中西部投资者的眼里，德雷克遗产是个很安全的项目，而 1929 年的股市大崩盘使他们更相信自己的判断。在某位旁观者的笔下，"现在他们像狂热的教徒一样信仰着哈特泽尔"。

从忠实的追随者们身上攫取了大量钱财的哈特泽尔令意欲制裁他的美国当局毫无办法，一时间处于无敌状态。"这个骗局看上去很荒唐，但是偏偏让人很难证明它不是真的，不失为天才之举。"雷纳写道。尽管如此，美国邮政署的一位督察官怀着比任何人都强烈的决心发誓要把此事一查到底，他的名字叫约翰·斯巴克斯

[①] 1872—1933 年，美国第 30 任总统，任期为 1923—1929 年。——译者注

（John Sparks）。斯巴克斯在不懈努力之下，终于从诈骗邮件中搜集了足够的证据，令英国把哈特泽尔驱逐出境，在他甫一踏上美国国土之际，便立刻被捉拿归案。

紧接着，1933年10月23日，哈特泽尔案在爱荷华州的苏城开庭，但其信众仍然对他忠心耿耿，敢与任何反对哈特泽尔的人为敌，他们心中对那位承诺有福同享的巨额遗产继承人依然充满了崇敬之情。对该案提起公诉的检察官哈里·利德曾记载过："哈特泽尔的所作所为几乎达到了宗教的高度。中世纪的圣战也不过如此。有个牧师因为反对集资被开除出当地教会。就算你觉得哈特泽尔不可信也不能说出来。在本案审理的过程中和结案之后，我曾与上百名参与集资的人对过话，但是没一个人觉得自己投错了项目。"

哈特泽尔最终被判有罪，然而就在取保候审期间，他的圈钱行为立刻死灰复燃，短短数日便征到了好几千美元。"要不是那帮华盛顿派来的讼棍横插一脚，德雷克这档子事早就弄好了！"一位哈特泽尔的追随者如是说，"那帮家伙就是因为入不了伙才眼红的。"

哈特泽尔向美国最高法院提出上诉但被驳回，终审维持原判，他被押往利文沃斯监狱服刑。但是高墙之外，他的代理人仍然从心甘情愿掏钱的信徒们身上搜刮钱财。于是哈特泽尔在芝加哥再次出庭受审，这次有几名同谋与他一同坐在被告席上。从那个时候起，这位巨骗的精神开始失常，并被转入一所监狱医院，直到1943年他去世。据说，哈特泽尔在就医期间真的认为自己就是富可敌国的巴克兰男爵。

千面人生

和詹姆斯·瑟伯（James Thurber）笔下的虚构人物沃尔特·米

蒂（Walter Mitty）一样，斯坦利·克里福德·维曼（Stanley Clifford Weyman）为了跳出平凡到近乎压抑的人生为自己捏造出瑰丽多彩的各种身份。书里的米蒂不过是在遐想中依次变成了海军高级将领、著名外科医生、刑事辩护律师和顶级战斗机飞行员，而现实中的维曼则把这些事悉数实践。维曼原名史蒂芬·韦恩伯格，本来是布鲁克林地区一名默默无闻的小职员，后来他凭着高超的技艺一而再、再而三地四处招摇撞骗。

在维曼（他对此化名情有独钟，一直使用）早期的行骗事迹中，他曾经假扮过罗马尼亚驻纽约总领事手下的一名军官。在1915年的某天，维曼决定张罗一场阅兵式，就立刻和美国海军取得了联系。他对海军相关部门声称自己是奉罗马尼亚的玛丽皇后之命来向美国海军致敬。身份没有受到任何质疑，维曼被人簇拥着登上了停泊在哈德森河畔的怀俄明号战列舰。维曼当时身着配有金色饰绳的浅蓝色军服，头戴海军上将级别的军帽，在舰长的陪同下检阅了海军战士们排成的方阵。在检阅过程中维曼会时不时地停下来批评某个战士的鞋子不够干净或是站姿不够标准，总之是做足了戏。

阅兵结束之后，维曼宣布要在时代广场上的阿斯特饭店款待陪同军官。军服笔挺的维曼在阿斯特饭店摆下了丰盛的宴席，并让饭店经理把账单送往位于华盛顿特区的罗马尼亚领事馆。然而就在维曼和军官们觥筹交错之际，两名从天而降的警探打断了他们的盛宴。原来，那两名警探在《纽约时报》（New York Times）刊登的阅兵预告中认出了维曼这个名字，因为他已经不是第一次用这个名字行骗了。维曼被当场逮捕。怀俄明号的舰长事后对一个记者回忆道："怎么说呢，那个小子阅起兵来还真像那么回事。"

维曼坐了一阵子牢之后马上开始了下一场冒险。这次，他看到

《纽约时报》上一则招聘广告，不禁再次技痒。广告的内容是某纽约开发公司诚聘随队医生一起奔赴位于秘鲁利马的分部，监督卫生防疫工作。在虚假的履历和过人的自信的包装下，维曼顺利地得到了那份工作。"维曼医生"在秘鲁过上了挥金如土的生活。他在当地租下一处豪宅，雇了大量的用人，并在社交宴会和其他方面花钱如流水，由此产生的账单则全部由纽约那家公司报销。到了该做正经事的时候，维曼就摆出卫生专家架势，别人提了什么比较合理的意见他就在一旁点点头蒙混过关。渐渐地，他的报销账户还是引起了怀疑。

维曼在秘鲁东窗事发之后被遣送回国，紧接着在1921年摇身一变，成功打入了国务院。那一年，维曼在报纸上读到阿富汗公主法蒂玛访美却没有受到美国政府的重视，就化身国务院官员对公主伸出了援手。为了让法蒂玛公主享受到国宾级礼遇，维曼火速赶到公主下榻的华尔道夫－阿斯托里亚酒店并借机进入了她的套房，说自己受到国务卿查尔斯·埃文斯·休斯的委托前来向怠慢公主一事致以深切的歉意，并承诺立即陪同公主陛下前往华盛顿去会见国务卿本人和美国总统。达成此行的唯一条件就是公主需要支付一万美元用来购买赠予白宫的国礼，维曼告诉她所有外国政要对美国进行国事访问的时候都会遵循这一传统。

维曼从那笔钱里拨出一部分租下一列火车，带着法蒂玛公主一行浩浩荡荡地前往华盛顿。到达首都之后，维曼把阿富汗贵宾团安顿在威拉德宾馆，自己换上一身海军军官的军服赶往国务院。他告诉国务院的一位官员自己受几名参议员之托前来安排阿富汗公主与国务卿休斯的会晤一事，并且有板有眼地提了几个参议员的名字。国务院依照级别很高的外交礼仪接待了公主殿下。其间，维曼把国务卿休斯拉到一边，对他说法蒂玛公主希望能与总统沃伦·哈定

（Warren Harding）①会面。休斯闻言立即致电白宫，仓促地定下了会晤行程。维曼在白宫与总统哈定自来熟地拉起了家常，与正牌海军军官的形象十分不符，而且总统和公主合影的时候他还费尽心机地挤进了镜头。这些行为自然让旁人疑窦丛生，但是在身份被戳穿之前维曼就脚底抹油地溜出了白宫。

接下来，他以私人医生的身份出现在影星波拉·尼格丽②（Pola Negri）的身旁，彼时尼格丽正沉浸在痛失挚爱鲁道夫·瓦伦蒂诺③（Rudolf Valentino）的巨大悲痛之中不可自拔。维曼找到住在国宾酒店里黯然心碎的尼格丽，声称自己不光是医生，还是银幕巨星瓦伦蒂诺生前的挚友，此次前来完成故人的嘱托陪她走出难关。言毕，维曼为尼格丽量了量体温，让她服下镇静剂，并提出自己将在该套房里的隔壁房间随时待命。心如死灰的尼格丽对维曼的出现感到十分欣慰。然而就在她安心休养的时候，维曼则定期把女星的近况悉数透露给各大媒体。后来他还陪着尼格丽出席了瓦伦蒂诺的葬礼。下葬当天，大量影迷赶到现场争相瞻仰昔日巨星的遗容，场面一度十分混乱。维曼在那里看到了进一步施展演技的机会。把尼格丽送回酒店之后，维曼套上了一件白大褂重返葬礼会场，为瓦伦蒂诺悲痛欲绝的影迷们提供嗅盐和其他急救服务。

"二战"期间，维曼"医生"开设了一间专门教人逃避兵役的培训班。在那里，他关起门来向懦夫们传授装傻或者装聋的技巧。有些笨蛋连聋子都装不像，维曼就干脆把他们的耳鼓捅破④。维曼靠着那个培训班大发不义之财，直到一名假扮欲逃兵役之人的联邦调

---

① 1865—1923年，美国第29任总统，任期1921—1923年。——译者注
② 著名的默片演员。——译者注
③ 著名的默片演员，是默片时代的银幕大众情人。据说生前已与尼格丽订婚。——译者注
④ 这些人应该去装傻啊，维曼显然没有因材施教。——译者注

查局探员找上门来。维曼为此再次被逮捕并蹲了监狱。1948年,维曼刑满释放,到了1960年,他供职的旅馆遭到一伙持械歹徒的抢劫,这位一辈子欺世盗名的巨骗终于为自己劣迹斑斑的人生添上了一抹亮色。案发当时,维曼挺身而出与劫匪搏斗,不幸中弹身亡。在做回自己的同时,维曼像英雄一样倒下了,这真是造化弄人啊。

雷厉"疯"行

同是黑手党老大,下面出场的二位的外表存在着天壤之别。甘比诺家族的老大约翰·高蒂(John Gotti),江湖人称"翩翩君子",总是穿着昂贵的西装,佩戴着夺目的首饰,梳着油光水滑的头发招摇过市;而杰诺维塞家族的文森特·"阿亲"·吉甘蒂(Vincent Gigante)[1]则是人们口中的怪教父,每天披着浴袍在格林威治村瞎转悠,脏得不成人样,仿佛老年痴呆一般自言自语。虽然一眼看上去吉甘蒂人畜无害,但是他的名字足以令高蒂闻风丧胆,因为高蒂知道"阿亲"只是假装痴呆以蒙蔽有关部门,那件抹布一样的浴袍包裹着一个已经下令暗杀过自己一次的冷血杀手,而且下一次暗杀随时都会到来。[2]

直到2003年吉甘蒂和美国政府达成了认罪交易之前,他靠着装疯卖傻逍遥法外三十余年。

大约在1970年,吉甘蒂还是杰诺维塞家族里的一名小头目的时候,他由于涉嫌受贿在新泽西受到指控。几名心理医生在法庭做证,声称吉甘蒂是一名妄想型精神分裂患者,时常处于谵妄状态,

---

[1] 文森特的昵称"下巴"(chin)取自他母亲用来称呼他的意大利语发音的文森特(Vincenzo)中"森"的发音,chin在英语中有下巴之意,本文采用音译。——译者注
[2] 高蒂擅自动手做掉甘比诺家族的上任老大保罗·卡斯蒂拉诺的不义之举激怒了吉甘蒂。

装疯卖傻的黑帮老大吉甘蒂

而且他的病情会一直加重。针对吉甘蒂的指控最终落空,但是他所谓的疯病却坐下了根。吉甘蒂由此找到了逃避法律制裁的妙计。每过一段时间,吉甘蒂就跑去精神病院报个到,顺便发个疯,把精神病患者的名分坐实。有一次,联邦调查局的警探们闯进他家进行突袭,却发现他打着雨伞站在浴室的花洒底下淋着水发呆。吉甘蒂有个弟弟是罗马天主教的牧师,他曾对记者们说过:"他(文森特)身处幻觉之中,从 1968 年或者是 1969 年开始就那样了。"

吉甘蒂当上杰诺维塞家族的老大之后,为了隐藏身份一直没有停止装疯卖傻的表演。他手下的小弟们永远不能称呼他的名字,提到他时只能用手摸摸下巴作为暗示[1]。吉甘蒂利用凌晨的时间段处理家族事务,因为他觉得在那个时间联邦调查局的戒备比较松懈,其他时间他除了流着口水胡言乱语之外什么也不干。"那家伙每天有

---

[1] chin 的英文意思是下巴。——译者注

23个小时都在抽风，"一位追查"阿亲"多年的联邦调查局探员曾记录道，"但是每天他都能神不知鬼不觉地抽出一个钟头去统治美国最大的黑手党家族。你说他真是疯子吗？他可是唯一没进监狱的黑手党。没准儿他其实是个天才。"

1990年，吉甘蒂在他母亲的家里因涉嫌策划谋杀和诈骗等罪名被逮捕。"阿亲"的妈妈对那些指控十分震惊（也许是装的），尤其是听到吉甘蒂被称为杰诺维塞家族老大的时候，老太太不禁喊出了声："Vincenzo？他顶多是个厕所的所长！"在接下来的七年里，关于"阿亲"的精神状况和行为能力的评估与讨论使审理工作一拖再拖。1997年，该案终于开庭，好几名声名显赫的心理专家作为辩方证人出庭做证，其中包括哥伦比亚大学医学院神经心理学系主任威尔弗雷德·G.凡·高尔普医生，其证言称："吉甘蒂先生患有中度到重度的痴呆症，具体表现为严重的中枢神经系统失调。"在座的陪审团成员对那些说辞并不买账，于是吉甘蒂被判有罪，获刑十年。

高墙之内的"阿亲"突然就不疯了。根据检方提出的证据，有监控录像显示吉甘蒂在牢房里"条理清晰、小心谨慎、手段高明"地远程操控着杰诺维塞家族。他甚至对一位狱卒说过"谁都别他妈惹我！"的狠话。吉甘蒂为了逃避针对在狱中策划黑社会活动第二次指控，不得不承认自己在1997年庭审之前犯下了妨碍司法公正的罪行。"闹剧结束了。"美国联邦检察官罗丝琳·R.茂斯科夫向公众宣布，"文森特·吉甘蒂是一个狡猾的伪装者，我们法律工作者一直都知道他是在演戏。"知道归知道，证明的过程可是用了三十年啊！

第 2 章
媒体乌龙

托马斯·杰斐逊（Thomas Jefferson，美国历史上第三位总统）曾经说过："报纸上唯一可靠的真新闻只剩广告了。"虽然这话看似过激，但是纵观新闻史上冒出的各种假新闻、错报、误报，以及故意歪曲事实的报道，杰斐逊对于"第四权力"[①]所持的谨慎态度还是有据可循的。

[①] Fourth Estate，西方对新闻媒体在社会中所处地位的一种比喻，一说认为其他三种权力是行政权、立法权和司法权，另有一种说法认为此处的 estate 应理解为阶级，其他三大阶级为西方封建社会固有的贵族、僧侣和平民。——译者注

根据《纽约太阳报》的描写,月球上的"蝙蝠人"长这样

震惊！普利策获奖新闻竟然是……

那是一个被业内人士称为"天呐"一类的故事，也是令所有新闻从业者垂涎三尺的平地惊雷式爆料。"吉米今年 8 岁，已经是家里第三代吸食海洛因的瘾君子了。"记者珍妮特·库克（Janet Cooke）在其刊登于《华盛顿邮报》（The Washington Post）头版头条上的这篇令人揪心的报道中为大家展现了一个幼小的吸毒者的悲惨境遇："这个惹人怜爱的小男孩有着一头浅棕色的头发和水汪汪的棕眼睛，他的胳膊瘦骨嶙峋，娇嫩的棕色皮肤上布满了密密麻麻的针眼儿。"

这篇题为《吉米的世界》（"Jimmy's World"）的文章于 1980 年 9 月 28 日甫一见报，便在美国上下掀起了巨大的波澜。这世道究竟是怎么了？读者们不能理解，什么样的母亲才能眼看着同居男友给她的孩子注射海洛因却无动于衷？而隐去当事人身份的《华盛顿邮报》又怎能心安理得地保护这样的人渣？华盛顿警方迅速对小男孩的下落开展了大规模的排查，同时，华盛顿时任市长马利安·巴里（Marion Barry）也声称市政府有关部门已经掌握了"吉米"的真实身份，而且即将对他实施救助。次年 4 月，这篇深度翔实地记载城市吸毒人群亚文化的文章荣获了普利策奖。但是这里面有一个问题，后来《华盛顿邮报》也惊悚地发觉了，那就是《吉米的世界》里没有一个字是真的！珍妮特·库克从头到尾都在编故事。

《吉米的世界》制造者
珍妮特·库克

那么现在问题就来了：《华盛顿邮报》那种身披"水门事件揭露者"光环的业界翘楚怎么能被忽悠得那么彻底？答案出奇的简单：要造成这种重大出版事故只需要编辑部层层审核方面的几个漏洞，再加上"一个万里挑一的骗子"——这是《华盛顿邮报》执行总编本杰明·C. 布拉德利（Benjamin C. Bradlee）对炮制出"吉米"的年轻女子珍妮特·库克的评价。库克获奖没过几天，奖杯在手里还没焐热就被责令退回了。《华盛顿邮报》的独立调查人比尔·格林（Bill Green）用1.5万多字的调查报告在该报的头版向读者们披露了库克造假的来龙去脉。

对于任何一家追求多样性的媒体，珍妮特·库克都是天选之人——她是一位聪慧机敏、追求上进的黑人女性，于1976年毕业于瓦萨学院（Vassar College），曾经是斐陶斐荣誉学会（Phi Beta Kappa）的成员，而且文笔优美、才华横溢。《华盛顿邮报》在1979年把库克从《托雷多刀锋报》挖了过来，以为他们慧眼识得了新闻界一颗冉冉升起的新星。库克的表现的确没有让人失望。在加入《华盛顿邮报》的头9个月里，她写出了42篇广受好评的新闻稿。在比尔·格林的报告中，库克"在编辑部里显得鹤立鸡群,十分突出","她走路从来都是昂首阔步,她一笑起来总能迷倒众生,她的穿着打扮从不重样、永远无可挑剔并且走在时尚的最前沿"。但是库克的第一任编辑薇薇安·阿普林-布朗利(Vivian Aplin-Brownlee)注意到了这个姑娘的另一面:"她的理智被盲目扩张的野心所吞噬,虽然大家都看在眼里,但是这种张扬的个性却不足以否定她的才华。"

事件伊始,库克被派去调查华盛顿坊间流传的一种新型海洛因毒品,并搜集了大量翔实的采访笔记和录音材料。在库克上交的资料中有关于某个海洛因上瘾的孩子的记载。"城市版"编辑米尔顿·科尔曼(Milton Coleman)当场就拍板说:"就是它了!继续深挖,这是头版头条的材料。"两周之后,库克向科尔曼汇报说无法找到那个孩子,但是又过了一周,她声称自己挖出了另一个吸毒的孩子,他就是即将造成毁灭性后果的"吉米"。由于科尔曼承诺他手下的记者对采访对象享有保密权,也就没有过问那个孩子的真实姓名或地址。所以,就像格林报道的那样,"编辑对记者必须持有某种程度的信任,这就是新闻业暴露在外的死穴"。

科尔曼对库克确实没有质疑的理由。别的不说,就说资料的详细程度吧,库克在长达13页的手稿里仔细地描述了"吉米"的一切。比如"(他)穿着一件蓝绿相间的艾佐牌T恤,唉,小可怜儿,那样的T恤我也有6件"。她事无巨细地罗列了这个假想出来的孩子家里客厅的各种零碎摆设,包括一盆橡胶树、窗子上的人造竹条卷帘、棕色的长毛地毯、两盏灯,以及一张金属架镶玻璃台面的咖啡桌。库克的记录里还包括"吉米"上学的学校和他家所在的大致街区。她甚至给科尔曼喂下了另一颗定心丸,对他透露了那孩子的所谓真名——"泰伦"。

编辑部其他各级编审人员也对库克毫不怀疑,于是《吉米的世界》一步一步地朝着出版日进发。"珍妮特写了篇好文章啊!"曾经和卡尔·伯恩斯坦(Carl Bernstein)共同报道了"水门事件"载誉而归的"都会版"编辑鲍勃·伍德沃德(Bob Woodward)如是说:"从某种程度上来说,库克本人和那篇报道都完美得不像真的。我曾经亲眼见过她领走一份十分复杂的采编任务,仅仅过了一个钟头她就能交出精彩的稿子。吉米的故事文笔之优美,条理之清晰令人折服,我审稿的时候卸下了心里的警觉,质疑的能力完全下线。从个人角度讲,我的确是大意了。"执行总编布拉德利在《吉米的世界》见报前一周读了文章,当场叫绝,立刻拍板让它在《华盛顿邮报》发行量最大的星期天登上头版头条。于是就像比尔·格林在报告中所写的那样,由于布拉德利大开绿灯,《吉米的世界》带着各种溢美的称赞冲过了固若金汤的最后一道关卡"。

就在《吉米的世界》见报的同时,《华盛顿邮报》编辑室里关于该篇报道的真实性也成了大家热议的话题。由于警方搜寻了数日也未能确定吉米的下落,编辑科尔曼感到一丝不安。同社记者科特兰·米尔洛伊(Courtland Milloy)曾开车拉着库克四处寻找吉米的住所,但库克却语焉不详,最后也没有找到,于是他也开始对库克产生了怀疑。曾经担任库克入社以来首任编辑的薇薇安·阿普林-布朗利是对库克最不信任的人之一。"那篇文章我一开始就觉得是假的。"阿普林-布朗利对比尔·格林如此说,"而且我对科尔曼就是那么说的。库克从为人到内涵我都太了解了。她不顾一切地追名逐利,不惜越过事实与虚构的界限。"在编辑部之外,质疑之声也日渐高涨。市长巴里声称:"我听说那个故事真假参半。我们都觉得不论是吉米的母亲还是给吉米注射海洛因的人都不太可能当着新闻记者的面儿扎针。"

即便是顶着来自四面八方的质疑,《华盛顿邮报》仍然把《吉米的世界》送选当年的普利策新闻奖。"我当时出于'一不做二不休'的心态，就算不把库克的文章投到普利策奖也会送到别的奖去参赛。"伍德沃德对格林如此交代，"我相信那篇文章，我们报纸刊登了它。虽然有人对它正式提出了一些问题，但是我们当时力挺该文章及其作者。"接下来，到了1981年4月13日，按照布拉德利在自传中的说法："《吉米的世界》荣获了普利策奖，万事休矣。"由谎言编织成的故事在新闻界最高荣誉的压力之下开始不攻自破。各大媒体对库克获奖一事进行的详细报道使得她在个人资历方面与事实有出入的地方开始浮出水面，并最终引起了《华盛顿邮报》的关注。

很快，人们就发现不论是库克在1979年递交给《华盛顿邮报》的简历，还是她后来提交给普利策奖评审委员会的个人资料都存在虚假内容。她在材料中吹嘘自己能够驾驭四门语言，于1976年在瓦萨学院以极优等学士的身份毕业，1975年在索邦学院[①]游学进修，还在1977年取得了托雷多大学的硕士学位。但是《华盛顿邮报》的编辑们此时发现以上所有都是假的。库克仅在瓦萨学院读过一年书，也从来没进过索邦学院和托雷多大学。而且按照库克的说法，她应该精通法语，但是总编布拉德利用法语向她提出各种质问的时候，她却瞠目结舌无言以对。布拉德利不禁怒火中烧地向她吼道："你和尼克松是一路货色！都是捅了娄子还企图掩盖真相的骗子！"就这样，《吉米的世界》的真实性和库克的简历一样很快就要撑不下去了。伍德沃德直言不讳地抨击库克的造假行为，并公开宣布："就算用尽毕生精力，我也要证明它是篇假新闻。"

最后，珍妮特·库克在重压之下不得不坦白了自己的所作所

[①] 巴黎大学的前身。——译者注

> April 15, 1981
>
> "Jimmy's World" was in essence a fabrication. I never encountered or interviewed an 8-year-old heroin addict. The September 28, 1981, article in The Washington Post was a serious misrepresentation which I deeply regret. I apologize to my newspaper, my profession, the Pulitzer board and all seekers of the truth. Today, in facing up to the truth, I have submitted my resignation.
>
> Janet Cooke

东窗事发,珍妮特·库克在重压之下所写的道歉说明

为。她在一份书面声明中写道:"《吉米的世界》系我个人杜撰之产物。我从未采访过一位 8 岁的海洛因吸毒人员。本人于 1980 年 9 月 28 日发表于《华盛顿邮报》的上述文章存在重大失实内容,我对自己的行为追悔莫及。在此我向《华盛顿邮报》、向整个新闻业、向普利策奖评审机构,以及所有追求真相的人们表示深深的歉意。至此,我在事实面前提出辞呈。"

被布拉德利称为"个人职业生涯上最不光彩的污点"的库克事件的余波在各方面都产生了巨大的影响。《华盛顿邮报》作为一份老字号严肃报纸,其可信度遭到重创,原本就对该报吹毛求疵的

人扬扬得意地在一边看热闹，而忠实读者则对此感到不可思议的震惊。《华盛顿邮报》为此刊发的编辑部声明指出："所谓的'吉米'的故事及其后续的风波令广大读者感到被本报误导，实际上，同为受害人的本报所有工作人员也对此事件感到强烈愤慨与懊恼。虽然库克小姐的文章纯属虚构，但是对该类型事件的深层次报道，本报将遵循公正与公平的原则一如既往地坚持下去……这种重大失误以后我们将严格杜绝。"

虽然看上去很严重，但是珍妮特·库克事件在新闻史上掀起波澜的飓风里顶多算是一股乱气流。

本杰明·富兰克林：鬼话连篇幽您一默

硬要把珍妮特·库克那样的骗子和美国国父之一本杰明·富兰克林（Benjamin Franklin）放在一起比较的话，恐怕很难找出他们之间有什么相同之处。除了一点之外，那就是他们都曾是新闻工作者，也都故意写过假新闻。但是库克造假的目的是出人头地，而富兰克林则是为了印证自己的一个观点。他用辛辣的文笔幽了愚民们一默，比如说那种在塞勒姆审巫狂潮平息了将近40年之后还对巫师和巫术深信不疑的愚民们。[①]

1730年10月22日，富兰克林名下的《宾夕法尼亚公报》（Pennsy Lvania Gazette）上出现了一篇记载新泽西州霍利山地区审巫事件的文章。那篇由富兰克林执笔并匿名发表的文章说当地的一男一女被控与魔鬼为伍，罪名包括"让邻居家的羊群怪异地起舞，

[①] 塞勒姆镇（Salem）位于美国马萨诸塞州，在1692年2月到1693年5月，该镇大部分居民被指控使用巫术，最终导致20人蒙冤被判死刑。——译者注

以及让猪开口说话并咏唱《圣经》诗篇等，令该省追随上帝的纯良子民感到恐惧与惊奇的恶行"。控方为了证明指控的真实性进行了一系列实验。首先，被告会依次站在天平的一边，与另一边摆放的巨型《圣经》进行称重，如果《圣经》那边比较沉的话就说明这是巫师在作法。

作为被告的男女同意接受这项审判，但是他们要求指控他们的人中态度最坚决的一男一女与他们同时过磅。控方两位代表接受了挑战，于是该镇印制出一本特大号《圣经》。背负巫师罪名的男子第一个踏上了秤盘，但是"令围观群众震惊的事情发生了：该男子的身体把《圣经》高高地压了起来"。接着，在那篇胡诌出来的文章里登场的其他主要人物也一一过了秤，结果与刚才完全一致："凡人的肉身与摩西等一众先知和圣徒的箴言相比，还是要沉重许多。"

富兰克林就这样用讥诮的文笔描述起下一项审判内容，把读者们从现实引入子虚乌有的世界，并越带越远：每个受试者都要在身上绑一颗中世纪流传下来的栗子，然后被人扔进池塘里，据说浮起来的绝对是巫师无疑，而沉下去的和淹死的则是无辜的。

霍利山审判里的所有受试者，不论是控方还是辩方，都没能通过沉塘法的考验，令该案陷入瓶颈。控方那位代表正义的妇女惊恐地发现自己竟然浮在水面上，要求再沉一次塘，结果第二次她仍然无法沉底儿。她声嘶力竭地嚷嚷着这一切都是巫术在作祟，一定是对方的巫师和巫女用邪恶的咒语令她浮于水面，但是如果能把恶魔驱出体内，"就算是再沉 100 次她也愿意"。

富兰克林在报道中列举了一些理性围观群众的意见，他们普遍认为那两名男子没有下沉是很自然的事情，因为他们本能地游泳求生；而那两位妇女大概是因为衣裙宽大的关系无法下沉。最后文章给出了唯一可行的解决方案，那就是等到天气转暖之后再对两位妇女进行沉塘测试，届时她们必须脱光。

"坡"为失败

本杰明·富兰克林一生中写过不少上文提到的讽刺型段子，而且美国历史上的名人们干过这种事的不止他一个。不光马克·吐温创作过很多愚弄大众的作品，就连推理小说之父埃德加·爱伦·坡（Edgar Allan Poe）也进行过类似的尝试。不过爱伦·坡炮制出来的科学探索类的文章由于充斥着大量烧脑的细节而鲜有读者问津。他的试水文章《汉斯·普法尔的非凡历险记》（The Unparalleled Adventure of Hans Pfaall）于1835年刊登在一本叫《南方文学信使》（Southern Literary）的杂志上。文章讲述了一个乘坐热气球到达月球并与月球居民生活了五年的人的故事。可惜的是，"汉斯·普法尔"摔得很惨。下面是爱伦·坡描写的从热气球上俯视地球的片段，整篇文章基本都是这个调调，各位读了就会明白这东西为什么没能忽悠多少人：

爱伦·坡

我渐渐地越升越高，自然而然地以为自己会见证地球的真实凸性，却没能如愿，经过一番思考，我注意到一个微小的细节居然很好地解释了理论与现实之间的出入。从我所在的位置为原点向地球方向作一条垂直线，这条线应该正好是我、地面和地平线远端所构成的直角三角形的一条直角边，斜边则是我和地平线远端的连线。

也许爱伦·坡应该让文风更加简洁一点，比如"哇！好壮观哦！"。

就在爱伦·坡的"汉斯·普法尔系列"连载第一篇发表之后的不久，《纽约太阳报》刊登了另一篇登月题材的文章，虽然也是胡说八道，但是比爱伦·坡的作品成功不少，着实地往爱伦·坡的伤口上撒了一大袋子盐。心灰意冷的爱伦·坡借酒浇愁，决定停止连载，把主人公永远地留在了月球上。"我觉得还是不要让我的探险家回地球比较好。"爱伦·坡自嘲道，"他还在我派他安营扎寨的那个地方，而且在我的心目中他仍然是'月球上唯一的人类'。"

"日"新"月"异

曾经分6期刊登在《纽约太阳报》上的"月球即景系列"大概是新闻界有史以来最成功的假新闻事件了。成千上万的读者被该报描述的离地球最近的天体上的生态奇景所吸引，令《纽约太阳报》的销量瞬间达到了世界第一。

"月球即景系列"始于1835年8月，最初的基调是相对含蓄的伪科学/科幻风。故事的由来是这样的：伟大的天文学家威廉·赫歇尔（就是首次观测到海王星的那个人）[1]之子约翰·赫歇尔男爵带着一架新近研制出来的天文望远镜由海路抵达南非，那架望远镜据说可以把月球表面清晰地呈现给观测者。文章详细地描写了望远镜的各种技术参数，以确保读者们能被接下来的重磅新闻给唬住。由《纽约太阳报》的职员理查德·亚当斯·洛克（Richard Adams Locke）炮制出来的月球即景紧接着向读者们交代了他们这家走销量的"便士报"[2]是如何挖到这种划时代的猛料的。根据洛克的报道，约翰·赫歇尔把自己观测到的月球风貌撰文呈给了伦敦皇家学院，与此同时，他的助手安德鲁·格兰特教授也把相关报告发给了著名严肃刊物《爱丁堡科学期刊》（*Edinburgh Journal of Science*），并在该期刊的特别增刊上得以发表。某位从苏格兰回到美国的先生带着那份增刊找到了《纽约太阳报》，传奇就此拉开序幕。约翰·赫歇尔当时正巧在南非公开进行天文观测，为洛克的奇闻平添了好几分可信度。

洛克用第一篇文章成功地吊起读者的胃口之后，就在第二期连载里大胆地描绘起了月球上的风光和生态环境。在洛克的笔下，月球上有白沙皎洁的海滩、绿色的大理石，还有地球上根本看不到的奇特森林；广袤的平原上形似野水牛的动物在奔驰，一种"在地球上绝对算怪兽"的生物也被望远镜收录下来，它们皮肤呈蓝色，长着山羊一样的脑袋和胡子，头顶上还有一根犄角。

随着连载一期接一期地推进，月球上的景象越来越生动。洛克煞有介事地引用格兰特博士根本没写过的报告，绘声绘色地为读者

---

[1] 弗雷德里希·威廉·赫歇尔（Frederick William Herschel，1738—1822），英国著名天文学家、音乐家，除海王星之外，还是土卫一、土卫二、天卫三和天卫四等多个星体的发现者。——译者注
[2] 面向大众的价格便宜且风格通俗的日常报刊。——译者注

介绍着月球上幅员辽阔的湖泊、业已荒废的翡翠神殿，还有能够直立行走且没有尾巴的河狸一样的生物。"报告"上称："它们像人类一样用双臂把幼崽抱在怀里，行动起来仿佛在滑行。它们聚居的窝棚比许多荒野地区人类部落的同类建筑还要做工精致，从那些建筑顶上缭绕的炊烟可以看出它们无疑已经能熟练地使用火了。"

《纽约太阳报》牵着读者的鼻子走了这么久之后，隆重地抛出了最重大的发现：月球上居住着好几个亚种的长翅膀的类人生物，大致可以叫他们蝙蝠人。他们的翅膀呈半透明状，从肩膀一直延伸至腿部。在观测记录中，有些蝙蝠人在湖中嬉水，"像鸭子一样扇动翅膀抖掉水珠"，还有些蝙蝠人和同伴彬彬有礼地分享果实，把品相最好的让给别人品尝。那些蝙蝠人的性生活也极其丰富，但是《纽约太阳报》只能一笔带过地告诉大家，格兰特博士认为某些内容有伤风化，故要求出版方进行了删减。那些蝙蝠人的社会看上去平静祥和，俨然是个理想国。《纽约太阳报》继续"引用"格兰特博士的总结："由我们观测所知，他们每天都快乐地在树林里采集果实，享用美食，时而翱翔，时而沐浴，优哉游哉。"当然人家还要进行被《纽约太阳报》评为"伤风败俗"的"不雅活动"。

《纽约太阳报》杜撰出来的月球即景取得了空前绝后的成功。每天的报纸才刚刚印出来，就被广大纽约市民抢购一空。相关印刷厂每天10小时马不停蹄地连轴转仍然很难满足读者的需求。当时纽约的高端媒体也对此进行了报道。《纽约时报》认为该系列"亦真亦幻，似是而非"。社会各界都对冠着赫歇尔大名的所谓月球探索深信不疑，甚至还包括学术圈的知识分子们。这一系列事件过去以后的几年里，有位记者留下了这样的文章："耶鲁大学里到处都是'月球即景系列'的坚定支持者。从学生到教授，从神学博士到法学博士，学术圈中的精英们和其他忠实的读者一样，每天都怀着没来由的热忱和虔诚的信念期盼着《纽约太阳报》投递员的到来。您知道约翰·赫歇尔男爵的重大发现吗？您读过《纽约太阳报》了吗？您听说过月球上有人类的新闻了吗？这样的问题每天不绝于耳。月球的话题是当时的焦点所在。没有任何人对该故事的真实性产生或表达怀疑。"

埃德加·爱伦·坡的登月故事完全被《纽约太阳报》的同类假新闻遮盖了光彩，对此他恨得牙痒痒。爱伦·坡使出了浑身解数，企图揭露《纽约太阳报》作假的行为，却没能成功。气愤之余他不得不承认当时的民众心甘情愿地上当，你又能怎么办。时间又过了差不多10年，爱伦·坡终于让自己编造的假新闻登上了《纽约太阳报》。他造出了热气球首次成功穿越大西洋上空的假消息。虽然这次不是登月壮举，但是大获全胜，爱伦·坡一扫往日的阴霾，可算是扬眉吐气了一回。他得意扬扬地说自己"从未见过大众这么狂热地抢购某份报纸的场面"。正所谓十年磨一剑，人们总算是买了他的账。

"狼来啦！"（逗你玩儿）

《纽约太阳报》的"戏说月球"取得的巨大成功促使他们的竞争对手之一《纽约先驱报》（*Herald*）炮制出一篇更符合逻辑的"逗你玩"式新闻。该报在1874年11月9日用整版新闻在头版头条上向世人惊呼：从中央公园动物园逃出的各种凶猛野兽正在纽约城中肆虐奔跑！好几十名无辜市民由于遭到野兽的踩踏、撕扯和啃咬已经丧命！不计其数的危险动物仍然在逃！

一位没有透露姓名的《纽约先驱报》记者声称骚动爆发时他刚好在现场目睹了一切：一名动物园管理员当时正在虐待被关在笼

子里的名叫"彼得"的犀牛，不停地用棍子捅它，导致犀牛最终爆发。盛怒下的犀牛彼得撞散了笼子，冲倒了涉事的管理员，把他踩成了肉酱之后还不忘用角狠狠地杵了他几下。犀牛的怒火还未平息，便把自己笼子周围的其他动物的笼子悉数撞开。另外一名管理员朝发狂的彼得开了一枪，但是子弹却在它坚硬的表皮上弹开了。只听得犀牛一声闷哼，掉头就朝开枪的人猛冲过去。"那人被可怕的犀角刺穿并顶靠在拐角处的笼子外壁，当场就没命了。"《纽约先驱报》的报道令读者紧张地喘不过气来："犀牛彼得把笼子连撞带扯，搞得七零八落，放出了豹子。"那豹子立刻扑向被顶死的管理员，开始大快朵颐。

一个个关着凶猛动物的笼子被依次扯烂，其中包括名为"林肯"的狮子所在的笼子。惊恐万状的游园群众眼看着"林肯"撞碎了一块玻璃窗，逃到了园外。那位百兽之王先用体重优势扑倒并压死了一个看热闹的人，用利爪牢牢地抓住尸体，然后仰天长啸。这时赶来的另一名管理员朝狮子开了一枪却没有命中，只见狮子飞身一跃冲入了拥挤的人群之中。女士们纷纷昏倒，孩子们哭喊惊叫，眼睁睁地看着狮子把一位男士扑杀并当场撕咬。与此同时，犀牛彼得也没闲着，它一路撞坏了更多的笼子，又放出一大批动物。就在彼得从动物园区大摇大摆地走出来的时候，由警察和部分持枪民众组成的一小支临时部队开始朝它开火。犀牛在枪林弹雨中毫发无损，扭头往回走。但是根据《纽约先驱报》的观察，犀牛彼得并不是简单地撤退，而是设下埋伏引人上当。那支队伍才跟着它进入园区就遭到了美洲狮的伏击，"紧跟着美洲狮的步伐，黑豹、花豹、美洲虎、非洲母狮还有老虎也加入了战斗"。

故事编到这个份儿上已经不太真实了，但是《纽约先驱报》对这次"恐怖事件"的"报道"才刚刚开了个头。数不清的凶猛动物从中央公园闯进了市区，其中包括刚袭击了一群少女并造成一人死亡的犀牛彼得。彼得紧接着冲进了一间小木屋，据《纽约先驱报》报道，里面正在吃饭的一家人除了困在婴儿车里被烧成黑炭的一个小孩之外全部逃生。那些猛兽不光袭击纽约市民，也相互展开了激烈的争斗。一只老虎"用锋利的牙齿咬住了狮子的脖颈，人称百兽之王的狮子哀号不已……大街小巷上血流成河，躲在远处观望的群众被巨大的恐惧感所支配，一个个噤若寒蝉，大气都不敢喘"。

一时间，纽约城上下险情不断，被猛兽追赶的市民们尖叫着到处逃窜。一位"目击证人"声称有只老虎闯进了圣托马斯教堂，"那老虎抓住了一位老夫人的肩膀，咬住了她的脖子，并把她扑倒在地，在场的男女老少四散而逃"。在第23大道的渡轮码头，一只不知道是什么的野兽跳上了一艘渡轮，旁边拉车的马匹纷纷受惊跃入河中，它们所拉的马车以及里面的乘客也沉入了水底。

纽约州州长约翰·迪克斯（John Adams Dix）和部分市民持械上街，企图将野兽们制服。他们朝各个方向密集地开火，有的人直接把枪架在公寓楼的窗户上。"当时并没有哪个动物被击中的消息传来，"《纽约先驱报》记载道，"但是据说很多市民都被流弹所伤。市警察局第七分局的兰尼根警官在格兰德大街被一扇窗子中射出的子弹打伤了脚，该警官当时正在追捕一只被人误认为豹子的缟鬣狗。那只残暴的鬣狗后来被一个酒保乱棒打死。"

这一连串的恐怖事件到这里还不算完，《纽约先驱报》居然列出了一份伤亡人员名单，并声称一部分出逃的动物仍然在市区游荡。"人们正努力地搜寻一匹黑狼，"文章继续警告读者，"那匹外表与荷兰牧羊犬酷似的狼跑进了纽约城，在它造成不可挽回的惨剧之前恐怕很难被人发现。"接下来，按照文章的说法，纽约市长发表公告，命令除国民警卫队之外的广大市民，在所有在逃野兽被捕杀或抓获之前一律在室内避难，不得外出。

文章的最后是一段以"这个故事告诉我们"为题的文字。那段文字向读者们坦白说整篇文章都是假的。"本文没有一个字是真的。文中所提到的所有事件均未发生。本文彻头彻尾是编造的产物，是大胆的设想，谎言也好，假话也好，读者们怎么想都不为过。本文作者几天前在中央公园的动物园观赏笼子里的动物时忽然灵光闪现，故作此文。"

《纽约先驱报》的编辑们千算万算，唯独漏算了一点，那就是被文章吓到的广大读者根本读不到最后一段就已慌了神。全城的市民几乎都上了当，为身边可能潜伏着的危险感到惴惴不安。那篇文章的作者 I. C. 克拉克（I. C. Clarke）事后回忆道："我们编辑部那条街上有个学校。我当天亲眼看着一位又一位的母亲行色匆匆地赶到学校，从楼里领出一个或几个孩子，扯着大的、拉着小的一路慌张地四散而去。老天爷啊，我也被吓得不轻。后来我走了半里地去往我母亲的家，路上几乎空无一人。我到家的时候正好是午饭时间，全家人都围坐在餐桌旁交头接耳。我的表妹珍妮正在朗读着我写的文章，一度哽咽不已，我的母亲和我妹妹听得泪流满面。我走进去的时候他们全员起立地喊道：'谢天谢地你平安无事！'"

有些被那篇文章骗到的人并没有对此一笑了之。包括《纽约时报》在内的好几家新闻媒体都对此行为进行了猛烈的抨击，并刊登了一系列言辞激烈的读者来信。一位气愤的父亲写道："那天我的孩子们才出门去上学，也就过了 10 分钟左右吧，我们就在报上读到了那篇可恶的鬼东西，赶紧派了一辆马车去接他们回家，我的夫人一心害怕他们已经遭到不测，不禁瑟瑟发抖。我当时朗读了几段之后扫了一眼文章的结尾，才算看到了此事的缘由。我夫人说这样的报纸永远也不能进我们家门，所以立刻就退订了。"

尽管此事在社会上造成了极坏的影响，但是和《纽约太阳报》一样，《纽约先驱报》也借此大发了一笔财。主编托马斯·B.康纳利（Thomas B. Connery）作为整个事件的始作俑者力挺这篇文章，声称他亲眼见过动物园里的动物受到各种粗暴的待遇，人们阅读该文之后应对自己的行为进行反思；而且他们报纸的销量"并没有因为少了一个订阅户而受到影响"。实际上，《纽约先驱报》的销量不降反增。话说回来，根据康纳利的分析，《纽约时报》之所以态度如此强硬，是因为他们的主编正是上当读者之一，据说那位业界同仁大义凛然地走出家门，"揣着一双手枪，严阵以待地准备射杀路上蹿出来的野兽"。

人心不足蛇吞象

亚伯拉罕·林肯（Abraham Lincoln）从来都不是一个冲动易怒的人，但是在 1864 年 5 月的一天，一贯波澜不惊的总统先生却破天荒地暴跳如雷。当时，《纽约世界报》（World）与《纽约商务日报》（Joural of Commerce）两家媒体刊登了一篇据说由林肯总统签发的声明，其中包括北方联邦军队近期在南北战争中节节失利的战情以及紧急征兵 40 万等细节。林肯闻听了这个虚假的消息之后顿时怒不可遏，责令两家报刊停业整顿，并拘捕了一大批涉事的编辑和记者。

然而真相很快就浮出水面，原来《纽约世界报》和《纽约商务日报》是被《布鲁克林雄鹰报》（Eagle）里一位名叫约瑟夫·霍华德（Joseph Howard）的心术不正的编辑所蛊惑，刊登了子虚乌有的总统声明。在别人眼中，霍华德"急功近利，横冲直撞，为了迎合市场的需求能够在极短的时间里搞出任何名堂"，即便是身处烽烟四起的内战时期他都能制订出一套致富计划。作为一名资深编辑，霍华德深知坏消息可以让动荡时期的相对稳定的黄金价格一路飙升。按照计划，他一方面着手编造耸人听闻的假新闻，另一方面买进了一些黄金。在《布鲁克林雄鹰报》里，霍华德拉拢了手下的记者弗朗西斯·A.麦利森（Francis A. Mallison）入伙，共同伪造了一份附有所谓的总统声明的美联社通稿，然后把通稿送往各大报社。虽然只有《纽约世界报》和《纽约商务日报》两家媒体转发了该通稿，但是预期效果却达到了。黄金价格暴涨，霍华德如愿以偿地赚了一笔。

然而随着金价的上涨，公众对此声明的怀疑也越来越大。人们觉得只有两家报纸刊登总统声明很不对劲儿，于是纷纷聚集在《纽约世界报》和《纽约商务日报》的大楼外讨说法。时任北方联邦军队东部战区总指挥官的约翰·A.迪克斯（John A. Dix）少将[1]读了报纸之后立即发电报向战争部长埃德温·斯坦顿（Edwin Stanton）询问该声明的真实性。斯坦顿回电报说"报上登的是伪造的声明"，然后赶赴白宫与林肯面议。

身为总统的林肯历来痛恨那些发战争财的吸血鬼。"我恨不得把那些家伙可恶的脑袋挨个儿用枪子给崩掉！"林肯咆哮道。盛怒之下，林肯下令关闭涉事报社，这一举动对他的声望产生了很大的负面影响。迪克斯少将深信那两家报纸也是骗局的受害者，而且查封报社也缺少法律依据，所以他并不想按照林肯的命令行事。少将对战争部长斯坦顿进言，不妨先对此事进行详细调查再采取相关措施，斯坦顿对此大为光火，并回复如下："那两家报纸犯下的是性质极其恶劣的叛国罪。参与此事的编辑、老板、发行商、负责人和渎职者全都是罪犯。总统先生不是派你去调查，而是去执行他的命

---

[1] 就是上一篇中的纽约州州长。——译者注

令……你愿意找一堆借口去搞调查，推三阻四，拒不执行总统令的话是你的选择，我可批准不了。"

迪克斯少将无奈只得照林肯命令的去做。于是以上两家报社被查封，大批工作人员被逮捕。就连独立电报公司的办公室也因为涉嫌传播伪造的美联社通稿遭到了查抄。按照当时的海军部长吉迪恩·威尔斯（Gideon Welles）在自己的日记里的评论，整个行动"仓促唐突，考虑欠周，大错特错，无可辩驳"。威尔斯进而得出结论，认为这样的行为"削弱了一个政府的公信力，并令敌对方日益强大"。而且1864年的总统大选在即，林肯对此事的处理方法给政敌提供了丰富的抨击素材。《纽约先驱报》发社论讨伐："大家看看，让一个滥用职权侵犯私有权利的人再次掌权难道不危险吗？"

事实上，这起事件的真正幕后黑手在《纽约世界报》和《纽约商务日报》遭到查封之后没几天就落入了法网，这么一来，林肯当局的作风显得尤为迂腐而保守。霍华德被关进了位于纽约的拉法耶特堡军事监狱，服刑不到三个月。后来，在奴隶解放运动中替奴隶发声的著名牧师亨利·沃德·比切尔（Henry Ward Beecher）（也就是《汤姆叔叔的小屋》的作者哈莉叶·比切尔·斯托的弟弟）找到林肯替霍华德求情，那时的总统先生已经恢复了温和乐观的常态，对霍华德进行了赦免。[①]

"着火啦！"（子虚乌有）

在座无虚席的剧院里大喊"着火啦！"，这种行为绝对不算言

[①] 实际上这场风波才平息了两个星期，林肯就紧急征兵50万人，也许这才是他对霍华德网开一面的真正原因。——译者注

论自由的一种，那么一家报纸公开发表剧院着火的假新闻的行为算不算呢？1875年2月13日的《芝加哥时报》（Chicago Times）真干了这么一档子事。"烈火焚身"几个大字跃上头条，紧接着的几个小标题详细描写了那场"火灾"，其中包括"死亡天使从天而降，芝加哥城哭声一片"，"大剧院遭遇祝融，数百人葬身火海"，等等。不过紧押正文第十一行的小标题揭示了该文的真实目的："剧院起火危害之假设"。但是对于急着进入正文的读者们来说，这种无足轻重的暗示根本不管用。

该报道的正文部分用详尽的细节对所谓的火灾进行了逼真的描写。《芝加哥时报》称，大火起于某家剧院的舞台上，然后"呼啸的火舌翻卷蔓延，迅速引燃了剧院的室内装潢和陈设，一时间火光冲天，最接近火源地带的人们瞬间被烫伤烧伤"。随着火势的扩大，场面也越来越混乱。"一些胆小的女士高举双臂，绝望地尖叫哭喊，被急于逃命的人群冲倒在地，踩踏致死。带着孩子的母亲们在狂乱嘈杂的火海之中苦苦哀求，企图让她们的宝贝儿女们顺利逃生。"按照《芝加哥时报》的说法，生还之人寥寥无几。赶赴现场的消防员最终把火扑灭并进入剧院残骸的时候，迎接他们的是一幅惨不忍睹的景象："焦黑的尸体上满是被大火蹂躏的痕迹，被踩踏致死的受害者遗体血肉模糊，不成人形。一部分尸体被烧得一碰就碎且面目骇人，有的头发被烧光，有的白森森的牙齿裸露在外，还有的手臂上皮肉全无。还有些罹难者大概由于惊吓过度无法动弹，仍然在座位里保持着坐姿。"为了让故事看起来更真实，文章还公开了一部分死伤者的姓名。由于那份名单里借用的都是常见的姓名或缩写，数以千计的读者误认为自己的某些亲朋好友已经在大火中遭遇不幸。

最后，《芝加哥时报》在罗列了更加血腥的细节并强烈谴责剧院老板在消防安全方面的重大失职之后，向读者们坦白整个报道都是虚构的。但是这并不算恶作剧，而是向公众敲响警钟，揭露存在于当时芝加哥大多数剧院的严重火灾隐患。尽管《芝加哥时报》的出发点是增强公众的防火安全意识，但是此举仍然引来骂声一片。该报的竞争对手《芝加哥论坛报》借此发表了自家的虚构情节，说是有一位妇人以为自己的丈夫在火灾中丧生，瞬间崩溃发疯，而她的母亲读了《芝加哥时报》的火灾报道之后倒地猝死。"仿佛被暗中的刺客一枪打中心脏一般，她死于谋杀。"《芝加哥论坛报》在他们的假象情节最后总结道，"这次的假新闻究竟有没有造成上述悲剧我们不得而知。就算没有，也绝不是因为《芝加哥时报》的总编大人尺度把握得好，因为该报撰文的目的很明显就是引起本报所设想的各种恐慌，他们就算是说破天去也不能洗白这种严重败坏新闻界名声的恶劣行径。"

小小浴缸大有文章

1918年12月28日，知名媒体撰稿人H. L. 曼肯（H. L. Mencken）在《纽约晚邮》（*New York Evening Mail*）的专栏上发表了一篇平淡无奇的小文，他既没有描写月球居民的生活纪实，也没记载纽约街头狂奔的豺狼虎豹，而是用轻松质朴的文笔为浴缸做了一篇传记。也许正是因为该文貌不惊人的表象使其成为史上最长寿的假新闻，一次又一次地成为别人引用的"经典"，骗过了包括新闻记者、历史学家，甚至还有美国总统在内的众多专业人士。那篇小文简洁平实的风格让它看上去尤其可信。谁又能想到浴缸这种不起眼的东西也能成为假新闻的主角呢？

那篇题为《被人遗忘的纪念日》的专栏文章的开头是这样的：

"12月20日悄无声息地从我们身边溜走了,其实那天是美国历史上十分重要却被人忽视的日子之一——浴缸登陆美国75周年纪念日。当天没有一名水管工为浴缸鸣放礼炮或悬挂彩旗,没有一位州长带领居民为浴缸祈祷,更没有哪家报纸为浴缸大唱赞歌。"

曼肯接下去为读者讲述了浴缸的"历史"。根据他的说法,美国本土上第一个浴缸是辛辛那提一个叫亚当·汤普森(Adam Thompson)的商人于1842年12月20日安装在自家浴室里的。此举立刻引起轰动,并把辛辛那提卷入了一场激烈的争论。持批判态度的一方认为浴缸不过是精英阶级搞出的把戏,"是他们从英国弄来的恶心玩意儿,旨在腐化以简约为本的民主制度";医生也警告众人,泡澡的危害性很大,搞不好会引发"肺结核、风湿热、肺炎等一系列传染病"。接着,曼肯在文章里说围绕浴缸的争议愈演愈烈,导致好几个地区不是对浴缸课以重税,就是对安装浴缸的人家收取高得离谱的水费,甚至还有的地区企图立法禁止泡澡。直到1851年,总统米勒德·菲尔墨尔(Millard Fillmore)[①]在白宫安装了浴缸,才让这个新鲜事物逐渐被世人所接受,并赢得了应有的尊重。

令曼肯惊讶的是,他本来为了在灰暗的"一战"期间娱乐大众所杜撰的东西,居然以史实的身份渗入了文化圈。到了1926年,他不得不站出来声明所谓的浴缸史是假的,"假得荒唐,假得张扬,假得扎眼"。曼肯的自白书发表于全国各大报纸联发的专栏里,文中写道:"很快我就从别人的文章里看见了我胡诌出来的东西……拙作登上了学术期刊,踏入了国会的大门,漂洋过海远赴英国和欧洲大陆,引发了一系列讨论,最后连参考文献里都出现了它的身影。事到如今,我认为它已经被人传颂到了世界上的每一个角落。"

---

① 1800—1874年,美国第13任总统,任期1850—1853年。——译者注

虽然从来不知谦虚为何物的曼肯看似高估了自己的能力，但是他的伪浴缸传的确越传越远，而进行传播的主力正是被曼肯轻蔑地定义为"布尔乔傻"[①]的那群容易上当又喜欢跟风的中产阶级愚民。自白书发表两个月后，曼肯又发表了一篇坦白性质的文章。在这篇文章里他指出相对于事情的真假，人们更关心故事的本身是否精彩。他认为浴缸真正的历史和自己编出来的版本相比大概毫无看点。"我的版本里有好人也有坏人，有戏剧性的冲突也有正义战胜邪恶的大结局。人民群众对此喜闻乐见，类似成功赢得人心的故事还包括华盛顿与樱桃树的传说。"呃，浴缸的故事和华盛顿当然不是一个重量级的，但是所谓的"浴缸正传"仍然广为流传，就连杜鲁门总统都以"菲尔墨尔力排众议装浴缸"的事例作为依据，回应过反对他在白宫上加盖阳台的一干人等。直到今天，不少媒体仍然把"在白宫安装浴缸"列为菲尔墨尔在平庸的政治生涯中寥寥无几的成就之一。就好像《华盛顿邮报》在1977年对此事颇具远见的评论所指出的那样，任何披露曼肯造假背后真相的举措"都不可能减缓不实内容传播的速度，纯属螳臂当车"。

梦游高棉

《华盛顿邮报》由于旗下记者珍妮特·库克造假而蒙羞一事使竞争对手《纽约时报》幸灾乐祸了好一阵。但是好景不长，事件还没过去一年，《纽约时报》也因为某个记者在同类问题上偷奸耍滑而栽了跟斗。在1981年12月，《纽约时报》的周日版增刊刊登了

[①] 原文为曼肯用傻瓜（booby）和布尔乔亚（bourgeoisie）两个词汇生造出的booboisie一词。——译者注

题为《踏上红色高棉的土地》的文章，该文的作者——自由撰稿人克里斯托弗·琼斯（Christopher Jones）绘声绘色地描述了他在柬埔寨境内红色高棉的领地里各种惊心动魄的经历。然而整篇故事都是琼斯躲在西班牙某个安逸舒适的别墅里编出来的（尽管他伪造了一堆报销单据）。第一个站出来揭露此骗局的就是《华盛顿邮报》，毫无疑问，他们这是为之前从《纽约时报》那里受到的嘲讽狠狠地报上一箭之仇。

《踏上红色高棉的土地》见报两个月之后，《华盛顿邮报》刊登文章指出，红色高棉官方声明琼斯并未在头一年的秋天到访柬埔寨，也从未采访过文章中出现的人物。事实上，琼斯在文章里选用的所谓采访实录和他本人在一年前发表在亚洲版《时代周刊》里的所谓柬埔寨纪实里的大部分内容毫无二致。更过分的是，琼斯几乎一字不差地成段抄袭了作家安德烈·马尔罗（André Malraux）[①]于1930年发表的以柬埔寨为背景的小说《皇族之道》（The Royal Way）。琼斯在文章中描写某次夜间交火而犯下的常识错误也被《华盛顿邮报》毫不留情地挑了出来。战斗结束之后，琼斯写道："我站起身来举起望远镜环顾四周。"显然，他忘了当时应该是伸手不见五指的黑夜，继续写道："就在那时，远处山包上出现的一个身影使我不由得屏住了呼吸。那是一个胖乎乎的柬埔寨人，他的脖子上挂着一副望远镜，双目冷酷无情。虽然当时我看不出更多的细节，但是我已见过太多的柬埔寨最高领导人的照片，那一刻我相信我真真切切地看到了波尔布特[②]本人。"

面对有关琼斯的种种质疑，《纽约时报》时任执行总编A. M.

[①] 1901—1976年，法国著名作家，曾在戴高乐执政期间出任法国文化部长。——译者注
[②] 即当时的红色高棉最高领导人。——译者注

罗森瑟尔（A. M. Rosenthal）的回答底气十足："在我看来，那个人是诚实的，除非有人能证明他说了谎。"话虽如此，他仍然火速派了一名报社编辑和两名随行人员前往西班牙，对年仅24岁的琼斯当面质问。琼斯负隅顽抗了两天之后终于在高压面前崩溃，对自己的造假行为供认不讳。《纽约时报》在自揭疮疤的报道中写道："眼看自己编造的故事被人揭穿，琼斯哑口无言。接着，在调查人员的敦促下，他承认写出过不实的文字。'我是真心想做这篇报道，但是由于种种原因无法完成。'琼斯称，'我只能把手头现有的资源排列组合，以求最佳效果。'"对于抄袭安德烈·马尔罗（和其他可以查证的文章来源）一事，琼斯给出的原因很简单："我总得弄点精彩的东西充门面吧。"

定"时"炸弹

业界老字号《纽约时报》在红色高棉不实报道一事中虽然丢了面子，但是和2003年再度被《华盛顿邮报》曝出的重大假新闻事件一比，那不过是微不足道的小事一桩。根据爆料，时年27岁的记者杰森·布莱尔（Jayson Blair）曾多次虚构杜撰，歪曲事实，或剽窃抄袭。他的劣迹至少波及了36篇文章，《纽约时报》公开承认布莱尔的一系列造假行为"使本报遭遇了创刊152年以来的低潮"。按照当时《纽约时报》的发行人小阿瑟·奥克斯·萨尔斯伯格（Arthur Ochs Sulzberger Jr.）的话来说："相当于让人打了个乌眼青。"

布莱尔负责报道的大部分文章本应取材于美国各地，但是他本人从来都没有离开过纽约，并且伪造了相关差旅费用的单据以掩盖他的真实动态，或者说是真实"静态"。举个例子，在一篇文章中布莱尔假装奔赴西弗吉尼亚州采访了在第二次海湾战争不幸沦为战俘，并于2003年被成功解救的美国女兵杰西卡·林奇（Jessica Lynch）的父亲。林奇一家读到文章中提到他们家旁边的烟草田和牧场上的牛群之后感觉莫名其妙，因为那幅田园风光完全是布莱尔幻想出来的。在另一篇文章里，布莱尔凭空捏造了两名在贝瑟斯达海军医疗中心作为邻床一起养伤的海军陆战队员的故事。

2002年，两名在华盛顿特区引起大面积恐慌的狙击手终于伏法，布莱尔受命报道此事，却在文章中夹杂了大量不实的成分，一度激怒了华府当局。在其中一篇文章见报之后，费尔法克斯县检察官罗伯特·霍兰（Robert Horan）召开记者招待会，公开指责布莱尔的报道"完全失实"。然而，时任《纽约时报》执行总编的霍威尔·雷恩斯（Howell Raines）却对布莱尔大为赞赏。他甚至还给布莱尔发过私信，以表彰他在跟踪报道其中一名狙击手的新闻中"不辞辛劳，四处奔波"的优秀表现。后来受到布莱尔造假事件的波及丢了饭碗的雷恩斯声称，自己对于布莱尔的"近乎病态的歪曲事实、伪造新闻等一系列欺骗行为"毫不知情。也许他是真的被蒙在鼓里，但是布莱尔并没有达到滴水不漏的境界。

布莱尔其实根本就称不上一流记者，他在三年半的时间里炮制出来的劣质新闻一共附上了50条事后更正，这个纪录大概无人能破。《纽约时报》都会版的编辑乔纳森·兰德曼（Jonathan Landman）曾经给编辑部里的老总们上书："我们不能再让杰森给《纽约时报》写东西了，现在就得叫停。"可是不光没人听取他的意见，布莱尔还被委以重任去报道华盛顿街头的狙击手事件。怪不得布莱尔后来在接受《纽约观察家报》的采访时公然把他当时的编辑们称为"一帮白痴"。

颜面尽失的布莱尔在接受采访时态度仍然很自负，认为他胡编乱造出来的东西没有受到更高的评价,让他很是不快:"我一直都想不通,怎么我就只是个成事不足败事有余的种族就业配额(布莱尔是美籍非洲裔),而那个史蒂芬·格拉斯(Stephen Glass)[1]就被人捧上了天。而且在我看来,虽然我不该这么说,但是我可是骗过了新闻业内最优秀的那群人……他们一个个都聪明绝顶,可是我就在他们眼皮底下耍得他们团团转。如果他们真那么了不起,而我只是个种族就业配额的话,他们怎么就一直没抓住我的把柄呢?"

布莱尔后来写了一本自传性的书,稿酬颇丰,大概给他受伤的心灵带去了一丝慰藉。

---

[1] 史蒂芬·格拉斯曾经是《新共和》(*New Republic*)杂志的副主编之一,由于制造假新闻在1998年被该杂志开除。他编造的新闻报道包括《乔治·赫伯特·沃尔克·基督第一教会》———一群把美国第41任总统老布什当作神来膜拜的信徒的故事。还有《春色无边》报道保守党某次会议过程中集体淫乱行为的新闻,以下为内容摘抄:"在脱衣室里,所有人都毫不害臊地迅速脱光了衣服。一对儿男女在房间的角落互动手动脚。一个处于谵妄状态的肌肉男在屋子里像芭蕾舞演员一样旋转跳跃。一名女子把自己锁在厕所里号啕大哭,不断地喊着'塞缪尔'这个名字。"

第 3 章
兵不厌诈

"兵者,诡道也。"这是两千五百多年前中国著名的战略家和思想家孙子在其著作《孙子兵法》里留给后人的谆谆教诲。孙子说得很有道理。历史上大部分令人拍案叫绝的诡计都是在战争中被人使出来的。其中最著名的大概就是特洛伊木马了。按照传说中所写的那样,希腊军队对固若金汤的特洛伊城久攻不破,便造了一匹巨大的木马作为停战献礼,把它放置在特洛伊城门外。木马中却埋伏着大量希腊士兵。当特洛伊人把木马拖进城里之后,马腹中的士兵趁着夜色爬出来并从里面打开了城门,特洛伊就此沦陷。虽然这个传说的真实性有待考证,但是它的精髓却在后世许多重大战争中发扬光大。

特洛伊木马

痛施苦肉计，智取巴比伦

自我牺牲在战争中屡见不鲜，但是极少有人能像波斯人佐披洛司（Zopyrus）和他率领的七千义士在公元前6世纪那样极端地自戕求胜。公元前521年，大流士一世（Darius the Great）成为波斯君主，佐披洛司的苦肉计正是他智取巴比伦的制胜法宝。巴比伦是当时波斯帝国中叛乱不断的省份之一，巴比伦人戏称只有天阉的骡子产崽，他们才肯认大流士一世为王。根据古希腊历史学家希罗多德（Herodotus）的记载，佐披洛司家的一头骡子真的产了崽，于是他认为这是神谕，是时候攻克巴比伦了。佐披洛司的作战计划是加入对方阵营，从内部把他们击溃。

为了打入敌方阵营，佐披洛司做了一件创意与怪诞指数爆表的事。他割掉了自己的鼻子和耳朵，剃光了头发，还命人用鞭子把自己抽得遍体鳞伤，接着他去谒见大流士一世，请求君主拨派七千义士供他调遣。佐披洛司不惜自残的忠义之举令大流士一世无比震惊，立刻批准了他的请求。接下来，佐披洛司设计被巴比伦人俘获。他宣称自己被喜怒无常的暴君大流士一世所伤，为了复仇现在正式投诚巴比伦一方。接着，佐披洛司高呼："我来了，巴比伦的子民，对你们来说这是天大的好事，而对大流士他们则是重大的损失。他如此残害我，我不可能放过他。而且我对他的计划了解得十分透彻。"巴比伦人亲眼看到佐披洛司身上触目惊心的伤痕，对他所说的话不疑有诈。于是佐披洛司顺利地成了一名武将。

大流士一世按照事先和佐披洛司商量好的计划，把第一批一千名仅以匕首防身的士兵部署在巴比伦城外。佐披洛司率领着巴比伦军队很快就把那一千人屠杀殆尽。一周以后，又有两千波斯士兵前来送死。佐披洛司在巴比伦军中名声大噪。三周以后，七千死士里的最后四千人被他一举歼灭之后，佐披洛司的地位终于稳如泰山。巴比伦人对佐披洛司完全信任，并把巴比伦城的防守大任作为前几次大捷的奖赏交到了他的手上。这一切正中佐披洛司的下怀。虽然他失去了鼻子，无法嗅到胜利的甜美气息，但对他来说这场战役已经胜券在握。佐披洛司在关键时刻打开了巴比伦的城门，把波斯大军迎了进来。大流士一世对佐披洛司的忠诚感激不尽，于是让他终身治理巴比伦，而且免去一切赋税。

孙膑复仇记

中国古代著名的军事家孙膑据说是孙子的后代，这位老伙计向世人证明虽然他被废掉了双脚，却仍然能狠狠地踢人屁股。他能够打败宿敌庞涓，全靠老祖宗留下来的至理名言"知己知彼，百战不殆"[1]。

孙膑名字中的"膑"是一种肉刑的名称，他正是由于庞涓的捣鬼受到膑刑，失去了双脚[2]。孙膑与庞涓师从身世神秘的诸子百家之一鬼谷子，同门学习兵法战术，但是同窗情谊并没有让两人交好。庞涓对比自己优秀的孙膑心怀嫉妒，暗下决心要干掉他。后来，庞

---

[1] 出自《孙子·谋攻篇》。——译者注
[2] 关于膑刑的真实意思历来有两种说法，一说为挖掉膝盖骨，一说为砍去某一足或双足，本书原作者参考的应该为《史记·孙子吴起列传》，所以引用砍足一说。——译者注

涓在魏国当上了将军，就以此为契机向孙膑伸出了魔爪。庞涓假托向孙膑请教战术，把他骗到了魏国。但是孙膑才一踏上魏国的土地，庞涓就下令将其逮捕，并以子虚乌有的罪名对他判处膑刑。于是，孙膑的双脚被砍断，脸上也被刺了字。[①]

落魄之际，孙膑遇到了齐国的使者。齐使被孙膑在军事和战略方面渊博的学识所折服，希望他能为齐国服务，于是就把孙膑偷偷地从魏国带到了齐国。起初，齐王欲封孙膑为将军，但是战略家孙膑深知自己失去双足，在战场上恐为累赘。所以孙膑就成了齐国大将军田忌身旁的军师。人称孙子再世的军事天才孙膑要向庞涓展开复仇计划，成功地当上军师可谓有如天助。

孙膑大展宏图的时期是中国史上的战国时代，也就是公元前475年至公元前221年。根据国别体史学巨著《战国策》的记载，战国时代风貌如此："夫篡盗之人，列为侯王；诈谲之国，兴立为强……父子不相亲，兄弟不相安，夫妇离散，莫保其命，潜然道德绝矣……尽为战国。贪饕无耻，竞进无厌。"[②]

兵荒马乱之中，庞涓率领的魏军与赵军联合攻打韩国，韩国向孙膑侨居的齐国请求援助。作为齐国的首席军师，孙膑注意到了庞涓军的一个致命的弱点，就对田忌将军建议："彼三晋之兵素悍勇而轻齐，齐号为怯，善战者因其势而利导之。"[③]

孙膑利用对方的偏见制订出一套绝妙的作战计划。他下令齐国军队在安营扎寨的第一天晚上燃起十万堆营火，第二天晚上只点燃

[①] 出自《史记·孙子吴起列传》："孙膑尝与庞涓俱学兵法。庞涓既事魏，得为惠王将军，而自以为能不及孙膑，乃阴使召孙膑。膑至，庞涓恐其贤己，疾之，则以法刑断其两足而黥之，欲隐勿见。"——译者注
[②] 出自《战国策·序》。——译者注
[③] 出自《史记·孙子吴起列传》，大致意思为：魏国的军队以悍勇著称，认为齐国的军队懦弱无能。精通战略之人应该利用这一点，因势利导，取得胜利。——译者注

五万堆，第三天晚上营火再度减半至两万五千堆。这个假象让人以为齐军的人数在不断减少。见此情景，庞涓大喜过望："我固知齐军怯，入吾地三日，士卒亡者过半矣。"①

庞涓对齐军的逃窜深信不疑，就让步兵在原地待命，自己只带了一小支队伍企图乘胜追击。这一步致命的错棋完全在孙膑的算计之内，于是他在沿途一处狭窄的山谷夹道布下了伏击。庞涓和手下到达该地的时候，面前有一棵被砍倒的树，树干上隐约刻着字："庞涓死于此树下"。庞涓的士兵点起火把读这行字的时候，齐军放出了密集的箭雨。顿时，庞涓的部队死的死，逃的逃，而光杆司令庞涓也终于意识到自己中了计，遂饮恨自尽。孙膑大仇得报。

胜之不武？

不管黑猫白猫，能捉老鼠的就是好猫。但是有些手段的确有失体面，比如对敌军假求和、真暗算的行为。在战争中这种做法相当于一边与对方握手言和，一边把对方打得满地找牙。虽然这种花招看上去卑鄙无耻，但是在实战当中成功率却很高，其中最著名的案例发生在 1805 年奥斯特里茨战役（Battle of Austerlitz）前夕。

当时，对率领法国军队与俄奥联军作战的拿破仑来说，多瑙河上的一座木桥有着极其重要的战略意义。奥地利方面对此当然心知肚明，于是派重兵镇守该桥。奥军还在桥上埋了多处炸药，一旦法军攻过来，他们就打算把桥炸掉。面对眼前的拦路虎，拿破仑手下的两名大将让·拉纳（Jean Lannes）和若阿希姆·缪拉（Joachim

---

① 出自《史记·孙子吴起列传》，大致意思为：我早就知道齐军胆小，进入我国才三天就跑了一半。——译者注

Murat）想出了既保桥又能过桥的妙计。行动当天，他们二人身着军礼服，带着一队会说德语的军官朝木桥出发。

"停战啦！停战啦！"他们一边喊一边镇定地走在桥上。守桥的奥军被这个举动打了个措手不及，连忙派人唤来了当地的指挥官奥尔斯佩格（Auersperg）将军。缪拉和拉纳对昏庸老朽的奥尔斯佩格谎称法皇和奥皇已经达成了停战协议。双方交谈期间，法军径自登桥并拆除了所有炸药。奥军方面生怕违反停战协议，没人敢朝法军开火。托尔斯泰在长篇著作《战争与和平》中生动地描写了这个场面，在小说里，一名奥地利士兵提醒奥尔斯佩格将军，他这是被法国佬给骗了。缪拉连忙向奥尔斯佩格反诘道："您要是允许下级这样对您说话，那我真看不出举世闻名的奥军纪律在哪里啦！"[1]

这样的对话是否真的发生过已经无从考证，但是奥尔斯佩格将军真的相信交战双方已经停战，乖乖地放弃了对木桥的防守。这个倒霉的老头儿后来因为这个重大疏忽被押上军事法庭受审，受尽各种侮辱式刑罚之后被处死。另一边，拿破仑率军成功过桥之后长驱直入，在奥斯特里茨打败了俄奥联军，照他自己的话说，那是一次无与伦比的战斗体验。拿破仑的私人秘书对拉纳和缪拉的计谋赞不绝口，夸他们"有勇有谋，对战争的胜利起到了关键性作用"。不过另一位法国将军马尔伯男爵却对此颇有微词，他在回忆录中写道："我知道在战争中人们难免做出昧良心的事，尤其是在确保胜利和减少伤亡的前提下。但是权衡利弊之后，我仍然无法认同那次夺桥的做法……如果是我个人遇到了类似的情况，我就绝不会使出那种下作的伎俩。"

---

[1] 引自草婴译《战争与和平》第一卷第二部第十二小节，上海三联书店 2014 年出版。——译者注

以少胜多

内森·贝德福德·弗雷斯特（Nathan Bedford Forrest）[1]在成为三K党党魁之前曾经是南北战争时期南方邦联军里出了名的鬼才指挥官。在战场上，弗雷斯特曾经利用一种历史悠久的战术多次逼得人数上占绝对优势的北方联邦军举手投降。

《圣经·旧约》的《士师记》（Book of Judges）[2]里记载着基甸（Gideon）[3]仅靠号角和藏在瓦罐中的火把就战胜了米甸人[4]的事迹。据记载，基甸率领着只有三百多人的队伍在夜间包围了米甸人的营地，然后命令所有战士按照他的信号一起吹响号角，打碎瓦罐露出火把。突如其来的号角声和大范围的火光让米甸人误以为他们遭到了大军的突袭，遂四散逃窜，不战自败。

时光流转到了1863年，弗雷斯特以此为参考取得了类似的效果。当时，弗雷斯特的军队和阿贝尔·斯特雷特（Abel Streight）上校率领北方联邦军在佐治亚州的罗马城附近对垒，长时期的拉锯战之后双方都陷入了人困马乏的境地，于是弗雷斯特跑到对方阵营劝降。虽然弗雷斯特的军队在人数上处于劣势，但他仍然制造出人多势众的假象。比如说，他军中只有两门大炮，但是他命人把这两门大炮来回在斯特雷特的视线范围内拖动，从视觉效果上让大炮的数量不断翻倍。斯特雷特观望了一会儿，不禁感叹道："上帝啊，

---

[1] 1821—1877年，生于田纳西州，曾做过棉花农场主、奴隶主和奴隶贩子。南北战争期间在南方邦联军里任将军，于1867年被三K党推举为全国领袖。电影《阿甘正传》中主人公弗雷斯特·甘普的名字就是在向他致敬。——译者注
[2] 《圣经·旧约》中的一卷，天主教译法为《民长记》。——译者注
[3] 古希伯来的士师之一。——译者注
[4] 米甸（Midian）位于阿拉伯半岛西部，大致包括今沙特阿拉伯西部、苏丹南部、以色列南部以及埃及境内的西奈半岛一带。——译者注

你们那边究竟有多少门大炮啊？这会儿工夫我都数出 15 门了！"弗雷斯特也朝着斯特雷特的目光看去，一丝不乱地回答："差不多就这样了吧。"

在和斯特雷特商谈期间，弗雷斯特每隔一段时间就煞有介事地向根本不存在的军队进行各种部署。他手下少得可怜的士兵就和那两门大炮一样在斯特雷特能看见的地方迂回辗转。这一招说不上有多高明，却骗过了联邦军的指挥官。斯特雷特率一千五百名联邦军战士向人数还不及他们一半的反叛邦联军投降。《南方邦联报》的编辑乔治·W. 阿戴尔（George W. Adair）对那次行动大唱赞歌："我们已知的最大规模的以一当十……胆识过人，史无前例。"阿戴尔的用词略显浮夸，但是两年之后，弗雷斯特再度以虚张声势的手段夺取了更大的胜利。

1865 年，北方联邦军在亚拉巴马州雅典城筑起防御工事，借此控制了亚拉巴马中央铁路。据一位工事验收官称，整个建筑布局"是我所见过的最好的"。弗雷斯特又动起了劝降的念头。"强攻会不可避免地造成我方大规模的流血牺牲，所以我还是想先和对方谈判，看看能走到哪一步。"弗雷斯特向上级汇报，"所以我先派手下的斯特雷恩奇少校举着白旗前往对方阵营，命他们交出工事和屯驻地。"

北方联邦军方面的指挥官华莱士·坎贝尔（Wallace Campbell）此时已经从两名南方邦联军战俘的口中听说了经过夸大的邦联军数目，于是同意和弗雷斯特进行私人会晤。坎贝尔事后汇报："我立刻就见到了弗雷斯特，他说他对我方工事志在必得，还说他的部队极为庞大，一旦他下令进攻，我们整个兵营都会遭到血洗。他把部队的规模告诉了我，并允许我和另外一名军官去亲眼见识一下。"

弗雷斯特带着坎贝尔一行到自己的营地里转了一圈，原本人数寥寥的队伍被他巧妙地粉饰得蔚为壮观。下了马的骑兵被他指认为陆军，牵马的马夫被包装成骑兵。同一批人不断地奔赴营地的其他区域扮演不同的角色，就像一个邦联军士兵记载的那样："营地上下一片热火朝天的气氛，四处赶场的战士们摩拳擦掌，舞刀弄枪。"坎贝尔被眼前的假象所迷惑，拱手让出了工事。后来他在汇报中写道："对方的军队有差不多一万人的士兵和至少9门大炮。"

这次大胆的行动给在南方享有"马鞍上的魔法师"尊称的弗雷斯特又添加了一道光环。当然，在北方他的这个称号完全是贬义的。北方的威廉·特库姆塞·谢尔曼（William Tecumseh Sherman）将军称他为"恶魔使徒"，不过后来谢尔曼将军不得不承认"他（弗雷斯特）的聪明才智达到了我无法想象的高度"。

警告：吸烟可能导致战败

"一战"期间，英军和土耳其-德国联军在西奈半岛对垒，一度陷入胶着状态。英方的理查德·梅纳茨哈根（Richard Meinertzhagen）上尉[①]诱使对方军队误吸毒品从而丧失战斗力，进而打破了僵局。这一招再加上其他诡计确保英军在埃德蒙德·艾伦比将军的率领下突破了土德联军在加沙沙漠中死守的防线，一举拿下了圣地。

首先，他让敌对方相信英军的战略目标是重兵把守下的加沙地带，而且他们朝三十多英里外防守较弱的比尔沙巴（Beersheba）调兵遣将不过是虚晃一枪。实际上，英军的真实目标就是比尔沙

[①] 1878—1967年，英国人。此人一生颇具传奇色彩，先后在军方和情报部门任职，后来改行做了鸟类学家。梅纳茨哈根足智多谋，控制欲很强，在军队中最高升至上校的位置。他在一生中留下许多日记和随笔，详细地记载了他所参与的众多奇闻逸事。不过后人对他的评价褒贬不一，有学者认为他的日记中很多内容有捏造或夸大的痕迹。——译者注

巴。为了达到目的，梅纳茨哈根朝土耳其一方投放了一个看似属于某位军官的笔记本，里面写的东西用他自己的话来说就是"胡言乱语式的作战计划和难点剖析"。那个笔记本连同一笔数目可观的现金被塞在一个帆布包里，完全不像是会被人故意扔掉的东西。包里还有其他增添真实感的物件，比如来自这位虚拟军官的虚拟夫人的家书以及看似价值极高的英国密码解码表。

接下来，梅纳茨哈根骑马闯进了英军和土德联军前线之间的无人区，佯装搜索某个巡逻兵的下落。这时，不知道哪边朝他开了一枪，他立刻丢下早就用马血浸染的帆布包，假装受伤，退回到自己的战线之后。土耳其军队把帆布包捡了回去，上交到德军指挥部做进一步分析。与此同时，英军大张旗鼓地展开了寻包行动。梅纳茨哈根推算对方除了研究笔记本之外还会利用解码表，就从设在埃及的英军电台不断地发出假情报，其中意义最重大的一条声称英军对加沙的进攻不会早于11月14日，因为指挥官埃德蒙德·艾伦比在11月7日之前都在休假。真实的情况是，英军早就制订好了在10月30日突袭比尔沙巴的作战计划。

根据英国情报部门的反馈，敌军对以上种种假消息信以为真，并采取了相关行动。至此，梅纳茨哈根启动了这个计划的最后一步。英军从加沙地区悄无声息地朝比尔沙巴转移，留下一批稻草扎的马匹充样子，同时，梅纳茨哈根命人向驻守比尔沙巴的敌军防线以内投放了两万多包香烟。以往，这类香烟的盒子里会夹杂打击对方士气的标语和口号，但是这批香烟里掺的却是鸦片。对于嗜烟如命的土耳其战士来说，在物资稀缺的前线，这批天降甘霖般的香烟迅速地把他们变成了废人。1917年10月30日，比尔沙巴战役正式打响。守城的部队不是昏睡不醒，就是吞云吐雾爽翻了天，根本无力反击。英军从比尔沙巴反杀回加沙地区，继而占领了整个巴勒斯坦，像碾灭烟头一般把奥斯曼帝国的野心踩得粉碎。"这场胜仗全靠梅纳茨哈根的妙计啊。"当时的英国首相大卫·劳合·乔治（David Lloyd George）写过这样的话。首相大人还说过："他是我在军中遇到的头脑最灵光的常胜将军……当然，他最高的军衔只是上校。"

乘风破浪的无名英雄

加料的香烟也好，血染的背包也好，和"二战"期间被人使出的一次比一次华丽的障眼法相比，不过是小儿科的把戏。其中最成功的一次发生在1943年盟军进攻欧洲南部的前夕。一具尸体配上假身份谱写出一段传奇。

同盟国意欲误导希特勒，让他以为盟军的突袭目标是撒丁岛和伯罗奔尼撒半岛，而不是早就选中的西西里岛。想让德军相信盟军将进攻相隔800英里的两个地区必须大胆地走一步险棋。经过一番周密的计划，英方决定让一位逝者传递假情报，那就是著名的"肉馅行动"。那具尸体的手腕上铐着一个装着假进攻计划的公文箱，预定投放地点是西班牙某地的海岸线一带。当地活跃着大批德国间谍和情报人员，如果一切顺利，那具尸体应该被他们捞起来，他身上的各种"秘密"自然会被发现。

为了确保行动成功，参与人员在细节方面倾注了大量的心血。最符合条件的尸体必须是看似经历空难并坠海溺毙的遇难者。经过一番搜寻，一个死于爆炸事故并且生前患有肺炎的男子的尸体被征用做诱饵。那具尸体的肺里因为病变充满了积液，恰好符合溺水的特征。尸体在冷库存放的同时，"肉馅行动"的工作人员为它炮制了姓名、履历和军衔。"他"的身份被定为威廉·马丁少校，但是他们无法用尸体的照片伪造身份证。一位参与该行动的人员回忆道："无论怎么拍摄，洗出来的照片都面露死相，难看的程度无以言表。"好在有一名军官长得和"他"很像，这才拍出能用的照片。

尸体的衣服里装了许多日常用品，比如剧院的票根、伦敦某夜总会发出的请柬、银行账户透支通知函、未婚妻的照片、情书；还有用父亲的口气写给他的信，里面对战争期间的燃油配给制大吐苦水。为了让人不至于怀疑为何一个职位不高的人能携带如此重要的文件，路易·蒙巴顿伯爵亲自给英军在地中海战区的指挥官写了一封私函，声称马丁少校是不可多得的登陆艇专家。"他天性腼腆，"蒙巴顿娓娓道来，"但他是个行家……战斗结束之后请务必把他给我送回来。"

一切准备就绪，策划人员选定了投放地点，找了一个风浪适宜的日子，为"马丁少校"饯行。事实证明这次行动达到了预期目的。"少校"的尸体被打捞方移交给伦敦之后，相关人员仔细地检查了它身上携带的绝密信件，发现信封都被小心地拆开过并重新封了口。远在华盛顿与罗斯福总统会谈的丘吉尔随即收到了一条简练的消息："肉馅已被一口吞。"几周以后，盟军在西西里岛登陆的时候几乎没有遇到任何抵抗，说明"肉馅行动"效果显著，敌军中了调虎离山之计。直到今天，这位死后立大功的英雄的真实身份仍然没有被公之于众。

幻影战队

"肉馅行动"让丘吉尔初尝甜头，不过和接下来1944年盟军在进攻法国的过程中布下的迷局相比，只算得上豪华大餐之前的开胃小菜。从海路攻打纳粹军队固若金汤的防线，可以说是摆在盟军面前史无前例的巨大挑战，作战计划对隐蔽性和突然性的要求也是有史以来最高的。假如希特勒提前得知盟军的目标是诺曼底一带，必然会向该地调遣大批军队，旨在给盟军带来迎头重击。那样一来，远征注定失败，盟军损失惨重，战局或就此逆转。因此，盟军的真正意图一丝一毫都不能让希特勒和他的国防军探听到，如此重要的保密任务只有经验丰富的英国可以胜任。（具体情节请参考前面两个故事。）

丘吉尔曾经说过："在战争中，宝贵的真相必须用名为谎言的保镖来掩护。"看来，这位伟大的首相深谙兵不厌诈之道，而且隐去进攻欧洲战场真实目标的烟幕弹计划最终被定名为"保镖行动"，出处就是上面那句话。为了蒙蔽纳粹军，英国一大批头脑敏锐的人才奉献出了自己的一份力量。整个计划的目的是让德军相信盟军将把欧洲战线从北边的挪威一直拉到南端的地中海，所以德军也得相应把兵力分散开来才能防守整个欧洲大陆。一时间，传递假消息的电报满天飞，就怕德军截获不到，德国的战俘也被胁迫着往回传递假情报，某些疑似登陆点的地区还收到了虚假的侦察命令。不过，真正确保"保镖行动"里所有行动万无一失的法宝是同盟国不惜一切代价保住的惊天秘密，那就是早在"二战"刚刚打响的时候德国的恩尼格玛（Enigma）军用密码系统就已经被破解了。[①]

盟军在"保镖行动"中搞出的最壮观的名堂大概要数"美国第一集团军"（First United Stated Army Group，FUSAG）这支完全虚

[①] 据说为了保住这个秘密，英国在1940年付出了惨痛的代价。虽然相关证据仍然不够充足，但是一部分历史学家认为丘吉尔通过破解的密电码事先了解到希特勒准备空袭考文垂，但是拒绝下达战备命令。他恐怕德军看到他们的事前准备会意识到自己的密码已经被破译，从而启用另一套密码。于是，就像《泰晤士报》报道的那样，考文垂成了"殉难之城"。

第一集团军的标志

构出来的队伍了。理论上驻扎在英格兰南部地区的这支包含五十多个分部的百万大军其实根本就不存在。"保镖行动"中这个行动的代号叫作"水银计划",它的目的是让希特勒以为盟军在法国的加莱海峡登陆,对诺曼底的战略部署不过是声东击西的虚招。当时希特勒的防守重心已经倾向于加莱海峡,所以让最精锐的部队驻扎在那里。盟军当然希望他们突袭诺曼底的时候希特勒的重兵仍然驻守加莱。

为了给所谓的"第一集团军"造势,英格兰南部广袤的土地被改造得仿佛电影外景地一样,壮观程度超过了著名导演塞西尔·德米尔(Cecil DeMille)[①]任何大制作中的排场。从空中俯瞰,一支强有力的军队正在集结。环绕该地区的河流和湖泊中分散着大量用脚手架钢管、苫布和油桶扎起来的"登陆舰",这些模型顶部的漏斗袅袅地冒着烟,周围的水面泛着油渍,制造出正在运转的假象。围绕着"第一集团军"的其他方方面面也被造了出来,比如弹药库、

[①] 1881—1959 年,美国著名导演,也是美国影艺学院的创始人之一,代表作有《十诫》《宾虚》等。——译者注

战士们用钢管搭建的空壳坦克的骨架

战地厨房、医院、营地和燃油管线等。某天早上,当地的一个农夫一觉醒来发现自家的田地里冒出了一大批坦克。他家的一头公牛朝一辆坦克撞了过去,但是本该受伤昏厥的公牛却安然无恙地走开了,倒是被撞的坦克发出一阵咝咝的声音,慢慢地在地上摊成了一个平片儿。原来所有的坦克都是充气吹出的模型。

当地的无线电频道里时不时地会出现模拟大型部队行动的噪声,报纸上也刊登了许多描写军营生活的文章。在其中一篇文章里,当地的一个牧师痛斥外国军队在当地造成了道德滑坡;另一篇文章的作者认为,美军伞兵营地周围被人丢弃的大量"橡胶避孕用品"令人堪忧。

以上提到的还不算多高级的伪装,为了让人相信英国要通过英吉利海峡底下的输油管向加莱方面输送燃油,行动策划人员还盖起一座油船码头。那个码头在英国南部的海岸线绵延三英里多,几乎完全是用乔装的脚手架、纤维板还有废弃的下水管道组合而成的。工地上巨型的鼓风机不断地吹起沙尘，仿佛建筑工作正在紧锣密鼓地展开，同时也能掩盖施工人员寥寥无几的事实。接着，英国国王乔治六世亲临现场视察，英国空军增派战斗机在工地上方增强戒备。德国的侦察机在"遭遇"英国巡逻机的一番"纠缠"之后往往能飞到工地附近一探究竟。当德军朝码头发射远距离导弹的时候，英国这边会掐准时间点燃一堆或几堆含钠的火药，用剧烈的火势营造出油管遭袭的气氛。

为了让"第一集团军"看上去更真实，美国甚至派巴顿将军远赴英国出任指挥官。虽然巴顿将军本人并不是很乐意玩这种过家家的游戏，但是他的确是这个职位的不二人选。德军对巴顿将军既熟悉又景仰，让他接管"第一集团军"等于向德国阐明这支军队对于盟军的重要性。

不管"水银计划"实施得如何巧妙，盟军深知仅靠充气坦克和木板码头是不足以让德军彻底相信"第一集团军"的真实性的，哪怕是加上巴顿将军的影响力也不够。这种时候，偷来的情报才最有说服力，比如营地的具体位置和不同军种的分部。这个任务就要由盟军监控下的德国间谍来完成了。关于"第一集团军"的假情报源源不断地被一组深受纳粹方面信任的双料间谍传到了德国。虽然"水银计划"实施的过程中险象环生，有几次差点败露，但是传递假情报这一步非常顺利。比如说，某次情报交流之后，一名德国军官向元首希特勒汇报说盟军进攻加莱的作战计划已经到手。"该报告的真实性已经查验，"那名军官说道，"计划中提到了3支军队，3个军，还有23个师。除了一处地点有待考证之外，其他部分和我方已经掌握的信息完全吻合。"

有一位功勋卓越的德国军官也被利用起来进一步传递假情报。

汉斯·克莱默将军是在突尼斯战场上被盟军俘获的，由于在羁押期间他的健康状况越来越差，按照瑞士红十字会的要求，他被释放回德国。但是在他回家之前，有关方面让他走马观花地在"第一集团军"里转了一圈。当时载着他从位于威尔士的战俘营去往伦敦的车子穿过了一片堆满了武器、粮草和飞机等物资的地区。随行人员告诉他这就是英格兰东南部"第一集团军"的营地，但事实上那里是英国别的地方，他看到的战备物资是为了诺曼底登陆做的准备。由于英国所有的路标和指示牌在战争初期就都被拆掉了，所以克莱默根本无从判断自己的所在地。作为一名忠心耿耿的纳粹成员，克莱默把自己的所见所闻全都汇报给了他的上级。至此，"第一集团军"的存在借助德国高级将领之口得到了最终的证实。

1944年6月6日，诺曼底战役正式打响。虽然战斗激烈，伤亡惨重，但是盟军终于踏上了欧洲大陆。要想进一步保住盟军在欧洲战场的势头，还得靠"第一集团军"的名号。盟军必须让希特勒仍然坚信那支部队随时都可能进攻加莱，不然他肯定要把大部分兵力调往诺曼底进行反击，对盟军极其不利。丘吉尔在此刻亲自演了一出戏，他在下议院宣布诺曼底登陆全面开始，而且言语中透露出还要继续进攻法国的意思。其他同盟国领袖也纷纷表态。美国总统罗斯福向公众宣称："德国佬好像在准备应对下一次突袭。让他们猜去吧，我们奉陪到底。"

为了进一步迷惑德军，让他们认为第二次进攻近在眼前，类似诺曼底登陆之前的各种战备行动再次启动。特种部队和情报部队在加莱海峡一带空降着陆，潜水艇和扫雷部队在法国海岸上频频现身，同时空军和海军不断地在疑似下次登陆的地区进行轰炸。就像诺曼底登陆之前一样，法国抵抗组织仍然持续收到关于下次战役的情报。在英格兰方面，"第一集团军"的舰船模型夹杂着少数真正的战舰在夜间灯火通明，从空中看去，人们正在往船上装配物资，整个舰队即将转移。与此同时，空军和陆军之间的无线电联络骤增，下一场大战仿佛山雨欲来，一触即发。双料间谍们继续给他们的德国主子提供假情报。一名代号"布鲁塔斯"的间谍在报告中说："我亲眼看见集团军的巴顿将军正在着手准备在东海岸和东南几个港口登陆的事宜。"布鲁塔斯还"引用"了巴顿将军的原话："诺曼底的障眼法很成功啊，下面咱们得准备攻打加莱了。"另一位化名"嘉宝"的间谍给他的纳粹指挥官发去了详细的作战部署，并在结束语中写道："我发回这篇报告是因为我相信现在对诺曼底的进攻不过是个圈套，他们企图让我们把军队调过去，我们若上当，以后恐怕追悔莫及。"

德国方面，包括隆美尔将军在内的多名将领请求驻扎在加莱的德军前往诺曼底进行支援。他们说自己的军队在诺曼底浴血奋战，但是加莱的部队却无所事事。希特勒由于完全中了同盟国的计而驳回了他们的请求。于是，德军的精锐部队被一支幻影战队牢牢地牵制在加莱，货真价实的盟军部队却从诺曼底深入了战场。美国陆军指挥官奥马尔·布拉德利（Omar Bradley）将军后来在回忆录中写道："德军乖乖地被'二战'中最了不起的计谋牵着鼻子走。"

第4章

局之大者

> 深知怎样做狐狸的人却获得最大的成功……君主……必须做一个伟大的伪装者和假好人。人们是那样单纯，并且那样受着当前的需要所支配，因此要进行欺骗的人总可以找到某些上当受骗的人们。
>
> ——尼可罗·马基雅维利《君主论》[1]

马基雅维利深知打江山不易，守江山更难，大多数情况下统治者必须使出浑身解数方能稳固政权。"当遵守信义反而对自己不利的时候，一位英明的统治者绝不能够，也不应当遵守信义。"[2]马基雅维利在五个多世纪前如是说。巧的是，历史上的许多君主对于这条教诲不是无师自通就是一学就会，正因如此，宫墙之内、庙堂之高尔虞我诈之风长盛不衰。

---

[1] 引自潘汉典译《君主论》，商务印书馆2017年出版。——译者注
[2] 引自潘汉典译《君主论》，商务印书馆2017年出版。——译者注

RIVAL ARBITERS.

"THE OTHER LION THOUGHT THE FIRST A BORE."

*** Bismarck was rapidly becoming a conspicuous figure in European politics, and this was thought to be little welcome to the Emperor of the French.

俾斯麦虎视眈眈地想和拿破仑三世打一仗

伪造的圣谕

在 8—9 世纪，教皇是个高危职业。彼时，教皇既受罗马贵族的压制，还要面对凶残的暴民，比如教皇利奥三世就在 779 年险些被人挖眼拔舌。伦巴底人（The Lombards）[1]在北方虎视眈眈，而且在拜占庭皇帝和法兰克[2]国王的眼中，教皇不过是某个附属国的傀儡，可以随意操控。这么看来，"黑暗时代"的确名副其实。

正是在那样一个乱云飞渡的时代，一份旨在赋予教皇空前权力与无上荣耀的"高仿"文件横空出世，它就是《君士坦丁献土》（Donation of Constantine）[3]。这份文件据说是罗马帝国第一位信奉天主教的君主也就是君士坦丁大帝，在 4 世纪亲手写给教皇席尔维斯特一世的献土声明，仅此一份且具备一切法律效力。《君士坦丁献土》分为两个部分：第一部分为《告解书》[4]，在这个部分里，君士坦丁大帝，或者说冒充他的人记述了教皇席尔维斯特引领他皈依了天主教，而且在受洗过程中自己的麻风病被奇迹般地治愈（这个传说在 750—850 年被世人高度认可，刚好是"献土"文件被人伪造

---

[1] 伦巴底人是古日耳曼人的一支，经过漫长的迁徙与征战，他们最终占领了亚平宁半岛的北部，并逐渐形成了王国。——译者注
[2] 法兰克王国，存在于 5—9 世纪，疆域范围包括西欧和中欧的大部分地区。——译者注
[3] 也译作《君士坦丁的赠礼》或《君士坦丁堡的馈赠》，拉丁文为 Donatio Constantini。——译者注
[4] 拉丁文为 Confessio。——译者注

出来的时间段）。"大帝"在《告解书》中还一字一句地写下了自己皈依的宣誓。

在伪造文书的第二部分《献土书》①里，"君士坦丁大帝"赋予了教皇凌驾于所有神职人员和教会之上的绝对权力，并且宣布席尔维斯特一世"享有皇室级别的一切特权与荣誉"，其中包括佩戴"我等皇族从头上摘下"的皇冠。根据《献土书》的记载，教皇婉拒了这个特权，但是同意让"大帝"为自己牵马，并"尽马倌之责"。最后，"为了在我国上下贯彻此文书的精神，并保证教廷的崇高权力不会被凡世的罗马统治者所颠覆"，"君士坦丁大帝"不光把罗马城拱手相让，还把"意大利及西部领土所有省份、地区和城市"一并献给了时任教皇以及后续所有继任者。（330 年，君士坦丁大帝从罗马向东迁都至君士坦丁堡，也就是如今土耳其境内的伊斯坦布尔。正是这一举动令《君士坦丁献土》从历史的角度增加了可信度。）

历史学家们到现在也没搞清这份文书伪造者的真实身份。由于其直接受益人是罗马教廷，所以一部分人认为它的作者跑不出罗马的圈子。另外一部分人则猜测《君士坦丁献土》是法兰克王国搞出来的，因为他们意欲扶持当时处于法兰克国王丕平②及其继位者查理曼（Charlemagne）③庇护之下的教皇，以此对抗远在君士坦丁堡觊觎罗马教廷的拜占庭皇帝。无论如何，在后来的好几个世纪里，从来没有人怀疑过所谓的《君士坦丁献土》的真实性。虽然当时的

---

① 拉丁文为 Donatio。——译者注
② King Pépin，这里指丕平三世，714—768 年，于 751—768 年在位。据说由于他身材矮小，史上人称矮子丕平。——译者注
③ 丕平三世的长子，768 年统治法兰克王国，774 年统治伦巴底王国，800 年成为神圣罗马帝国的皇帝，史称查理大帝或查理一世。——译者注

教皇们没有立即得到什么好处，该遭受的苦难一点也没减少，比如屠杀、残害、走马灯一般地被废黜等，仍然是家常便饭，但是该文书为后世的中世纪教皇们奠定了统治基础，并确立了教廷至高无上的地位。

《君士坦丁献土》的骗局在 1440 年终于被洛伦佐·瓦拉（Lorenzo Valla）[①] 在其著作《〈君士坦丁献土〉不实考》（*Discourse on the Forgery of the Alleged Donation of Constantine*）中揭穿。瓦拉在文中列举了《君士坦丁献土》中大量与史实不符的细节和错得离谱的地方。他同时指出历代教皇凭借"献土"赋予他们的权力不光没有履行精神领袖的义务，反而蜕变成忠诚教民的压迫者："本该普济上帝子民的却大肆搜刮民脂民膏……教皇专向顺民开刀，并在国家与地区之间挑拨事端。"

之后还不到 100 年，教皇克雷芒七世（Clement Ⅶ）[②] 对瓦拉的逆耳忠言采取了置若罔闻的态度，而且还命拉斐尔在教皇厅里用湿壁画的艺术形式赞美《君士坦丁献土》的荣耀并展示罗马教廷的威严[③]。正是在他的任期里，神圣罗马帝国的查理五世为罗马教廷带去了"罗马之劫"[④]。大难当头，虚假的先皇圣谕终究无力回天。

[①] 1407—1457 年，意大利神职人员，同时也是该时期著名的人文学家和教育家。——译者注
[②] 1478—1534 年，史上第 219 任教皇，任期在 1523—1534 年。——译者注
[③] 实际上拉斐尔 1520 年就去世了，他生前的确受第 216 任教皇儒略二世之邀为梵蒂冈教廷绘制了大量的壁画。这里根据译者的猜测，作者要表达的意思有可能是克雷芒七世在出任教皇之前委托正在为教廷工作的拉斐尔及其助手绘制该题材的壁画，待拉斐尔去世之后，那幅题为《君士坦丁献土》的壁画实际上是由他团队里的其他人完成的。据考，该壁画的真正作者很有可能是拉斐尔的弟子吉安弗兰切斯科·佩尼（Gianfrancesco Penni）或朱利奥·罗马诺（Giulio Romano）。——译者注
[④] 罗马之劫（the sack of Rome）爆发于 1527 年 5 月 6 日，是历史上神圣罗马帝国在与科涅克联盟的战争中取得的意义重大的胜利。科涅克联盟包括法国、英格兰、米兰公国、威尼斯共和国、佛罗伦萨共和国以及罗马教廷。——译者注

西洋三国志

纵观历史，1527年的罗马之劫不过是当时的欧洲三霸主——法兰西国王弗朗索瓦一世（Francis I）、英格兰国王亨利八世（Henry Ⅷ）以及神圣罗马帝国皇帝查理五世（Charles V，同时他也是西班牙国王查理/卡洛斯一世）——彼此博弈过招中的小插曲。这三国之间钩心斗角，纷争不断。三位王者表面一团和气，背地里两面三刀互相倾轧，上演了一出又一出近乎荒诞的闹剧。

亨利八世和弗朗索瓦一世的敌对关系是三人之中最突出的，其中的渊源可以回溯到英法两国之间旷日持久的纠葛。两国几百年以来的战争把仇恨和猜疑的种子深埋在两位君主的心中，而且他们二位都认为自己才是文艺复兴时期的明君典范，于是关系更加紧张了。亨利八世和弗朗索瓦一世就好像同台比美的两只孔雀，他们不光年纪相仿，外表也同样英俊潇洒[1]，在文化领域他们热衷扶持艺术家和学者，可谓文能征服舞场，武可驰骋战场。

查理五世与亨利八世、弗朗索瓦一世相比要逊色得多。他性格阴郁，不好社交，下颚严重畸形，实在无法归到白马王子一类，但是他用实力加倍弥补了自己在外貌方面的欠缺。查理五世从祖父母和外祖父母手里继承了半个欧洲的领土以及美洲新大陆殖民地带来的丰厚利益。在亨利八世和弗朗索瓦一世看来，查理五世很可能制霸全球，对他们威胁巨大，于是这两位国王在1520年搞了一场声势浩大的金缕地会盟[2]。

---

[1] 这个时候亨利八世还没有"发育"成晚年那副大腹便便的样子。在威尼斯大使的笔下，执政初期的亨利八世是他见过的"最帅气的君王"。
[2] 二人的会晤地点在今天的法国加莱附近，金缕地会盟排场虽大，作用却甚微。——译者注

浮夸是金缕地会盟的主题，亨利八世和弗朗索瓦一世不惜倾家荡产也要在排场上压倒对方。两人带领各自宫廷上下全体人员浩浩荡荡地前往位于法国城镇吉讷（Guînes）和阿德尔（Ardres）之间的一片山谷。会盟现场建起了不断涌出美酒的喷泉，搭起了用金线刺绣的帐篷，还建起了镶嵌着华美宝石的观景亭台。英法两国宫廷的绅士和淑女们身着盛装，尽享奢华的美餐。弗朗索瓦一世和亨利八世则亲自上阵来了一场友谊第一、比赛第二的马上比武。亨利八世和弗朗索瓦一世不光向彼此的王后行礼致敬，二人也做出一副惺惺相惜的样子。不过在历史学家 A. F. 波拉德（A. F. Pollard）看来，"金缕地会盟以最壮观的形式最后一次展现了日趋没落的骑士精神，大概也是有史以来最明目张胆的一场骗局"。

金碧辉煌的外壳之下，会盟双方行着礼尚往来之事，暗地里却各自心怀鬼胎。根据一位在会盟现场的威尼斯人的记载，"两位君主绝非交好的状态，在那种场合下他们举止得当，但实际上他们之间恨意十足"。的确，这场虚情假意的演出刚一落幕，亨利八世扭头就与查理五世商议联手对抗弗朗索瓦一世的计划。他们二人的会晤虽然没有金缕地会盟那样大手笔，但是促成了许多大事。

一王一帝就联合抗法一事进行了秘密会晤，签订的盟约具体表现为极具皇家特色的一系列联姻计划。亨利八世保证自己会取消女儿玛丽与法兰西王储的婚约，查理五世也发誓自己不会按照计划迎娶弗朗索瓦一世的女儿。据说当时还传出了查理五世打算自己把玛丽公主娶过去的说法。（查理五世本人是亨利八世第一任王后阿拉贡公主凯瑟琳的外甥，所以玛丽·都铎公主其实是他的表妹。）

亨利八世和查理五世的抗法联盟对于英格兰来说，其政治意义可以忽略不计，因为这个联盟一不小心就会让查理五世统治整个欧洲。亨利八世的真实想法是在让查理五世和弗朗索瓦一世互搏，以保持三强鼎立的平衡状态。这场秘密结盟令教皇克雷芒七世感到一头雾水：

"英格兰国王的行为明显是徒劳的，他的目的也同样令人费解。"旁观的克雷芒七世记载道，"也许他是要向法兰西国王及其盟国苏格兰复仇，或者是要教训一下法兰西国王对他出言不逊；再或者是被皇帝（查理五世）的几句恭维话蒙蔽了双眼。没准儿他就是纯粹地想对皇帝（查理五世）伸出援手，抑或是要捍卫意大利的和平（弗朗索瓦一世和查理五世都对意大利垂涎三尺），所以才声明要对任何企图破坏和平的一方宣战。还有一种可能就是英格兰国王期待皇帝（查理五世）打了胜仗之后分一杯羹，或者干脆把诺曼底要过去。"

亨利八世和查理五世结盟之后没过多久，弗朗索瓦一世就趁着西班牙针对查理五世的叛乱攻入了夹在法兰西和西班牙之间的纳瓦拉（Navarre）王国①。战火很快就扩散到了其他地区，弗朗索瓦一世和查理五世在那些地区的归属问题上争执不下，就一起去找英格兰国王评理，因为亨利八世之前签署合约承诺一旦两国发生纠纷，自己将对挑起事端的一方宣战。

表面上，亨利八世派心腹重臣红衣主教沃尔西（Wolsey）前去斡旋调停，其实他另有目的。亨利八世的真正意图是和查理五世联手打击弗朗索瓦一世，沃尔西的任务名为调停，实际上是在亨利八世和查理五世备战期间使出的一招缓兵之计。"沃尔西在法兰西国王面前大打友谊牌，显得诚意十足，一心倡导和平，并在纠纷的两国面前摆出一副公平公正的姿态。"波拉德写道，"但是再华丽的辞藻也无法掩盖沃尔西息事宁人的面具下别有用心的真实面孔。"

---

① 今西班牙北部的自治区。——译者注

从事件的结果来看，沃尔西果真不虚此行。根据查理五世派出去的大使记载，"亨利八世批准了沃尔西的计划，派他前往加莱，打着议和的旗号听取双方辩词，然后假托无法做出决断并暗中投奔查理五世，按照之前的约定采取下一步行动"。他们的约定中最重要的一点就是联手抗法。依照前期与查理五世商定的计划，沃尔西拖延会谈的理由是他必须亲自去布鲁日（Bruges）拜见查理五世，因为查理五世派去加莱的代表声称自己无法替皇帝定夺。接下来，沃尔西又假托生病进一步让会谈延期。在此期间，他和查理五世制订了进攻法兰西的战略部署，并敲定了查理五世与亨利八世的女儿玛丽公主的婚事。同时，查理五世进一步承诺将利用自己在罗马教廷的影响力推举沃尔西出任下一届教皇。

就这样，进攻法兰西的战役势在必行。按照计划，法兰西宫廷势力最盛的王室统帅、波旁公爵会煽动对弗朗索瓦一世抱有积怨的权臣们造反，查理五世从西班牙向法国发起进攻，英格兰的萨福克公爵则带领军队从加莱突入，直捣法兰西的腹地。但是整个计划却流了产：波旁公爵的策反意图提前暴露，被迫踏上逃亡之路，已经攻打到距离巴黎只有60英里的地方的萨福克公爵不得不撤退，而查理五世压根儿就没有出兵。更过分的是，查理五世撤回了协助沃尔西出任教皇的承诺，并且娶了葡萄牙公主伊莎贝拉为皇后，把玛丽公主晾在了一边。以上就是英格兰与神圣罗马帝国秘密联盟结出的"累累硕果"。

等到后来查理五世终于攻打法国并向英格兰求援的时候，正在气头上的亨利八世拒不配合，就这样，他只能独饮自己制定的外交政策酿成的苦酒。查理五世攻入了马赛，却在严防死守的法军面前吃了败仗。弗朗索瓦一世本该见好就收，却一意孤行地乘胜追击，跨过阿尔卑斯山脉进入了意大利，企图一并收复米兰。结果弗朗索瓦一世在1525年的帕维亚战役中战败并沦为战俘。西班牙纳耶拉的修道院长在从战地向查理五世发回的报告中写道:"我方大获全胜……法兰西国王被我方俘获……法兰西军队被悉数歼灭……今天是圣玛弟亚(St. Matthias)的庆日,25年前的今天据说是陛下您的寿诞,我们感谢上帝赐下的恩典也已经有25次!即日起,陛下便可随意对天主教徒和土耳其人发号施令了。"这样的结局对亨利八世而言不啻一场噩梦。

在释放弗朗索瓦一世的事情上,查理五世提出了一系列苛刻条件,其中包括法兰西割让勃艮第地区并放弃在弗兰德斯和意大利的所有领地。对此,弗朗索瓦一世义正词严地表示:"我宁愿遵从上帝的旨意把牢底坐穿,也不会接受卖国的不平等条约!"但是在1526年,弗朗索瓦一世还是签署了《马德里条约》,向查理五世做出了屈服。为了保证弗朗索瓦一世遵守条约,查理五世要求扣押对方的两个儿子作为人质,并让弗朗索瓦一世与自己的姐姐埃莉诺订下了婚约。这些方面的约定,弗朗索瓦一世全都兑现了(并且把淋病作为新婚礼物送给了他的第二任王后埃莉诺)。

弗朗索瓦一世从马德里阴暗潮湿的牢房被释放的那天,查理五世骑着马护送他前往两国的交界处。告别之际,查理五世握着弗朗索瓦一世的手问道:"您许下的诺言还都记得吧?"

"放心吧,小老弟,"弗朗索瓦一世答道,"我这人一诺千金,不然你尽可骂我是卑鄙的懦夫。"

然而别说是千金,弗朗索瓦一世做出的承诺连一毛钱都不值。根据他自己的说法,《马德里条约》是他被迫签订的,所以在恢复自由的一周之内他就反悔了。接下来,他组织科涅克联盟国家向查理五世宣战,亨利八世和红衣主教沃尔西则在背后煽风点火。查理五世对弗朗索瓦一世出尔反尔的做法大为光火,以至于一度向他发出单挑的战书。当查理五世听说弗朗索瓦一世把教皇也拉拢过去了之后，抱着敲山震虎的心态去和教皇当面对质："有传闻说教皇陛下废除了法兰西国王亲手签订且本该遵守的条约，不过这件事我本人并不愿意相信，因为您作为基督之代表不会有如此下作的举动。"但是基督之代表真的做出了那样的事，并在1527年查理五世举兵突入罗马的时候付出了沉重的代价。

根据当时在场的一位主教的记载，"所有的教堂和修道院都惨遭血洗，不论是修士还是修女无一幸免。一大批修士被砍了脑袋，就连在祭坛上祷告的神父都不例外。许多年迈的修女被人持棍棒毒打，年轻的修女则被人强暴、劫掠，并沦为囚徒。各个教堂里珍藏的法衣、圣杯和银器皆被洗劫一空……红衣主教、主教、修士、神父、年迈的修女、襁褓中的婴儿、见习的骑士以及出身贫寒的仆人全都遭受了惨绝人寰的酷刑，做父亲的眼睁睁地看着儿子受难，做母亲的目睹怀中的婴儿被杀。圣库中所有的账本和文件全部被翻出来撕成碎片，其中一部分还遭到了焚烧"。

罗马之劫不光让亨利八世颇为头疼，也是他宗教改革进程的一个重要的转折点。当时，亨利八世为了和情妇安妮·博林结婚，请求教皇克雷芒七世批准他休掉原配阿拉贡公主凯瑟琳。在那个年代，处理来自各国君主的类似请求对教皇来说不是什么稀罕事，但是这一次克雷芒七世丝毫没有配合的意思。那个时候教皇处于被查理五世软禁的状态，而亨利八世在那之前还傻乎乎地跑去和查理五世结盟。现在教皇的性命被查理五世牢牢地捏在手中，他怎么敢允许亨利八世和查理五世的姨妈凯瑟琳离婚呢？这件事最终促使亨利八世与罗马教廷决裂。

在接下去的二十多年里，亨利八世、弗朗索瓦一世和查理五世他们三位帝王花样百出地分分合合、明争暗斗。其中亨利八世和弗朗索瓦一世在1547年双双驾崩，他们之间的恩怨情仇也算是至死方休。九年以后，查理五世自动退位，归隐于修道院之中。人们都说他在过去的几十年里机关算尽，终于精疲力竭，力不从心。

红衣主教的罪恶

1634年，法兰西宫廷的权臣红衣主教黎塞留虽然身为罗马天主教的神职人员，却使用魔鬼的伎俩除掉了一名胆敢忤逆他的神父。[1]

那一年，小镇卢丹的一所修女院里的修女们忽然集体中了邪。平日里举止端淑的修女们一下子魔鬼上身，口吐秽语，挤眉弄眼，下流地扭腰摆胯，镇上的居民当然对此十分反感。修女院的院长嬷嬷让娜·德·昂日[2]也受了诅咒，用她自己的话说："我的脑海中当时全是亵渎上帝的言语，对上帝充满了厌恶之情……我一门心思地研究让上帝不悦的方法，也让别人效法我。而且魔鬼驱使我对自己的神职工作也产生了厌恶，所以当他控制了我的心思的时候，我就把自己的面纱全都撕烂，其他修女的面纱只要我能拿到的我也都会扯下来，然后用脚狠狠地践踏，接着我会一边把毁掉的面纱吞进肚里，一边咒骂当初入教的自己。"

那场闹剧究竟是黎塞留在背后策划的还是修女们真的集体中

---

[1] 黎塞留，全名阿尔芒·让·迪普莱西·德·黎塞留（Armand Jean du Plessis de Richelieu，1585—1642），他出身贫寒，经过一番奋斗在路易十三统治时期成为法兰西宫廷里位高权重的人物，一度出任首相，还被封为黎塞留公爵。其颇具远见和极有魄力的政治手段与外交政策在很大程度上实现了攘外安内的目标，高度巩固了法国的中央集权制，并为后续路易十四的盛世打下了坚实的基础。大仲马在《三个火枪手》中把黎塞留刻画成了书中的大反派。——译者注

[2] 法语原名为Jeanne des Anges，港台地区通常意译为天使让娜或天使雅娜。——译者注

了邪已经无从考证，但是黎塞留趁机施下毒计，为自己铲除了政敌。当时有一位名叫乌尔班·格朗迪耶（Urban Grandier）的神父写了一篇言辞辛辣的檄文，惹恼了黎塞留（他究竟写没写仍然没有定论）。那篇檄文不光猛烈地抨击了黎塞留的政策，还要赶他下台。在其他方面，格朗迪耶经常公开发表反对神父独身禁欲的言论。

在卢丹镇上，格朗迪耶是当地圣于尔絮勒会修女的告解神父，那些被邪念缠身的修女站出来指证格朗迪耶让魔鬼折磨她们，整个事件听上去十分玄幻。比如，她们说院长嬷嬷的体内被植入了七个恶灵，利维坦（Leviathan）[1]潜伏在她的额头，巴兰（Balaam）[2]蜷缩在她右边第二根肋骨下，贝希摩斯（Behemoth）[3]则藏于她的腹中，凡此种种。修女们哭诉，说那些魔物都是格朗迪耶召唤来的；更严重的是，格朗迪耶趁她们被撒旦控制之际玷污了她们的灵魂与身体。

根据让娜嬷嬷的记载："当时，我上面提到过的那名神父借用恶魔的力量勾起了我对他的爱意。在恶魔的驱使下我渴望与他见面交谈。我们教会里的好几位修女都有同样的经历却没告诉其他人。我们不光没有彼此交流，还尽可能地躲着别人……见不到格朗迪耶的时候，我的身心都经受着欲火的焚烧……"

闻听格朗迪耶由于施行巫术和其他罪名被逮捕之后，黎塞留十分高兴，并派遣罗巴尔德蒙男爵——历史学家米歇尔·德塞尔图（Michel de Certeau）笔下的"中央集权的忠实走狗"——前去处理

---

[1] 《圣经》中经常以巨蛇、海蛇或海怪的形式出现的恶灵，代表七宗罪中的"嫉妒"。——译者注
[2] 《希伯来圣经》中的反面角色。——译者注
[3] 《圣经》中的神话生物，一说形似河马，一说形似大象，口中有獠牙，人面狮尾。——译者注

此事，以确保格朗迪耶会因犯下亵渎上帝的罪行受到最高级别的刑罚。那场审判的结果注定会让黎塞留满意，因为控方拿出了最强有力的证据——格朗迪耶亲自与魔鬼订立的盟约。那份题为《来自地狱》的伪造文书至今仍被收藏在法国国家图书馆，里面有这样的段落：

> 我否认上帝、圣父、圣子、圣灵、圣母玛利亚以及所有圣徒，尤其是施洗约翰等一干人等的存在，也不承认什么凯旋教会（Church Triumphant）[1]和战斗教会（Church Militant）[2]，并收回我在以往所有圣礼中念出的祷文。我发誓永不行善，专门行恶，并愿意放弃人身，化为魔鬼，从此一心服侍您——我的主人路西法。我还发誓如若不得不做些好事，也绝不是为上帝所为，而是以您和所有魔鬼为名对他进行的嘲讽。我愿为您奉献一生，并祈祷您永远保存这份契约。
>
> ——乌尔班·格朗迪耶

审判的结果毫无悬念：格朗迪耶有罪，等待着他的是令人胆战心惊的处决。判决书上写着由于该神父犯下了"施行魔法、巫术，主张无宗教主义，对上帝不诚不敬、冒渎上帝"等罪行，他首先要向当地的数家教会公开忏悔，然后"将被押送到卢丹的圣十字教堂前的广场，并被捆在松木堆上的火刑柱上……他将被烧死，一并焚烧的还有与魔鬼签订的契约、其他魔物以及他本人写过的反对神父独身禁欲的邪书。烧出的灰烬须让风吹散"。格朗迪耶被绑上火刑

---

[1] 指拥有荣福直观，能与上帝直接沟通的圣人死后升入的天堂。——译者注
[2] 指在人间指引为信仰而战的凡人们死后灵魂达到的境界，处于天堂与地狱之间。——译者注

柱的时候乞求行刑人员提前把他勒死，被严正拒绝。

让娜嬷嬷从格朗迪耶的魔咒中解脱以后开始在全国巡讲。一路上她受到了包括国王路易十三在内的众多名流的接见。在巴黎，罗巴尔德蒙男爵亲自把她安顿在自己的府上，由于相当于他亲手送格朗迪耶下了地狱，黎塞留称赞他为"国家忠良"。人们从四面八方赶来围观让娜嬷嬷的手，因为据说她体内的恶灵被耶稣、圣母玛利亚和约瑟夫逐出时，在她的手上"留下了烙印"。红衣主教黎塞留看过她的手之后充满敬意地说："甚好！"撒旦为他立了大功啊。

挑衅的艺术

普鲁士首相奥托·冯·俾斯麦（Otto von Bismark）迫切地需要打一仗。让俾斯麦日思夜想的统一日耳曼，建立德意志第二帝国的进程在1869年进入了瓶颈，他知道如果能与宿敌法兰西和以前一样干上一仗肯定能促成统一大业（当时的德国由关系松散的几个独立邦国组成，其中实力最强大的是普鲁士）。如果在日耳曼地区开展以俾斯麦口中的"铁血政策"为中心的军备竞赛的话，日耳曼精神一定能贯彻到包括巴伐利亚在内的那些对普鲁士的军国主义和霸权主义持警惕态度的邦国。

遗憾的是，1869年的战争气息十分微弱。法德两地之间的关系虽然不是多么亲密，但仍保持着表面上的礼节。而且法兰西皇帝拿破仑三世和俾斯麦的主子普鲁士国王威廉一世至少在当时并不想破坏两国之间的和平。对此，俾斯麦的一位同僚对他发出了警告："日耳曼的民族精神正在渐渐消亡，除非出现新的危机，否则无法继续投石问路。"俾斯麦还用别人提醒吗？他答道："我也坚信日耳曼的统一必须由暴力手段推进,但是如何在恰到好处的时机发动战争又是另外一码事了。从历史上看,光靠主观意志乱打一气往往只能起到揠苗助长的反作用。我认为日耳曼统一的时机还未成熟……能够不骄不躁地静待时机是政治家必备的品质。"

虽然俾斯麦主动提出克制隐忍一些时日,但是作为一个野心勃勃的弄权者,他实在无法在饥肠辘辘的时候等待瓜熟蒂落的到来。经过一番仔细的搜索,俾斯麦终于从西班牙方面看到了与法兰西翻脸的充分理由。1868年,西班牙军政府武装力量推翻了女王伊莎贝拉二世的统治,意欲扶持威廉一世的表亲——霍亨索伦亲王利奥波德登基。俾斯麦深知法兰西绝不可能同意让一个普鲁士人去西班牙当国王,因为那样一来,法兰西等于陷入了霍亨索伦家族势力的包围圈。此时不战更待何时?不过俾斯麦必须首先把国王争取过来。

然而,威廉一世坚决反对去蹚西班牙的浑水,利奥波德本人也拒绝登上那个危机四伏的王位。擅长以辅佐之名控制君主意志的俾斯麦不断地向威廉一世游说,终于让威廉一世"极不情愿地"同意利奥波德去上任。不过法兰西很快就听到了风声,强烈要求普鲁士方面放弃西班牙的王位,威廉一世立刻收手。国王的退缩令俾斯麦火冒三丈。"我当时简直不想干了!"他后来回忆道,"结果我们被人逼迫就范,让日耳曼民族遭受了奇耻大辱,这事不能算在我的头上。"不过没过多久,老谋深算的俾斯麦就从国王发给他的一封电报里找到了新的契机。

威廉一世发给俾斯麦的电报里记录了自己在埃姆斯休假期间会见法兰西外交大臣的事情。拿破仑三世派外交大臣向他提出了另一个要求,说光是利奥波德不去西班牙即位还不够,普鲁士必须保证霍亨索伦家族永远不会涉足西班牙的皇宫。威廉一世在电报里和俾斯麦说自己已经坚定而不失礼貌地拒绝了对方的要求，也告诉他这件事到此为止，以后不要再来叨扰。威廉一世的电文虽然表达了他本人对法兰西的不满，但仍然保持着应有的风度与气量，但是俾斯麦在一番精心编辑之后，把文风大变的电文刊登到了报纸上。

电文还是那篇电文，俾斯麦没有添加一个字，只是经过他的节选，电文表达的意思就成了国王休假期间遭到法兰西外交大臣粗鲁的骚扰，由于心中不悦让对方碰了钉子。俾斯麦在节选电文的时候曾经自豪又自满地对下属说过："这篇东西只消在那帮高卢人眼前一晃，他们就得像铆足了劲儿的公牛一样冲过来。"事态果真按照他的设想发展了下去。历史学家埃米尔·路德维希对此评论道："这就好比有个长条儿气球，干瘪到让人看不出形状，里面本来没有足够的气体让它飘起来，但是只要找个合适的地方用绳子系一下，挤在一边的气体立刻让气球丰满而充盈地飘起来，很快就进入了大家的视野。"

1870年7月14日，俾斯麦剪辑版的电文在法兰西见报还不到一个星期，他就如愿以偿地打上了仗。拿破仑三世战败并退位，普鲁士国王威廉一世升级为新生的日耳曼帝国[①]皇帝，"铁血首相"从此成了俾斯麦家喻户晓的别称。

第三帝国的谎言与欺骗

> 一个国家的国民大众……不容易上小当，却很容易被大谎所欺骗。
>
> ——阿道夫·希特勒《我的奋斗》

---

① 即史上的德意志第二帝国。——译者注

据说恶魔撒旦的伪装数不胜数，比如说他那边厢才调戏了卢丹的修女，转身就贴上了人丹胡做起了元首。从业绩方面衡量，化身为希特勒的恶魔最为成功，凭借无数谎言在数以百万计的死难者尸身上建起了邪恶的帝国。他散布的谎言大多数并不高明，甚至十分生涩，完全经不起推敲，但由于它们足够无耻狠毒，仍然唬住了包括很多国家领导人和广大群众，继而席卷着恐怖主义，让毁灭之风冲出欧洲走向世界。

1923年，未来的元首希特勒，作为失败的纳粹政变阴谋"啤酒馆暴动"的主谋，在国民面前首次亮相。当时的德国动荡不安，作为"一战"的战败国备受打击，不得不签订对他们而言丧权辱国的《凡尔赛条约》。德国马克瞬间变成了废纸，数十亿面值都买不来一顿像样的饭菜。人称"德国工业的心脏"的鲁尔区在"一战"之后由法国接管，其他地区也遭到割让，曾经令德国骄傲不已的军事力量受到大规模削弱，这一切都让德国的民族精神一蹶不振。很多德国人把社会的萧条怪罪在战后组建起来的民主主义政府——"魏玛共和国"的头上，到了1923年，民众的怨气已经积攒到了爆发的临界点。希特勒嗅到了良机。

希特勒组建的纳粹党总部设在对魏玛共和国恨意最强的巴伐利亚，虽然1923年的纳粹党仍然处于雏形状态，但是希特勒为了夺权，设计了一个大胆的计划。从报纸上，希特勒看到了巴伐利亚的三人领导小组将在慕尼黑城外的一家啤酒馆就国家复兴一事展开会谈，于是就在举办会谈的11月8日晚上率领一群纳粹暴徒闯入啤酒馆动了武。希特勒持枪把三位领导人劫持到啤酒馆里面的一个房间，企图逼迫他们加入自己在柏林组建的反魏玛运动，并在日后的新政府里成为自己的手下。即使被枪口抵在脑袋上，三位领导人也没有妥协。希特勒没料到会遭到抵抗，但没有就此罢休。他冲回前厅的会议现场朝在场的数千与会者宣布领导小组已经同意与他联手。在场的集会人员相信了他的说法，一时间欢声雷动。

尽管如此，希特勒的首次夺权计划仍然化为泡影。巴伐利亚领导小组趁乱逃出了啤酒馆，立刻揭穿了希特勒的谎言。在接下来的武力冲突中一部分纳粹分子丧了命，希特勒自顾逃命，无暇顾及身边一个个倒下的党羽。事件之后不久，希特勒被捕入狱，他领导的纳粹运动看似即将胎死腹中，但是在纳粹的党史年鉴里，啤酒馆暴动被粉饰成无比辉煌的成就。实际上，希特勒本人在1933年掌权以后每年都得把那次失败的政变当成光荣历史添油加醋地宣传一遍，当然，他自己苟且偷生仓皇逃窜的行为从来都不在宣传的内容里。

在坐牢的时候，希特勒初步写成宣扬他扭曲政治观的自传《我的奋斗》。虽然《我的奋斗》本身充满了虚构和歪曲的语句，具有狂热的反犹太基调，根本就是具有精神污染性质的大杂烩，但是那本书的创作过程却是希特勒为数不多的吐露真言的时刻。在一派胡言的雅利安人高于一切的论调中，希特勒描绘了他心目中理想的新日耳曼帝国——重塑辉煌，向东扩张（吞并波兰、俄罗斯、捷克斯洛伐克等一众国家），彻底清除包括犹太人和斯拉夫人在内的所有"劣等"人种。希特勒"飞黄腾达"之后的确把《我的奋斗》当成行动的蓝图和纲领认真贯彻。遗憾的是，几乎没有什么人对那本"极恶教典"采取审慎的态度进行研读，因为希特勒处心积虑地建立并巩固纳粹帝国政权的过程中说过的每一句谎言，都能被人用《我的奋斗》中自相矛盾的地方进行反驳和质疑。

经历了失败的啤酒馆暴动的希特勒出狱之后重整纳粹党，逐步为极端民族主义打下了政治基石，这一次支持者众。希特勒利用他

第4章 局之大者

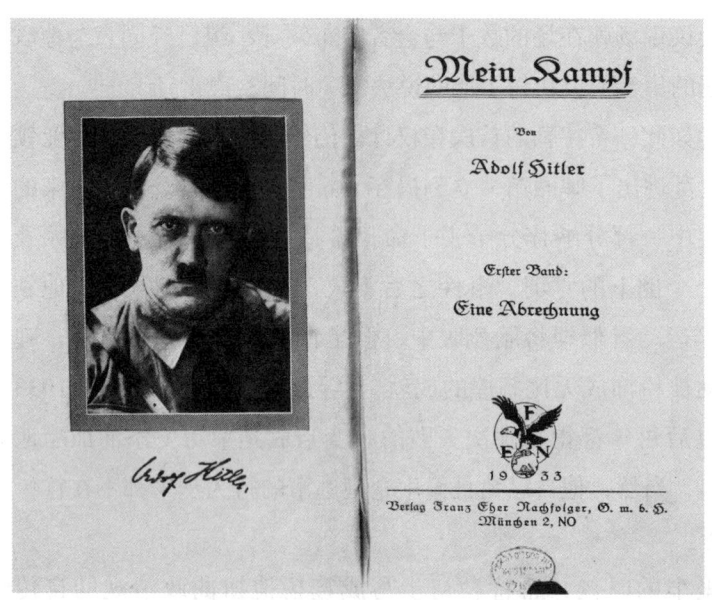

希特勒《我的奋斗》1930年版封面和扉页

志在废除的民主选举制度把手下的党羽安插进了德国的国会（也就是德国的立法机构），然后顺理成章地在1933年通过大选当上了首相。爬到了这个高度的希特勒立刻着手推翻民主制度，以便早日实现独裁。第一步，为了在国会中占领绝大多数的席位，希特勒向德国共产党举起了屠刀。首先，他利用合法手段解散国会，展开新一轮的选举，进一步夺权。纳粹党徒对赢得选举充满信心。即将出任宣传部长的约瑟夫·戈培尔曾经心满意足地说过："从今往后我们的战斗难度会大大下降，因为所有的国家资源都是我们的靠山。广播电台和报刊可供我们随意使用，我们将推出规模宏大的宣传计划，而且这次我们自然不会再受到资金短缺的困扰。"即便如此，纳粹大张旗鼓搞出来的反对德国共产党的宣传行动却以失败告终。当时没人相信那套歪理邪说，于是纳粹党徒意识到为了达到目的必须使出卑鄙的招数。

1933年2月27日傍晚，希特勒宣誓就职总理整整一个月后，柏林的国会大楼燃起了熊熊的烈火。纵火真凶除了纳粹分子几乎不会是别人，但是他们反咬一口，把污水泼到了德国共产党的身上。"这就是共产主义革命的开端！"希特勒的二把手赫尔曼·戈林在国会大厦的废墟前声嘶力竭地叫嚣道："我们不能坐以待毙，不能姑息养奸！每一个共产党的头目都该被揪出来枪毙！所有的共产党代表都该上绞刑架！"国会失火的第二天，希特勒向德国总统保罗·冯·兴登堡施加压力，兴登堡这位昔日的开明领导如今迈入暮年，头脑已经不太清醒，在希特勒软硬兼施的游说之下签署了本着"保卫人民和国家"的法令，彻底毁掉了德国每一位公民的人身自由和公民权。纳粹党人以这份单薄得经不起推敲的法令为依据开始对德国共产党人展开疯狂的血洗。大批共产党员遭到逮捕，受到严刑拷打，壮烈牺牲；与此同时，共产党人创办的报纸杂志被封杀，党员集会也备受阻挠。德国共产党虽然遭到重创，但是纳粹党仍然没能在下一次选举中拿到多数席位。这样的结果对希特勒而言根本无所谓，因为他还有简单粗暴的一招可以使用，那就是让国会立法自动解散，他就能作为独裁者君临天下。

希特勒向国会提出《授权法案》，目的是让国会在今后的四年里把立法权移交给自己。要通过这样的法案必须修订宪法，但是当时的德国共产党被压得难以翻身，其他在野党派被剥夺了投票权，所以相关的宪法修订案毫不费力地以多数赞成票被国会通过。希特勒向世人宣布："本政府只有在必要时刻才会以适当的方式行使权力。"至于他口中的"适当的方式"，其实包括摧毁民主制度，吞并其他日耳曼民族聚居地，以及建立法西斯独裁专政等内容，希特勒对此绝口不提。多年以后，作家威廉·夏伊勒（William Shirer）[①]在其研究第三帝国的著作中对《授权法案》通过后的影响做出了这样的评论："德国的议会民主制最终被人推进了坟墓……议会把修改宪法的权力交到了希特勒的手上，相当于自取灭亡。"而且这件事自始至终的合法性令希特勒经常把它拿出来炫耀。

希特勒一边巩固政权一边向全世界示好。1933年5月17日，希特勒戴着伪善的面具在形同虚设的国会发表了"和平演说"。他在演讲中满嘴仁义道德，但实际上就是一条蜷曲着身体对自己的邻邦蓄势待发的毒蛇。他说战争是"后患无穷的疯狂行径"，但是转手就把全世界卷入了有史以来最血腥的战火之中。虽然《我的奋斗》字里行间都流露出领土扩张的意图，但是为了与日耳曼民族一贯的侵略者形象划清界限，希特勒坚定地指出纳粹党人绝对没有把其他民族"日耳曼化"的想法："人们戴着过时的有色眼镜以为我们想把波兰人和法国人都同化成日耳曼人，对我们来说这纯属天方夜谭……法国人也好，波兰人也好，其他民族和人民也好，他们都是我们的友邻，这是不争的事实，任何足以改写历史的事件都无法撼动它的真实性。"夏伊勒认为这场演说是希特勒从政生涯中演技最佳的一次，"演说中假大空的宣传辞令一方面令德国人民为之动容并紧密地团结在他的身后，另一方面也在国际上树立起良好的形象"。在接下去的四年中，希特勒表面上四处发表类似的和平演讲，背地里却违背《凡尔赛条约》的精神厉兵秣马，为日后踏平"友邻"搞起了战备。

奥地利是希特勒的第一个目标。1935年，希特勒在一次演讲

[①] 1904—1993年，美国知名战地记者和历史学家，主要著作有《第三帝国兴衰史》《柏林日记》和《1940法国沦陷》等。——译者注

中如此评论自己的故国:"德国既不想也不愿干涉奥地利的内政,或是接管奥地利,搞什么德奥合并。"进而在1936年与国土甚小的奥地利签订了互不干涉条约,以表示其对奥地利主权的尊重。那之后还没过两年,奥地利就被希特勒一口吞下,这完全是意料之中的事。"流淌着日耳曼血液的奥地利必须回到日耳曼祖国的怀抱,"《我的奋斗》里面的第一章就有这样的语句,"同一血脉的人民应该归属同一帝国。日耳曼人民在实现民族团结之前是没有发展殖民扩张的立场的。"

希特勒吞并奥地利的理由微弱得几乎站不住脚。多年以来,纳粹党徒一直都在奥地利兴风作浪,甚至在1934年以政变为目的刺杀了当时的奥地利首相恩格尔伯特·陶尔斐斯(Engelbert Dollfus)。首相遇刺事件没有达到希特勒的预期效果,于是他在手下的爪牙继续在奥地利为非作歹的同时按兵不动,等待时机的成熟。到了1938年,希特勒做好打回老家的准备。他出兵奥地利的借口是收到了奥地利时任首相阿图尔·赛斯-英夸特(Arthur Seyss-Inquart)的电报,请求德国帮忙平息奥地利境内(纳粹引起)的叛乱。这位阿图尔·赛斯-英夸特实际上是前任首相被迫下台之后由希特勒扶持上任的傀儡,完全听从希特勒的指挥。经过如此布局,希特勒几乎不费一枪一炮地占领了奥地利。虽然他私下威胁奥地利当局如果不合作就兵戎相见,但是在表面上向世界证明了其出兵的合理性。其他国家对奥地利的沦陷无动于衷,下一个遭殃的就是捷克斯洛伐克。

"我长期以来的夙愿就是把捷克斯洛伐克从世界版图上抹掉!"1938年5月的一天,希特勒在和纳粹党头目开会时咆哮道。这是元首发自肺腑的大实话,但是他在公众面前从来不会如此直白。如此赤裸裸的挑衅很可能导致英法两国对捷克斯洛伐克伸出援手,而当时的德国还不具备与英法抗衡的实力。希特勒必须为侵略捷克斯洛伐克找个借口,一方面让自我陶醉的西欧列强麻痹大意,一方面达到自己的军事目的。为此,希特勒编造了这样一个谎言:生活在捷克斯洛伐克苏台德地区的日耳曼人,作为当地的少数民族长期以来一直忍受着虐待与不公正待遇。

"欧洲的一个弹丸之地正在对全人类发起挑衅!"戈林在纽伦堡的一次纳粹集会上怒吼道,"那群侏儒(捷克民族)处处压制其他文明开化的民族(苏台德地区的日耳曼人),在背后支持他们的乃是莫斯科势力和犹太恶魔。"纳粹分子猖狂至此,其他国家居然甘愿相信希特勒意欲对捷克斯洛伐克出兵的原因只是为了给生活在当地的日耳曼人主持公道,一旦事件平息之后他就会收手。你们倒是去读一下《我的奋斗》啊!

希特勒的目的不是为苏台德地区的日耳曼人解决矛盾冲突,那样一来他入侵捷克斯洛伐克的真实目的将昭然于天下。英国当时的首相张伯伦竟然一点都没看出个中玄机。张伯伦其人生性平和,在某些方面单纯得近乎一张白纸。希特勒对捷克斯洛伐克境内的日耳曼人假装出来的关心被张伯伦信以为真,并一心从中调解。张伯伦在某次与希特勒会谈之后做出了如下的评论:"尽管他看上去冷峻无情,但是我认为他十分可靠,应该是个守信之人。"这个误判将导致不可挽回的后果。

希特勒在苏台德问题上步步紧逼,接连提出过分的要求,其中包括捷克斯洛伐克把苏台德的主权移交给德国,并全员撤出,张伯伦则一味妥协退让。这种唯唯诺诺的态度让元首狂躁不已,因为被他当作借口的所谓苏台德危机正在一点一点地化解,毁灭捷克斯洛伐克的计划即将失去冠冕堂皇的缘由。根据希特勒随从们的回忆,暴跳如雷的元首一个飞扑让自己狠狠地摔在地上,大口撕咬着地毯泄愤。"他们这是把我们日耳曼人当黑鬼欺负！"他气急败坏地叫嚷着，"（1938年）10月1日那天我说什么也要拿下捷克斯洛伐克。法国和英国要出兵干涉就让他们来……我一点都不在乎！"

为了取悦希特勒，张伯伦自作主张让捷克斯洛伐克同意割地等蛮横要求使捷克斯洛伐克的政府恼怒不已。时任捷克斯洛伐克外交部长的杨·马萨莱克对英国政要们说过："如果贵国让我们牺牲小我以换取世界和平的话，我们心甘情愿地向各位致敬。但如果你们别有用心，先生们，到时候能救你们的只有上帝了！"张伯伦天真地以为他化解了希特勒的怨气，迎来了"和平年代"，但是他未来的接班人，与他政见不合孤军奋斗的丘吉尔却不这么认为。在一次下院的质询中，丘吉尔大声疾呼"我们这是不战自败啊！"，却被一片嘘声淹没。在这一点上丘吉尔完全正确。希特勒按照本来的计划迅速吞并了苏台德地区以外的所有捷克斯洛伐克领土。在侵略过程中希特勒亲眼看到英法两国事不关己高高挂起的厌战态度，继而把贪婪的目光投向波兰。世界级大战一触即发。

捷克斯洛伐克在1938年的毁灭性打击中奄奄一息，戈培尔等纳粹狂徒对生活在德国的犹太人展开了"自发性警告活动"。同年的11月9日和10日两个夜晚，德国爆发了史称"水晶之夜"或"碎玻璃之夜"的反犹太暴恐事件，犹太人的商店和住宅被毁，犹太教堂被烧，数千犹太人遭到逮捕或屠杀。这次德国史上最严重的反犹太事件的起因是一名纳粹官员在巴黎被一个犹太难民刺杀，纳粹以此为借口进行复仇。行动之前，纳粹政府颁布了有关"自发性警告活动"的详细行动规范。比如规范里关于焚烧犹太教堂的内容规定只有在确保与教堂相接的非犹太人所有的建筑不会受到波及的时候才可以放火。为了让"水晶之夜"对犹太人的威慑力进一步增大，纳粹政府要求犹太人赔偿该行动造成的一切财产损失。戈林对此宣布:"德国的犹太人必须为他们犯下的罪行接受惩罚,处罚金额定为10亿马克。这招肯定会管用。那些蠢猪不会再去搞谋杀。事情发展到这个地步,如果我是个犹太人,绝对不想在德国继续待下去。"

虽然当时在德国,反犹太主义事件屡见不鲜,但是希特勒把它上升到了国家政策的高度。他通过法律逐步把犹太人排挤在德国社会的各个方面之外,然后稳步从种族隔离向种族屠杀进发。希特勒对犹太人出自仇恨的污蔑为后者带来了灭顶之灾,不然真的可以当笑话看。以下文字节选自《我的奋斗》:

> 犹太人和雅利安人截然不同……虽然他们表面上十分聪明狡黠,但是他们本身没有文化,特别是属于自己的文化……

> 他们不断地打击国家经济,直到所有国有企业都被他们通过私有化攥到自己手中为止。

> 在政治上他们拒不提供让国家自给自足的资源,摧垮一切国家自主和自卫的基础,让人民失去对领导层的信任,篡改历史,把一切伟大的事物全都拽进了污浊的泥潭之中……

> 在文化方面他们亵渎了艺术、文学和戏剧,麻痹了民族情感,以丑为美,抛弃精华,宣扬糟粕,让人民粗鄙不堪……

> 在他们的口中宗教是荒唐的,传统与道德是迂腐的,我们苟延残喘的民族精神就这样趋于崩溃。

元首对犹太人咬牙切齿的仇恨通过强有力的政治宣传迅速渗透到了德国社会的每一个角落。上文提到的夏伊勒曾经在纳粹德国生活过一段时间,对于自己受到的反犹太宣传造成的影响,他如此写道:"虽然我当时通过各种途径可以了解事实真相,也对纳粹宣扬的东西抱有天生的怀疑态度,但是多年以来被虚假和歪曲的宣传包围,我惊恐地发现自己的思想受到了一定的影响与误导。除非你也在哪个极权国家生活了五年以上,否则你真的想象不到要逃避铺天盖地无休止的政治宣传是多么困难的事情。"

少年儿童成了那些致命谎言的主要受众。希特勒曾宣布:"我们的新生帝国不会把年轻人交给别人,对他们的教育和抚养,我们会亲力亲为。"所有教师必须对学生宣讲雅利安人高贵论和犹太误国论。就连牙牙学语的幼童也不能逃过这样的洗脑,纳粹政府出版了一批内容恶毒的睡前故事书,供大人念给孩子们听。

那批儿童读物里最流行的一本是作者为朱利乌斯·斯特莱歇(Julius Streicher)的《毒蘑菇》(Der Giftpilz)。如果忽略封面上丑化犹太人的讽刺画,那本书乍看上去和其他故事书没什么区别,里面配着彩图,故事也简单易懂。但是故事中传达的思想却是纯粹的种族仇恨。在其中一则故事里,妈妈带着儿子在森林里采蘑菇,妈妈对儿子讲解有的蘑菇是能吃的好蘑菇,其他的则是不能吃的坏蘑菇。

"你看,弗朗兹,"妈妈说道,"这世界上的人就和森林里的蘑菇一样,有好蘑菇也有好人,有毒蘑菇也有坏人。我们必须像对毒蘑菇一样对坏人随时保持警惕。这个道理你明白吗?"

弗朗兹告诉妈妈他明白这个道理。妈妈接着问他是否知道哪些人是毒蘑菇一样的坏人。"我当然知道啦,妈妈!"弗朗兹答道,"坏人就是犹太人!我们的老师经常和我们这么说。"

反犹儿童读物《毒蘑菇》封面上丑化犹太人的漫画

《毒蘑菇》插图

弗朗兹的妈妈为儿子的懂事感到骄傲，并告诉他一定要帮别的小朋友也明白这个道理。"我们的孩子们必须了解犹太人的坏，"妈妈发出了警告，"孩子们必须知道犹太人是最危险的毒蘑菇。毒蘑菇到处生根，犹太人也遍布世界各地。毒蘑菇会造成严重的后果，犹太人也会带来悲剧、灾难、疾病，甚至死亡。"

《毒蘑菇》的作者生怕读者看不出故事的隐喻，在最后特意点题："德国的年青一代必须学会识别犹太毒蘑菇的本领，他们必须了解犹太人对德国大众和全世界人民的危害，他们必须知道解决犹太问题人人有责。"

纳粹对"犹太问题"提出的解决方案用他们自己恐怖而含蓄的话说就是"终极手段"——造成六百万犹太人罹难，始于德国并扩散到所有纳粹占领区的有组织、有预谋的种族屠杀，其中最血腥、最残暴的数起杀戮发生在波兰。

长久以来，希特勒一直都在疯狂地为日耳曼人民扩张生存空间，波兰早就是他计划征服的目标之一。但是在1939年9月正式进攻波兰之前，元首都是一副模范邻居的样子。希特勒和波兰签订的一份合约中同意"为了实现欧洲和平，与波兰互不开展军事活动"。为了把戏做足，他甚至慷慨地把捷克斯洛伐克的部分地区划拨给了波兰。波兰政府欣然接受，丝毫没有从捷克斯洛伐克身上看出自己未来的影子。

然而，希特勒要想毫无后顾之忧地侵略波兰，必须先安抚好劲敌苏联的情绪。虽然希特勒对苏联及其领导人斯大林无比厌恶，但是他幻想着有朝一日把纳粹帝国的版图扩大到苏联全境，因此必须保证如果英法两国出兵协助波兰的话，北方的强邻苏联能够保持中立。为了达到这个目的，希特勒就得想办法让苏联远离西欧列强，并让他们相信自己的"和平主张"。为此，希特勒对苏联做出了一系列虚伪的承诺和假意的让步，比如和苏联共同瓜分波兰，还有让苏联占领一部分巴尔干半岛，等等。斯大林吞下了这些诱饵，于是德苏双方签订了互不干涉条约。至此，希特勒扫清了进攻波兰征途上所有的障碍。

希特勒为了攻打波兰，对全世界和德国人民宣称的理由可以说是最荒唐的一个。首先，他派党卫军成员穿着波兰军队的制服，在德国与波兰边境附近袭击了一处德国电台，然后一些服刑人员也被迫换上波兰军服，吞下导致昏迷的药物之后被人击毙，仿佛死在交火之中。接着，一个德国军人从理论上被波兰占领的电台用波兰语向波兰国内广播，号召广大人民奋起反抗德国。希特勒此时对自己挑起的事端假装毫不在意。"开战之前必须有个官方的说法，不管它合不合理。"他在动手几周前说道，"谁都不会在战争过后和获胜的一方计较真相。对于战争而言是非并不重要，重要的是胜败。"

第二次世界大战就这样伴随着希特勒入侵波兰拉开了序幕。此时与西欧各国交手已经不可避免，但希特勒不但不发愁，反而摩拳擦掌地期待着一场大战。"每个人都必须清楚地认识到，从一开始我就发誓要与西欧列强决一死战。"元首如是说。这场大战对德国来说是一个生死攸关的转折点。"冗长的和平岁月对我们来说不是什么好事。"希特勒宣称。在他的眼中，就像俾斯麦振兴第二帝国那样，第三帝国必须经历一场史诗级的战争才能崛起。虽然希特勒本意如此嗜血好战，但是他不断地摆出良民的姿态大放厥词，甚至还以推进和平进程为主题召开了（他还没攻占的）欧洲数国首脑会议。在会上，希特勒慷慨陈词道："枪林弹雨中我们如何能坐下来探讨整个欧洲大陆未来的和平问题，如果这些问题迟早都得解决的话，我们还是应该在牺牲数百万战士、损失数十亿财产之前找到适当的解决方案。"希特勒厚颜无耻地说出这些瞎话之后没多久就率领着他的战争机器踏遍了丹麦、挪威、荷兰、比利时、法国、南斯拉夫和希腊。在与英国开战之后，他掉转枪口瞄准了苏联。

"这就开战了啊！"苏联外长维亚切斯拉夫·莫洛托夫目睹了希特勒一次又一次以虚假的理由入侵其他国家之后惊呼道，"你觉得我们算是活该挨打吗？"历史学家们曾经就老狐狸斯大林是否真的没有预料到希特勒会对苏联开火进行过争论。一些学者认为，斯大林自始至终都知道他们和德国签署的合约不会让苏联免遭战火，但是他为了给防御工作多争取一点时间，仍然顺势签订了合约。另一派学者则坚持认为，就算斯大林再机智也在阴沟里翻了船，险些让苏联遭到致命的打击。

无论如何，欧洲大部分国家和地区在纳粹的铁蹄下沦陷时，斯大林显得踌躇满志，甚至有些沾沾自喜。英国屡次警告他，让他小心希特勒的真实意图，斯大林却对此嗤之以鼻，还在希特勒正式进攻苏联之前对英国进行了公开的嘲讽。斯大林宣称英国"不过是危言耸听，想要破坏苏联与德国的友谊罢了"。也许那时的斯大林果真没有看出希特勒的狼子野心，因为他的确忽略了很多本应警醒的细节。不用往别处看，《我的奋斗》在15年前就写得很直白了："提到欧洲的新领土，我们首先要考虑的就是俄国及其周边的附属国。命运指引我们向那里前进……东方那幅员辽阔的帝国到了该解散的时候，犹太人对俄国的操控告终之后俄国也将不复存在。"

然而事与愿违，苏联最终粉碎了希特勒理想中的千年帝国梦。面对纳粹在苏联战场上的不断失利，只有希特勒一个人仍然沉浸在自欺欺人的幻想之中。"我们对敌军（指苏军）严重估计不足，损失惨重，情况越来越危急，"希特勒手下的一名将军哀叹道，"大局当前，元首往往只能窥一斑而不知全豹，继而武断地一意孤行。这样的行事风格对于一个'领头人'来说实属罕见。"

就在苏联大军包围了柏林地堡的时候,希特勒在饮弹自杀之前吐出了他此生最后一个谎言,也就是他的"政治遗嘱"。在该遗嘱中,希特勒向后人表明世界大战不是他的本愿,他也不该为数千万死难者负责,罪魁祸首另有其人,而且不用猜都知道他要怪谁:"就算过去几百年,这片废墟之上仍然会不断萌发出我们对这场战争始作俑者的深仇大恨,他们就是无孔不入的犹太人以及他们的帮凶。"

总统夫人的注水文凭

总统夫人埃列娜·齐奥塞斯库(Elena Ceausescu)把自己包装成了罗马尼亚的居里夫人,实际上她只是个胸无点墨的村妇,凭借手中的权力捏造出一系列显赫的学历与文凭。毕竟她是罗马尼亚最高领导人尼古拉·齐奥塞斯库的夫人和副手,享受点特权不是理所应当的嘛。

埃列娜克服了学业中的欠缺与不足,在高中都没有读的情况下拿到了化学博士的学位。她博士论文的题目是《异戊二烯的立体定向聚合在人工橡胶的稳定化和共聚反应中的作用》,这个题目就算让她念,恐怕都念不顺,好多人(由于怕吃官司而偷偷地)对此忍俊不禁。不管怎样,拿下了博士学位之后,埃列娜给自己添加了一长串荣誉与头衔,其中包括国家科学技术委员会的委员长以及罗马尼亚经济与苏维埃发展最高委员会化学部的主席。"正因为她既愚昧又无知,而且头脑简单,所以她觉得只要自己的头衔够了,个人形象就能得到提升与改变。"一位罗马尼亚官员对作家爱德华·贝尔如此评论道。

埃列娜·齐奥塞斯库手中的实权越来越大,很快就成了她丈夫的二把手,几乎无人胆敢对她提出质疑,于是她的学术头衔也越加越多。她不断在学术著作上硬署上自己的名字,虽然那些论文和书籍既不可能是她写的,也不是她能看懂的东西;进行外交访问的时候她就直接向目的地国家索要荣誉学位。有些学校遂了她的心意,比如德黑兰大学,但是也有拒绝她的学府。埃列娜在 1978 年对美国进行了国事访问,其间她提出想要华盛顿特区里一所高校的学位,但是得到的答复是卡特总统无法特批,但是伊利诺伊州立理科学院倒是同意给她一个名誉学者的头衔。根据前罗马尼亚情报部负责人伊恩·米哈伊·帕奇帕的回忆,总统夫人大为光火,盛气凌人地说道:"别逗了!那个种花生的能搞来伊利什么鬼地方的学位却不能给我华盛顿的学位?我才不会去伊利什么鬼地方。绝对不去!"[1]

那件事之后又过了 11 年,齐奥塞斯库的统治在 1989 年被推翻,埃列娜坐在被告席上接受了审判。齐奥塞斯库夫妇以迫害罗马尼亚人民的严重罪名受到指控,但是他们以沉默的方式在法庭上拒不认罪。面对种族屠杀和在人民饥寒交迫之际自己过着骄奢淫逸的生活等指控他们不以为然,直到控方提出埃列娜在学术方面造假的问题,他们二位才像被人戳到痛处一样开始激烈地辩驳。检察官用"所谓的学者"称呼埃列娜·齐奥塞斯库,对此她的反应是:"所谓的?你管谁叫所谓的!他们连咱们的头衔都扒掉了!"齐奥塞斯库看到夫人的学术背景遭到了污蔑,赶紧站出来发声:"她的学术论文可都是在国外发表过的!"

"那么您那些论文都是谁代笔的呢,埃列娜?"检察官问道。

"岂有此理!"总统夫人彻底抓了狂,"我是理科协会的成员兼主席。你怎么能这样和我说话!"

审判的过程十分简洁,齐奥塞斯库夫妇旋即被拉出去执行枪

---

[1] 美国总统吉米·卡特出身于富裕的花生农场,所以经常被人称作花生先生。——译者注

决。埃列娜被处决之后，罗马尼亚算是失去了一位杰出的科学家，至少从书面记录上来看仿佛有这么回事。

智斗卡扎菲

埃及总统穆巴拉克曾经用番茄酱搅黄了一起恐怖事件。

1984年，利比亚独裁者卡扎菲计划干掉流亡埃及的政敌——前总理阿卜杜勒·哈米德·巴库什。为此，卡扎菲授意利比亚驻马耳他大使为他物色了四个掮客，再由那四个人分别雇四个杀手前往埃及刺杀巴库什。

然而埃及总统穆巴拉克提前听到了消息，立即着手进行应对。他让埃及的便衣警察前去应聘杀手，交易成功之后把四名掮客一网打尽关进了监狱。巴库什则被人护送到一个秘密地点演了一出遇刺的好戏。当时巴库什躺在地上，嘴巴像死鱼一样咧着，身上的"弹孔"里汩汩地向外流淌着番茄酱。接着，刺杀现场的照片连同索取报酬的书信一起被人送到了利比亚大使的手上。

几天之后，利比亚的官方电台大张旗鼓地大唱赞歌，声称以铲除卡扎菲革命道路上一切敌人为己任的暗杀别动队已经处决了"丧家之犬"巴库什。但是穆巴拉克马上宣布巴库什仍然活得好好的，利比亚的举国欢庆瞬间变成了偌大的笑柄。巴库什本人在几个小时后亲自出席了新闻发布会，在两名埃及官员的保护下举着假装遇刺时拍下的照片露出了会心的微笑。

美利"奸"风云

人们说乔治·华盛顿一生从未说过一句谎话。虽然这个标准不太可能有任何人达到，但是能有这样的传闻，说明华盛顿本身足够正直。他的后世接班人中鲜有能与他分享这个荣誉的人。毕竟总统的本质是政治家，所以他们不会放任真相阻碍自己达到目的。一般来说，总统大人越是渴望战争，他撒起谎来就越发卖力。

1846年，总统詹姆斯·K.波尔克（James K. Polk）[1]在国会宣布墨西哥对美国造成了极大的威胁。根据他的说法，墨西哥的军队已经打过了美墨边界，并且"让美国的领土染上了美国人民的鲜血"。然而这并不是真的。墨西哥军队没有入侵美国领土，只是在美墨之间归属权存在争议的墨西哥人聚居地与美国军队产生了摩擦。事实上，墨西哥真正威胁到的是美国的所谓"昭昭天命"（American Manifest Destiny）[2]。虽然后来波尔克如愿以偿地和墨西哥开了战，但是国会里一名来自伊利诺伊州的青年自始至终都对他提出各种各样的质疑，甚至当面让总统在美国地图上指出美国人民流血牺牲的具体位置，那位青年就是亚伯拉罕·林肯。当时政坛上有几个小团体指责林肯是叛徒，除此之外谁也没有把他当回事。毕竟美国当时胜券在握，而且即将夺取一大片领土，谁会去计较当初为什么要打仗呢？

20世纪的美国总统们在外交领域一如既往地毫无诚信可言。在冷战期间的1960年，美国一架U-2侦察机在苏联境内被击落。当时的总统艾森豪威尔误以为飞机完全坠毁，机内携带的与侦察活动相关的资料也全部破坏。于是，他在自信万无一失的情况下授意美国国家航空航天局（NASA）公布了如下声明，以掩饰该次飞行的真正目的："NASA所有的一架U-2研究用机从5月1日起失联，

---

[1] 美国历史上第11任总统。——译者注
[2] 指19世纪美国民主党所主张的政治理念，意为美国应该在天意的指引下将领土扩张至整个北美大陆。——译者注

该飞机自 1956 年开始服役，它的任务是研究高纬度地区的气象特征。失联当日，飞行员汇报在土耳其的梵湖上空遇到了问题。"

NASA 发表声明的第二天，苏联最高领导人赫鲁晓夫也放出了一张飞机残骸的照片，并注明那就是他们击落的 U-2。其实照片上的飞机根本就不是涉事的 U-2，但是赫鲁晓夫希望此举能骗过艾森豪威尔，让他继续坚持"U-2 的任务是气象研究"的说法。艾森豪威尔果真上钩了，于是赫鲁晓夫得意地在最高苏维埃宣布："我们手上不光掌握着那架飞机的部分零件，还抓获了飞行员，飞行员如今安然无恙地待在莫斯科，飞机零件也在那儿。"

虽然事实真相在艾森豪威尔的脸上响亮地扇了一记耳光，但是他仍然往此次国际危机的浑水中倾倒了更多的谎言。事已至此，艾森豪威尔也知道没必要再坚持 U-2 是科研用机的蹩脚借口，但这并不是说他决定承认批准侦察活动的就是他本人。于是，他授权美国国务院发表声明，宣称涉事飞行员并没有接到飞越苏联领空的许可，由此引发出另一个不实声明，大意为那次飞行任务的理论依据是艾森豪威尔上任初期签署一份广义授权令。艾森豪威尔继而严正声明自己对那次具体的飞行任务毫不知情。

《纽约时报》的记者詹姆斯·莱斯顿（James Reston）在总统声明发表之后的报道中指出："今夜的首都疑云密布，皆因国家首脑丑态频出，决策失误，暴露出十分险恶的意图。美国对苏联进行侦察活动败露之后，还用一系列的误导性政府声明企图掩盖事实，难怪让首都的政治气氛极度低迷。"这场闹剧导致艾森豪威尔和赫鲁晓夫计划好的军事峰会临时取消，两国的冷战还得再持续一阵子。

艾森豪威尔的任期在谎言中结束，约翰·F. 肯尼迪同样在谎言中继任。艾森豪威尔仍然在任的时候，曾经秘密策划了协助古巴流亡人士推翻卡斯特罗的军事行动，肯尼迪接手政权之后对该计划开了绿灯。肯尼迪在背地里为入侵吉隆滩（也译作猪湾）做准备的时候，表面上却得做出另一副样子。在1961年4月22日召开的新闻发布会上，肯尼迪总统宣称美军不会"在任何情况下"干涉古巴内政。"古巴的最基本问题不是和美国之间的矛盾，而是古巴人民的内政。"肯尼迪说道，"我本人会一如既往地坚持不干涉别国内政的原则，而且据我所知，我国境内的古巴流亡人员对我们政府的态度非常理解。"与此同时，美国支持下的反抗组织紧锣密鼓地做起了战备工作。

4月15日的清晨，6架由美国提供并隐去国别标识的B-26轰炸机对古巴的三处空军基地进行了空袭。虽然空袭造成的实际损失并不严重，但是却点燃了古巴方面的熊熊怒火。卡斯特罗下令全国进入最高级别的军事戒备，并指控美国是空袭背后的元凶。"我们的国家遭到了违反一切国际法的帝国主义侵略！"卡斯特罗咆哮道。虽然白宫方面极力否认美国与空袭之间的关系，但是参与空袭的B-26飞机里面有两架降落在了佛罗里达。对此，卡斯特罗进行了讨伐："如果肯尼迪总统还顾及一分一毫的脸面，就赶紧把涉事飞机和飞行员交到联合国去让他们处理，不然的话他这个骗子会遭到全世界人民的唾骂！"

此时的肯尼迪已经被吓破了胆子，遂在国务卿腊斯克的建议下取消了对下一步行动至关重要的第二次空袭，以防美国参与古巴内战一事进一步败露。这个决定让整个计划注定走向失败，接下来的战斗完全是一场闹剧。一小支队伍在7艘乔装的美国驱逐舰的"陪同"之下发起了进攻，美军并未参与战斗，而且整个队伍在珊瑚礁上搁浅，并遭到了强烈的反抗。卡斯特罗的部队在人数上具有压倒性优势，毫不费力地就把入侵的队伍擒的擒，杀的杀，顺便缴获了一大批美国赞助的军火。就算事件发展到这个地步，肯尼迪总统仍然死不承认美国出了兵。国务卿腊斯克发表声明宣称："古巴目前爆发的战争……是古巴人民争取自由的战斗。美国军方从来没有也永远不会对此进行干涉。"

肯尼迪的继任者林登·约翰逊（Lyndon Johnson）在上任的同时接手了肯尼迪对南越地区的独立运动做出军事保护的承诺，事态日趋棘手起来。1964年的美国民意表明，他们不愿意插手东南亚地区一团乱麻且理由不明的战事，约翰逊总统也是这个态度。不过作为总统，约翰逊又担心美国临阵退缩的话，可能被蓄势待发的北越理解为公开示弱。而且，在11月的大选中，约翰逊即将面对的是热血好战的鹰派分子巴里·戈德沃特（Barry Goldwater）。

1964年8月4日，约翰逊总统接到了报告，声称美军的两艘驱逐舰在隶属于北越的北部湾海岸遭到了袭击。约翰逊立即采取了行动，他与手下的顾问制订了针对北越鱼雷艇基地包括空袭在内的反击计划。约翰逊的军事主张以及对东南亚地区的强硬政策得到了国会的支持。当天晚上，总统在电视广播里对美国人民宣布："北越对南越无辜人民的恐怖袭击已经升级到了在公海上对美国挑衅的行为。"次日，约翰逊在雪城大学（Syracuse University）举办的演讲中声称："我们受到的袭击是故意的行为，也是无缘无故的行为。我们对此做出了反击……对方这种胆大包天恣意妄为且早有预谋的武力挑衅，如今昭然天下。"

约翰逊总统没有公开的是白宫上下对于北部湾事件的真实性产生的质疑。其中一艘驱逐舰指挥官的报告指出："回顾整个被袭事件，我们接到的所谓武力冲突和遭到鱼雷袭击的汇报似乎有些可疑。恶劣的天气对雷达造成了一定的影响，进行声呐监控的人员很可能过度解读了某些信号。当天没有任何亲眼看到对方军队的记录。"

"要命了,那群笨蛋水手只是在打飞鱼。"据说约翰逊曾经和人说过这样的话,之后他和国防部长罗伯特·麦克纳玛拉(Robert McNamara)也提到,"我们的结论是也许北越从来都没开过火。"无论如何,北部湾事件令国会通过了加强军事战备的预案,九年以后,5.8万多美国军人在越战中丧命,另有30多万人在战争中致残。

美国的宪法从根本上保证了任何总统在偶染贵恙的时候可以安心休养。从理论上来讲,政府职能永远不会停止运转。但是公众对此怎么看就是另外一回事了,国民习惯性地认为一个国家的君主龙体欠安的话,整个国运也会一蹶不振。于是,历史上很多君主或是辅佐君主的重要人物都曾费尽心机地封锁自己患病甚至残疾的消息。

1893年,美国总统格罗弗·克里夫兰(Stephen Grover Cleveland)[①]冒着生命危险在海上的一艘游艇上,而不是在相对安全的医院里接受手术,切除了显示出癌症预兆的一部分下颌骨。当时的美国正处于经济危机之中,克里夫兰本人也是时隔四年才从本杰明·哈里森(Benjamin Harrison)手中夺回了总统的职位,他绝对不希望癌症的传闻影响到经济复兴计划。于是,总统和相关医生们共同上演了一出年度大戏。

为了转移媒体的注意力,克里夫兰在1893年6月30日召开内阁会议,声称自己将在8月重新启动国会,就目前严峻的经济形式进行探讨。他让内阁成员们不要对记者透露这个消息,而且白宫方面直到当天晚上6点才发布这个声明。这样一来,总统先生就在这

---

① 1837—1908年,美国第22任和第24任总统。——译者注

段时间里坐上火车溜出了首都，朝新泽西出发，接着，他以休假为借口把马萨诸塞州巴泽兹湾的别墅定为此行的目的地。

到了新泽西之后，克里夫兰前往哈德森河下游，登上了停泊在河中央离岸边几百码左右的一艘游艇。游艇上早已有医生和口腔专家待命，他们会在游艇朝大西洋岸边的马萨诸塞州航行时给总统做手术。

手术本身对于身体超重而且疲惫不堪的总统来说风险指数已经很高了，更何况要在设施并不齐全的船上进行，危险程度不言而喻。克里夫兰很可能死于大出血或是麻醉过量。更麻烦的是，总统先生对于手术这件事不光对内阁和国会保密，对他的副总统也是守口如瓶。一旦发生了严重的后果，美国的政权将出现真空期。据传，当时在游艇上的一名医生说过这样的话："如果总统先生有个什么三长两短，我希望这船会带着我们所有人一起沉没。"

谢天谢地，克里夫兰挺过了手术，很快就能在甲板上散步了。为了掩人耳目，游艇上的医护人员在航线沿途各个港口分别上岸，等到总统先生最终抵达巴泽兹湾的时候，从远处看他已经与常人无二了。由于手术的创口在口腔内壁，所以外面没有纱布和绷带，但是如果他开口说话，人们立刻就能听出不对劲儿的地方，因此他在度假期间谢绝见客。

尽管他们已经把戏做足，总统患病的消息仍然流露了出去。克里夫兰的御用医生们否定了这一说法，但是媒体并没有罢休。当时的《费城新闻》几乎一字不差地报道了那艘游艇上的猫腻。作为反击，克里夫兰亲自出马指责该报弄虚作假，取得了公众的信任。手术过去八周以后，他看上去状态很好。植入下颌骨的一块人造骨头让克里夫兰能够正常说话，而且他的体重也恢复到了术前的水平。《费城新闻》停止了对此事的深挖，于是克里夫兰总统的秘密手术记录直到他在 1908 年去世以后才被公之于众。

1919 年 10 月 2 日，为了让美国加入"国际联盟"①的伍德罗·威尔逊（Thomas Woodrow Wilso）②刚刚完成了在美国西部各州的巡回游说就中风了。根据时任白宫内务总管的艾克·胡佛（Ike Hoover）的回忆："总统先生四仰八叉地躺在宽阔的林肯床③上，看上去和死人没有两样，毫无生气。他太阳穴附近（由于中风跌倒）有一条很长的伤口，血迹清晰可见……他的样子看上去恐怕是凶多吉少了。"

那场中风确实让总统先生几乎成了废人，在之后的将近一个月里，他根本无法治理国家。他的医生、秘书与第一夫人联手对外封锁他生病的实情，而威尔逊口中的"软蛋"——副总统托马斯·马歇尔（Thomas Marshall）在特殊时期畏首畏尾不愿承担任何责任。威尔逊的传记作家奥古斯特·赫克谢尔（August Heckscher）在书中写道："在那段日子里，白宫没有签发任何公告，也没签署任何特赦令，某些议案在没人签字的情况下变成了法律。内阁成员的例行会议让国民觉得政府依然很忙。不过那些昔日围坐在和蔼的领导周围商讨国家大事的先生们，如今整天争论一些鸡毛蒜皮的琐事，而且往往无法做出任何决定。"

由于权力执行的环节出现了断档，美国的政府一度停止了运

---

① 国际联盟是"一战"之后的巴黎和会催生的跨国联盟，成立于 1920 年 1 月 10 日，它的主要目的是维护世界和平，解散于 1946 年。——译者注
② 1856—1924 年，美国第 28 任总统。——译者注
③ 林肯床是林肯的夫人玛丽·林肯在 1861 年为了翻新白宫购进的，床体由某种檀木制成，四周有床柱和床架，上面有精美的雕花。据说林肯本人并未使用过那张床，不过包括威尔逊在内的许多继任者都睡过那张床。目前该床收藏在白宫东南翼的"蓝色套房"里，该套房又称"林肯套房"，里面陈设着许多有关林肯的物件。——译者注

转。虽然第一夫人威尔逊太太并没有像某些人揣测的那样公开执政，但是在哪些人能去探访重病中的威尔逊这件事上，她掌握着决定权。那些得以见到威尔逊的人发现彼时的总统举止古怪，令人颇为不安，完全不是能够领导国家的样子。与此同时，白宫连续发表内容为"总统康复进程喜人"的虚假声明。

虽然威尔逊总统的病情慢慢地好转，但是他元气大伤，身心俱疲。他原本辉煌的连任史在任期将满的时候以虎头蛇尾的形式仓促地画了个句号。威尔逊曾经力推的政策如今遭到多方责难，黯然挥别白宫之际，他的身上只能依稀看出几分昔日的风采。如果在1919年10月的那个可怕的日子来临之际，威尔逊和照看他的人们没有企图瞒天过海，而是让宪法发挥其应有的效力的话，他的晚景也许不会如此凄凉。

和突然患病的威尔逊不同，富兰克林·罗斯福总统在身体方面的欠缺不会影响他的总统事业，但是民众却并不那样看。在20世纪上半叶，脊髓灰质炎是很可怕的疾病，那些和罗斯福一样被病毒感染导致肢残的人在公众看来就是低人一等的废人。罗斯福暗下决心，绝对不能给人留下废人的印象。他在隐藏病情方面下的功夫，用作家休·格里高利·加拉格（Hugh Gregory Gallagher）的话来说就是"精彩的伪装"，而且当时的各大主流媒体也配合他完成了种种掩饰。公开发表的罗斯福总统坐轮椅的照片总共只有两张，而且所有的相关新闻都没有提过罗斯福必须用轮椅的事。

在公众面前，罗斯福仿佛能够独自站立，其实他的腿上为此装着支架，上肢也通过多年的锻炼比常人更加有力，而且为了让站姿看上去更自然，他一直都在练习。在公开活动结束之后，罗斯福往往大汗淋漓，仿佛从水里捞出来的一样。1936年，罗斯福在费城的富兰克林菲尔德再次接过总统候选人大旗的时候，在讲台上不慎摔了一跤，在观众们注意到之前，他的助手们迅速围过去把他扶了起来，而且报纸上对那个跟头只字未提。（可惜福特总统在30多年后下飞机时滑倒的那次就没这么幸运了，各种报道铺天盖地。）虽然罗斯福大费周折地不愿以残疾之躯示人，但是在2001年，经过一番激烈的争论之后，华盛顿特区的罗斯福纪念堂里还是添了一座雕像，主题为轮椅上的罗斯福，仿佛是对他毕生努力掩饰的永恒嘲讽。

在美国的历史上，神话式人物层出不穷，但是约翰·菲茨杰拉德·肯尼迪那样金玉其外、败絮其中的人还真不多。肯尼迪曾被人誉为"西方文明之骄傲"，以及"点亮众生心灵与梦想的耀眼流星"。对他偏爱有加的摄影师们为他严格打造出的公众形象外加他十分上镜的特点，让美国史上第35任总统在很多人的心目中仍然是白宫里住过的最开明、最英勇、最仁慈的领袖。但是这位形象无比高大的圆桌骑士一般的英雄，其真实面目可以用不堪入目来形容。从军旅岁月到日常生活，肯尼迪神话的方方面面都禁不起推敲，为了节约纸张，我们主要谈谈他日常生活中的男女关系问题吧。

"你是谁不重要，重要的是人们觉得你是谁。"这就是肯尼迪的父亲留下的家训。虽然肯尼迪本人是个寡廉鲜耻的风流情种，但是他和他的团队希望公众觉得他是个忠于家庭的好男人。经过精挑细选的摄影师们在白宫的椭圆形办公室里拍下了肯尼迪与孩子们嬉戏的温馨场面，但是背地里他却和包括自己秘书和大牌影星在内数不清的女性有染，一次又一次地背叛着孩子们的母亲，完全不顾及后果。由于肯尼迪掉以轻心的态度，他曾一度与黑手党头目山姆·吉安卡纳（Sam Giancana）"共享"过一位名为朱迪斯·坎贝尔·艾克斯纳（Judith Campbell Exner）的情妇。"毫无疑问，肯尼迪是我认识的人里'精力'最旺盛的，"他的好友，同时也是国会议员的乔治·斯梅泽斯（George Smathers）如此评价道，"从那个方面来讲，他强悍得让人难以置信，而且他结婚的年头越长，他的'干劲儿'就越足。"肯尼迪本人曾经就此透露过一些真相。"我爸让我们家的男孩子只要有可能就去找女人。"肯尼迪有一次对克莱尔·布思·卢斯（Clare Boothe Luce）①说过，"我要是不搞那么一下子根本就睡不着。"

由于媒体的大力配合，美国公众从来都没领略过肯尼迪总统真正的"风采"。他自己曾经说过："我活着的时候谁也动不了我，等我死了以后谁还在乎啊。"

对肯尼迪无限包容的媒体，在尼克松滥用职权被人揭发出来的时候开始改了立场。尼克松宣称："我不是骗子！"结果成了史上第一个公开否认自己做了丑事的骗子总统。而且尼克松以后的现代总统们托了他的福，几乎没人能做了小动作还能全身而退。当他们在媒体的显微镜下原形毕露的时候，他们撒过的谎显得无比扎眼。

以里根总统为例。"我们没有，我重复一下，没有用武器和任何物资交换人质，而且永远也不会做这样的事。"这是他在1986年的伊朗门事件中发下的毒誓。四个月之后，里根发现这件事不会就这么翻篇，只得自己打脸。他在电视上做的公开声明含糊其词："几个月前，我告诉美国人民我们没有用武器换人质。我的本心和意愿始终告诉我那是真的，可是事实和证据却指向了相反的结果。"

---

① 1903—1987年，美国文学家、剧作家，也是政坛的活跃人物，曾任两届国会众议员，先后出任美国驻意大利和巴西大使。——译者注

又过了十几年，克林顿总统指着美国大众的鼻子信誓旦旦地宣称："我和莱温斯基小姐之间没有性关系。"后来他在法庭上也是这么宣誓的，然后狡辩说在他的理解中，只有插入式性行为才算性关系，他在白宫实习生莱温斯基的衣裙上留下精液的那种行为不算性关系。

物换星移，克林顿在性行为定义上耍的文字游戏很快就淡出人们的视野，小布什提出的"重塑白宫荣耀与尊严"闪亮登场。那么，小布什总统成功地重塑了白宫的荣耀与尊严了吗？那就要看各位心目中对荣誉与尊严的定义是什么了，哦，还有对"大规模杀伤性武器"的定义是什么。

第 5 章 科幻奇谈

一心追求真理的人们大多严格恪守科学理论，那些对发现探索不是那么热衷的人则会抄近路，不免会造成科学界的乱象。还有一些人干脆搞出伪科学的谎言糊弄人。古往今来，那些与科学沾边的骗局不是阻碍了人类发展的进程，就是搞出了一些让人啼笑皆非的闹剧。

皮尔当人，所谓的"缺失的一环"

猿 + 人 ≠ 猿人

1913 年，业余考古爱好者查尔斯·道森（Charles Dawson）发现了被许多科学家誉为从猿到人进化过程中至关重要的一环。乍一看，"皮尔当人"（Piltdown Man）的遗骸很不起眼，不过是几块零散的头盖骨碎片和一块具有明显猿猴特征的下颌骨，皮尔当人这个名字则来自这些遗骸的发掘地——英格兰南部小镇皮尔当。但是刚出土的时候，皮尔当人造成了极大的轰动，说他是当年最出名的英格兰人都不过分。人们从四面八方赶到他的发掘地"朝圣"，大批学者为这个"人类学领域最重要的发现"发表了大量的学术著作和论文。

"从掌握的 *Eoanthropus Dawsoni*（即皮尔当人的拉丁文种属名）遗骨上，我们终于看到了人类进化史上一直以来众说纷纭的'缺失的一环'。"动物学家雷伊·兰克斯特（Ray Lankester）[1] 在自己的著作《博物学家的转向》(*Diversions of a Naturalist*) 中发出如此盛赞，并进一步把皮尔当人的下颌骨称为"有史以来出土的最重要的骨骼化石"。另一位学者，人类学家阿瑟·基斯（Arthur Keith, 1866—1955）宣布，皮尔当人是"已知最早的人类始祖"。伦敦自然历史博物馆地理部门的负责人阿瑟·史密斯·伍德沃德（Arthur

---

[1] 1847—1929 年，英国著名动物学家，曾任自然历史博物馆第三任馆长。——译者注

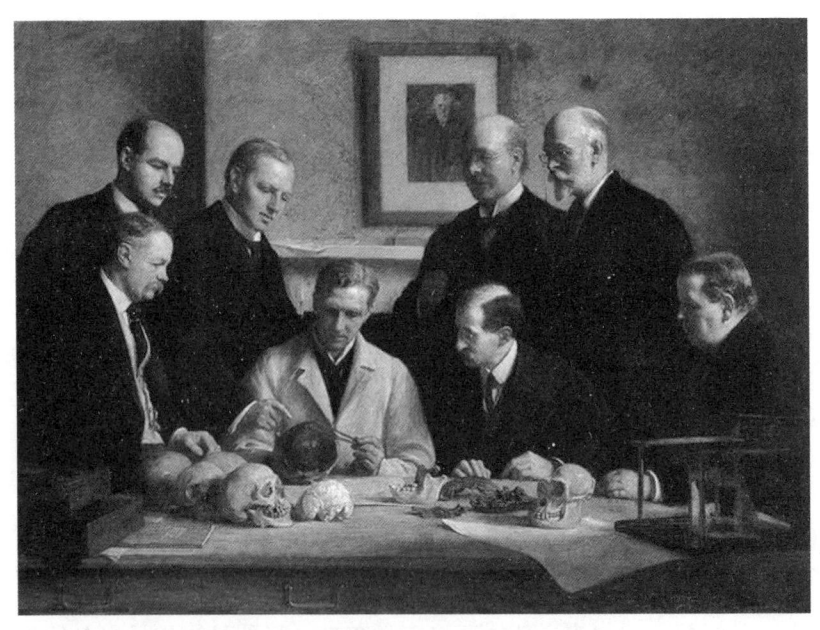

"皮尔当人"的研究者,后排右起第一个穿黑西装的是伍德沃德,第二个是道森(图片来源:维基百科,作者:John Cooke)

Smith Woodward)爵士更是把自己的下半辈子都献给了皮尔当人遗骸化石的研究工作。

然而在狂热的氛围之中,还是有几名科学家注意到了皮尔当人的头盖骨和具有猿猴特征的下颌骨之间的不协调感。质疑者之一是华盛顿史密森尼学会的研究员格里特·S. 米勒(Gerrit S. Miller),他用一篇逻辑缜密的分析文章指出,如果把皮尔当人的颅骨和下颌骨整合在一起的话,成品将是一副自然界中从来没有出现过的怪异模样。米勒的看法很快就遭到了反驳。伦敦自然历史博物馆的动物学家威廉·派克拉夫特(William Pycraft)在《科学进程》(*Science Progress*)期刊上用26页之长的文章大肆批判米勒这个"放肆的美国佬"。派克拉夫特在文章中抨击米勒对数据进行了"严重的误读",暴露出他"目光短浅"的弱点,而且为了证明"他心目中先入为主的愚见,丧失了判断力和按比例思考的能力"。

由于道森进一步拿出了更多的与皮尔当人特征相符的骨骼碎片,派克拉夫特盲目自大的态度显得合情合理。道森声称第二批骨骼是在距第一个皮尔当人发掘原址两英里远的地方发现的。时任美国自然历史博物馆馆长的亨利·菲尔菲尔德·奥斯本(Henry Fairfield Osburn)对此评价道:"如果说冥冥之中自有天意,那么这个关于史前人类的重大发现就是最好的证明。"既然出现了第二个皮尔当人,那第一个自然也是存在的了,奥斯本在把两具皮尔当人的遗骸放在一起比较时不得不承认,"他们看上去一模一样,毫无二致"。至此,来自学术圈的各种质疑算是被压了下去,皮尔当人堂而皇之地首次荣获人类进化史上"失落的一环"殊荣。直到40多年以后,这个科学史上规模惊人的骗局才被人揭穿。

约瑟夫·维纳(Joseph Weiner)是20世纪50年代牛津大学的生物人类学教授,由于道森从未公布皮尔当人的具体发现地点,他的研究工作受到了阻碍。1953年,随着维纳对原始资料缺失部分不懈的追查,他终于揭露了"史上工程最浩大、准备最充分的骗局",该骗局的前期准备工作"恣意妄为到令人费解的地步,在人类学的发展史上称得上空前绝后"。

很快,维纳发现皮尔当人的牙齿有后期研磨的痕迹,令它们更符合人类的咀嚼模式,而且还用当时常见的刷房涂料进行过染色,以达到做旧的效果。在发掘原址出土的包括大象和犀牛的牙齿化石以及旧石器时代人造工具等物件也被证明是后人故意埋进去的。对皮尔当人头盖骨和下颌骨的实验分析表明,这两样东西也是人工填埋的产物。和牙齿一样经过染色处理的头盖骨来自400多年前,下颌骨则属于一只红毛猩猩。对此,作家约翰·伊万杰利斯特·沃尔什（John Evangelist Walsh）在书中写道："一度被称为史前文明遗珠的皮尔当人，实际上是某个中世纪的英格兰人与远东地区一只猿猴被人为整合在一起的产物。"

这件事不是打个哈哈就能混过去的。一位学者认为它是人类起源研究史上"最大的困扰"。它的存在让研究工作倒退了一大截，让科学蒙羞，而且还被神创论者们狠狠地嘲笑了一番。沃尔什尖锐地指出，这场骗局"性质极其恶劣，完全是一个心理扭曲的人对毫不怀疑的科学家们恣意妄为的玩弄"。那么这件事幕后的黑手又是谁呢？

这么多年过去了，人们对这场骗局炮制者的真实身份有过许多猜测，其中最大胆的假设是夏洛克·福尔摩斯的创作者阿瑟·柯南·道尔（后来他也栽进了一个华丽的骗局，详见本书第10章第一个故事）。柯南·道尔曾经在皮尔当人的发掘地附近居住，而且也能接触到许多化石标本，他的许多文学创作也涉猎了考古学与人类学的相关知识。比如在他的著作《失落的世界》（The Lost World）中就有关于形似猿猴的神秘人种的描写。最重要的是，柯南·道尔有设下此局的充分动机。由于科学界对精神主义（spiritualism，即认为人类的本质是精神，人死后精神不灭的唯心主义观点）持嗤之以鼻的态度，晚年的柯南·道尔作为精神主义狂热信徒对科学家们深恶痛绝。还有什么能比"皮尔当人"更能让那些被柯南·道尔蔑称为"拜金唯物分子"的科学家们当众出丑的呢？

虽然柯南·道尔假说有那么几分意思，但是事实证据却更加偏向皮尔当人的发现者——站位最明显的查尔斯·道森本人。正像沃尔什和其他学者发现的那样，道森和蔼可亲的面孔之下隐藏着一颗削尖脑袋都想挤进皇家科学协会那种高级科学圈的野心。作为一名考古界的编外人员，道森还搞出了其他大大小小的骗局，其中不乏大获成功之举，他发表的学术文章也存在大量明目张胆的抄袭内容。1916年去世的道森若真的是一手策划皮尔当人骗局的人，那这个可以算是他毕生最大的成功。不过从另一个角度来讲，作为极度渴望获得认可的人，道森干出了这么大的事却到死都没混出个名分，虽然有些可惜，却是对他最恰当的惩罚。

诞兔逸闻

各位能想象出这样的情形吗：某个国家的顶尖科学家们会去阅读登在花边小报《世界新闻周报》（Weekly World News）上的题为《主妇生了一窝兔子》的文章，然后还站出来证明它的真实性！这件事真的在三百多年前的英国发生过，那段日子史称"启蒙时代"。1725年，英格兰的一个名叫玛丽·托夫茨（Mary Tofts）的妇女声称自己被一只兔子侵犯之后生下了一窝兔崽儿。（这就不禁让人联想到，1979年美国的吉米·卡特总统声称被兔子袭击，难道和这只是同一品种的吗？[①]）

那名妇女居住地的一位医生亲眼见证了她接连产下的死兔子，不禁大惊失色。没过多久，"神奇的兔妈妈"就传遍了英国上下，并引起了轩然大波，国王乔治一世亲自派人下去调查此事的真伪。宫廷御医内森奈尔·圣安德烈（Nathanael St. André）赶到玛丽·托夫茨所在的萨雷郡（Surrey）戈达尔明（Godalming）镇的时候，玛丽刚好正在分娩出第12只兔子。亲眼见识人产兔的御医把此事称为

[①] 1979年4月20日，卡特总统在佐治亚州的老家独自泛舟垂钓的时候声称有一只兔子从水中向他的小船游来，企图袭击他，虽然包括他手下的工作人员在内的许多人都认为兔子不太可能游泳，但是当时一名白宫的摄影师拍摄了一段影音资料，确实有兔子游泳的画面。——译者注

"超自然"现象。虽然圣安德烈医生仔细记载了死兔子肺叶里的空气和肠子里的内容物,却丝毫没有意识到这些迹象表明那只兔子在"钻进"……呃,它们在"钻进"比较特殊的兔子洞之前应该是活蹦乱跳的。御医大人把那只死兔子和之前的几只难兄难弟一起带回了伦敦,在震惊的国王和满朝文武面前对兔子们进行了更深入的检查。

与此同时,玛丽·托夫茨离奇的跨物种分娩现象成了全国人民茶余饭后的谈资,甚至连上流社会的精英们也乐此不疲。诗人亚历山大·波普(Alexander Pope)在给朋友的书信中提到了"吉尔德福德的奇迹"①,并问朋友是否相信这件事。官位显赫的政坛观察家赫维爵士(Lord Hervey)写道:"如今所有的人都在谈论萨雷某妇女诞下17只兔子的事,这会儿她大概在生第18只。我知道各位听了只觉得好笑,我也顺势开个玩笑,但是让我感到最震撼的是圣安德烈医生亲自见证了这等奇事(并且发誓说他当场接生了5只兔子)。"

圣安德烈医生把这个不寻常的经历写成了一本题为《简述妇人产兔之特殊分娩》(*A Short Narrative of an Extraordinary Delivery of Rabbits*)的小册子,并且大卖特卖,然后很快就因此出尽了洋相。玛丽·托夫茨被带到伦敦进行详细的妇科检查,这个奇幻的事件离真相大白的日子不远了。根据赫维爵士的记载,"伦敦城里的男女老少倾巢出动前去参观并碰触那个奇女子。顶尖的内外科医生和男助产士夜以继日地守护在她身边等待她的下一次生产"。下一次生产毫不意外地没有发生。

此时,有个男孩站出来说玛丽花钱让他悄悄地给她提供兔子。玛丽现在面对着性质比往产道里塞死兔子还要恶劣的医学检查,于

---

① 吉尔德福德(Guildford)是戈达尔明镇东北方向规模更大的城镇。——译者注

是不得不承认这一切都是她搞的鬼。玛丽说她这么干是因为"想要过上此生不该奢望的好生活"。她因涉嫌诈骗在监狱里待了一阵子,之后被释放回戈达尔明老家。不久以后,据说她生下了一个正常的婴孩。

石头计

据说科学家们发现新事物的时候,那种狂喜和吸毒差不多,德国维尔茨堡大学(University of Würzburg)药学院院长约翰·贝林格(Johann Beringer)就在这种"嗨爽"感觉的作用下丧失了理智。1725年,贝林格作为考古界的业余学者发现了一些不同寻常的化石标本,在他的眼中那正是上帝创造万物的证明。从那些石头上能看出动植物的轮廓、希腊语和希伯来语的字母,以及流星和行星等其他物体,它们的刻痕清晰且立体。大多数科学家看见这些神秘的石头,首先会怀疑它们是否出自人类之手,但那不就太平凡了吗?在贝林格博士的心目中,它们必须是某种遗落在地球上的神迹。

"作为大自然之父的上帝必然会用这些美妙的景象让我们的脑海中充满对上帝之完美的赞誉。"贝林格博士的绝赞之词喷薄而出,"那样一来,当人们由于健忘而沉默之际,这些石头虽然不会说话,却能用自己的形态向人们讲述上帝的神通。"

这个惊天大发现有可能带来的名气冲昏了贝林格的头脑,使他忽略了关于那些石头的来历更合理的解释,比如人为造假。贝林格曾经写过这样的话:"这些石头的里面各种生物——尤其是昆虫——全都严丝合缝地充满了每块石头,可谓鬼斧神工,浑然天成。"他从来都没考虑过"鬼斧神工"的创作者除了全能的上帝

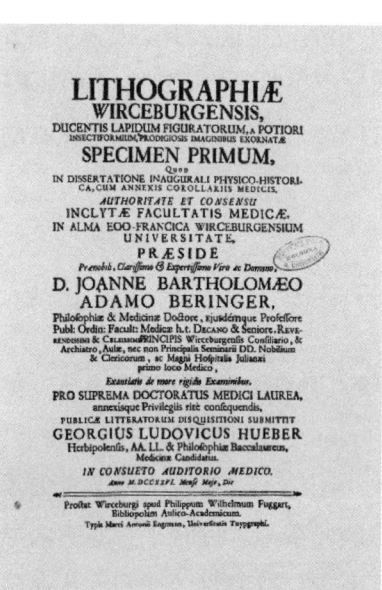

《维尔茨堡石刻本》扉页

之外另有其人的可能性。贝林格的确看出了"有些刀痕似乎是歪的""朝某些方向延展出去的刻痕略显多余"等问题,但是他认为这些是上帝在练手的时候留下的瑕疵。

在18世纪早期,古生物学作为一个新兴学科,各方面都尚未成熟,化石里面的虫子是怎么进去的仍然是让众多学者挠头的问题。但即便整个学科仍在起步阶段,贝林格的治学态度之不严谨仍令人咋舌。他自掏腰包定做了昂贵的印刷石版,做了一本展示上帝神作的小册子,名为《维尔茨堡石刻本》(*Lithographiae Wirceburgensis*)。那本书可谓集自我陶醉于大成,也从侧面反映出为什么当时贝林格的同事们觉得他夸夸其谈到了让人难以忍受的地步。

在书中某个插图页上,他留下了这样的文字:"各位且看这些雕版,鄙人为此呕心沥血,不光缘自服务大众的不懈努力,更是为

 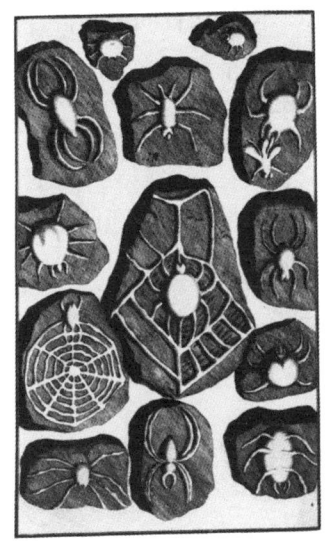

《维尔茨堡石刻本》里的版画

了回应广大读者与至亲好友之期待,并表达鄙人对(当时日耳曼地区邦国之一)弗兰肯(Franconia)的忠心。这累累的硕果(指石头)出自昔日鲜有人知的深山,今后那葡萄藤缠绕的山坡将为我们带来甘甜的美酒与无上的荣耀!"

正是因为贝林格经常如此孤芳自赏地痴人说梦,他的同事们才下定决心要捉弄他一番。与他同校任教的地理学教授 J. 伊格纳茨·罗德里希(J. Ignatz Roderick)和图书管理员乔治·冯·埃克哈特(Georg von Eckhart)事先把那些雕刻过的石头埋在了"葡萄藤缠绕的山坡",然后贝林格的助手适时地把它们"发掘"了出来。眼看着平日心高气傲的贝林格把那堆破石头奉为圭臬,他的同事们心里乐开了花。罗德里希和冯·埃克哈特闻听贝林格要出书时,感觉这事闹得太大了,于是他们在贝林格身边散布石头是假货的消息,并且陆续拿出了自己雕刻的其他作品作为凭证。

第 5 章 科幻奇谈

但是来自同僚的警告并没有起到任何作用，贝林格甚至在书里专辟一个章节来痛斥同事们"把我的奉献与辛劳还有个人名誉贬得一文不值"。接下来，他骄傲地声称"多亏我心怀警惕识破了他们的诡计，把他们为我设下的骗局掐灭在了萌芽里"。等到这位可怜的博士最终意识到自己上当了的时候，据说他散尽了全部家财，拼命地把已经发行的小册子一一追回。其实贝林格还不如别花那些冤枉钱，因为待他去世之后，《维尔茨堡石刻本》被人再版重印了出来，不为它的科学价值，只求博读者一笑。

追求永恒

能量既不会凭空产生也不会凭空消失，只不过是从一种形式转化为另一种形式，这就是自然界中永远不会改变的基本定律之一——能量守恒定律。尽管如此，人们从来没有停下追求永动机的脚步。所谓永动机，就是一种理论上只需很少的初始能量就可以永远运转的机器装置，纯属唬人的玩意儿。

在众多挑战永动机研发这个不可能完成的任务的勇者中，从商业角度考虑，最成功的大概是19世纪的发明家兼骗子约翰·沃勒尔·基利（John Worrell Keely），因为他成功地让腰缠万贯的投资者们相信他能把1夸脱（约946毫升）的水转化成足够让挂着30节车厢的火车头在75分钟内奔驰75英里的燃料。基利在自己的理念上成立了基利动力公司，吸引了数百万美元的投资。

基利把只存在于自己空想中的能量发生装置称为"水气联动脉冲真空引擎"（hydro-pneumatic-pulsating-vacu-engine），根据他的说法，这个装置里面的"能量解放器"能通过分解几滴水的过程释放出自然界的"以太能量"。年复一年，基利在费城的宅邸里不断展示那些神奇引擎样品的工作过程。那些展示完美地体现了他的主张，让人们相信一场划时代的革新近在眼前。其中一台引擎的压力表显示，里面的压力高达每平方英寸 5 万磅，的确十分强劲。表面上只使用了几滴水作为燃料的情况下，由那台引擎驱动的机器设备能够拉断电缆，拧弯金属棍，甚至还能发射子弹穿透好几英寸厚的木板。

基利直到自己 1898 年去世之前都在描绘着他的伟大发明即将带来的光明前景。尽管科学家们曾经抨击他的说法，许多投资人也因为没有看到预期效果中途撤了资，但是基利凭着一股干劲儿和亲和力不断地改进他的机械展示，及时修正理念，所以总会有新一轮金主被他拉拢入伙，其中一位名为克拉拉·布隆菲尔德·摩尔（Clara Bloomfield Moore）的富裕寡妇甚至还给他写了一本书，题为《基利和他的伟大发现》（*Keely and His Discoveries*）。然而摩尔太太的儿子从来都没信过基利的鬼话，于是他在基利死后租下了他的旧居，并且在宾夕法尼亚大学专家们的协助下揭露了基利的骗局。原来基利口中的神秘能源不是别的，正是压缩空气。

《科学美国人》（*Scientific American*）杂志对此进行了详细的报道，在基利厨房的地板下面藏着"一个直径 40 英寸，重达 6625 磅的钢质空心球体……用来储备高压空气最合适不过了"。经过压缩的空气通过由钢或铜制成的坚固管道被传送到基利设在二楼的机械展示厅。一楼的天花板和二楼展示厅地板之间的空隙足有 16 英寸，"完美地掩藏着通往基利做展示的所有引擎的管道"。一言以蔽之，基利的机械奇迹不过是十分原始的气动设备，比饮料吸管复杂不到哪儿去。

杏林神棍埃勃拉姆斯医生

杏林神棍

论撒谎的本事,江湖游医们得排第二,第一名是吹捧他们的病人。

——本杰明·富兰克林

在江湖游医的黄金时代[1],假药贩子和基利那样的奸商层出不穷,能够担当得起"20世纪骗术之王"这个称号的人必然得有两把刷子。1924年,美国医疗协会把这项"殊荣"颁发给了阿尔伯特·埃勃拉姆斯(Albert Abrams),以表彰他在疾病的虚假诊断与虚假治疗领域做出的"杰出贡献"。这位当时在斯坦福大学担任教

---

[1] 由于美国独立运动及美国革命的兴起,英国的专利药品从18世纪中晚期开始便无法进入殖民地市场,于是美国本土的各种赤脚医生和药品贩子为了满足市场需求逐渐扩大经营范围,直到南北战争时期迎来了行业的巅峰时代,那段时期遂被称为江湖游医的黄金时代——the Golden Age of Quackery。——译者注

电子振荡治疗仪

授的"名医"研发了两种听上去很高科技的仪器,一个叫"电频病理分析仪"(the dynamizer),另一个叫"电子振荡治疗仪"(the ocilloclast)。其实这两样东西就是一堆电线和其他没用的零件拼在一起的废物,怪不得物理学家罗伯特·米利坎(Robert Millikan)说那些东西"就像是一个十岁的孩子搞出来糊弄八岁的孩子的玩意儿"。埃勃拉姆斯就凭着这两样东西大发横财。

在那个无线电技术刚刚起步的年代,人们普遍觉得无线电波上天入地无所不能,对埃勃拉姆斯医生来说这就是赚钱的天赐良机。他对世人宣布:"这个时代的精髓就是无线电,我们能利用无线电技术进行病理诊断。"接着,他在疾病学理论方面提出了名为"埃氏电子反应"(Electronic Reactions of Abrams)理论的一派胡言,并于 1917 年正式发表了该理论。根据埃勃拉姆斯的说法,人体在健康和患病的时候,体内的电子振荡频率是有差别的,神奇的"电频病理分析仪"能够探测到病人体内异常的电子振荡频率,并根据其特点对病情的严重程度和具体患病器官做出准确的判断。医生只消从病人身上采一滴血或者取一小块活体组织,就能用该仪器做出

第 5 章 科幻奇谈

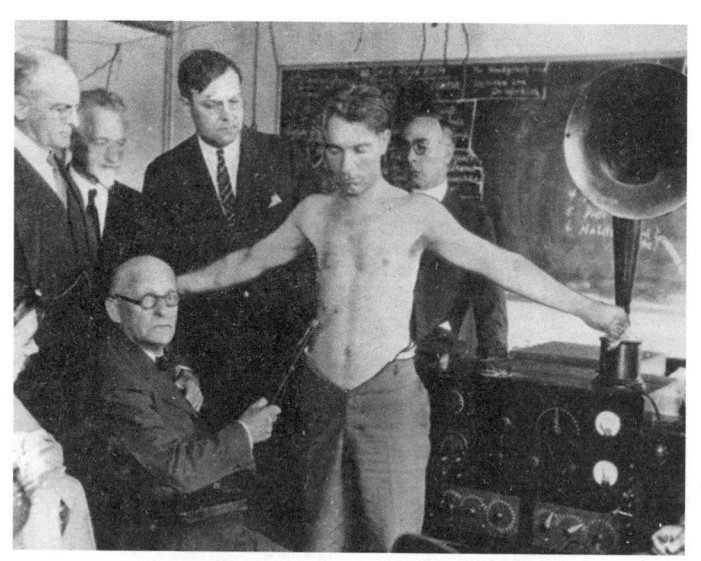

采用埃氏诊疗法给病人看病的实况

诊断，甚至病人只要提供一段手写的文字或一张照片都没问题，因为他们体内的电子振荡频率同样存在于那些与他们相关的物体上。

　　上面提到的那些东西都可以放进"电频病理分析仪"里，然后仪器通过电线连接到一个健康人的额头上，嘿，精确的诊断结果就这么出来了。据称，那个分析仪的精确度高得连送检样品主人的性别和宗教信仰都能判断出来。不论诊断结果是什么，埃勃拉姆斯都能用"电子振荡治疗仪"制订出治疗方案。治病的原理是把治疗仪输出的振荡频率按照病情需要进行调整，然后精准地把疾病"击碎"，就好像用声波震碎玻璃酒杯那样。

　　"埃氏电子反应"理论逐渐火了起来，埃勃拉姆斯趁热卖出了好几千台治疗仪。当时有个法官甚至在审理某起亲子关系纠纷案时，让埃勃拉姆斯把案件中疑似父亲的男子的血样输入了"电频病理分析仪"，并接受了他给出的判断。同时期的知名作家阿普顿·辛克莱（Upton Sinclair）是埃勃拉姆斯忠实的拥趸之一。《科学美国人》杂志在 1929 年评论道，"在普罗大众之中，辛克莱的大名如雷贯耳，他说的话自带权威性"，但是人们"忽略了辛克莱和医学研究领域的相关程度，就和拳击手杰克·丹普西（Jack Dempsey）与关于四维空间理论的论文之间的关系，或是棒球明星'贝比'·鲁斯与数学不变量理论之间的关系一样，基本上是风马牛不相及的"。这就是（而且一直都是）所谓的名人代言效应。

为了揭穿埃勃拉姆斯的骗局，正牌科学家们把动物的血样和红墨水等东西送去分析。无一例外，他们收到的回函声称他们得了癌症或是其他恶疾，不过没关系，只要他们肯出钱，"电子振荡治疗仪"就一定能把他们治好。他们送去的一份血液样本采自绵羊，附上的病人简历说那是一个 15 岁的少年。返回的诊断结果显示那位"少年"患有先天梅毒、转移至左肺和胰脏的癌症、奈瑟菌感染，以及生殖尿道结核。遗憾的是，埃勃拉姆斯医生在 1924 年走上人生巅峰的时候被肺炎夺走了生命，他的"电频病理分析仪"却没能做出及时的诊断，也许这就是"医者不自医"吧。

赤裸的谎言

本篇故事若是真的，无数考古学家的夙愿就算是实现了。1972 年，菲律宾文化部长小曼纽埃尔·艾利扎德（Manuel Elizalde Jr.）向世界宣布，他们在深山老林[①]中发现了一个从未接触过现代文明的石器时代原始人部落。官方口中的"塔萨代人"（Tasaday）不会农耕狩猎，也没有时间的概念，更没有纺织、冶炼、艺术创作等技

---

① 具体地点在棉兰老岛。——译者注

能，部落里没有家畜也没有武器，他们的语言中甚至没有象征战争的词汇。塔萨代人仅用兰花的叶子围在腰间蔽体，居住在山洞里，主要的食物来源是昆虫、小动物还有野果。

艾利扎德公布的重大消息引来了世界各地的科学家和记者，那片热带雨林里临时搭建起了直升机停机坪，供外界人员进出。那些几乎不着寸缕的穴居人嘴里嘟囔着原始的语言，迅速被媒体捧上了天。美国的《国家地理》(National Geographic)杂志让塔萨代人成为封面人物，美国全国广播公司(NBC)为了拍摄相关纪录片向艾利扎德支付了5万美元。接下来，昙花一现的塔萨代人就像当初横空出世一样旋即销声匿迹。时任菲律宾总统斐迪南·马科斯(Ferdinand Marcos)在1974年对塔萨代人聚居地下达了戒严令，同时宣布该地区为政府保护区。

1986年，马科斯的政权被推翻，一名瑞士记者重返菲律宾去回访神秘的原始人，可是眼前的场景让他几乎不敢相信自己的眼睛：本该住在山洞里的人们其实住在村落里，身穿色彩斑斓的背心与短裤，睡觉也是睡在床上的。他们告诉记者，当年艾利扎德命令他们假装原始人，语言是硬造的，生活方式也是演出来的。外面来人参观的时候，村民们会提前接到通知，及时切换到原始人模式。

今天仍然有学者不相信塔萨代部落只是个骗局，但是事实如此。马科斯不过是借此把塔萨代地区收为政府公有，以便大肆掠夺、滥用当地的自然资源。日后他在当地的胡作非为印证了这一点。

你我皆克隆

您说克隆羊多莉？咩，现在已经是克隆人夏娃的时代了。2002年，一家名为"克隆助手"的公司宣布他们用一位母亲本身的皮肤细胞成功地克隆出了一个孩子。同年12月26日,通过把母体自身细胞植入同一人子宫创造出来的母体翻版克隆女孩夏娃通过剖腹产的方式降临人间。根据克隆助手公司的官方宣传,母女平安且一切良好,但是她们选择隐姓埋名地继续生活。

世界各地的媒体争相报道这个科学奇迹,而梵蒂冈教廷和当时的美国总统小布什则对此进行了强烈的谴责。当然,包括主流科学研究人员在内的许多人对此持质疑态度,尤其是在已有动物克隆实验成果并不乐观的情况下,但是克隆助手公司(Clonaid)的首席执行官布丽吉特·伯瓦瑟利耶(Brigitte Boisselier)郑重承诺,一周之内该公司将拿出可以解决一切疑问的基因检测报告。在某个记者招待会的现场,她告诉众人:"你们尽管回去继续把我当骗子,一周以后见分晓。"与此同时,伯瓦瑟利耶呼吁大家不要把小夏娃当成怪物来看。"宝宝非常健康,"她说道,"她的父母也十分开心。我希望大家谈论那个孩子的时候将心比心地想想他们全家人的心情,不要把她当成怪物或是某种恶心实验的成果。"

然而好几个星期过去了,基因检测报告仍然没有影子。克隆助手公司声称他们有义务保护母亲和克隆婴儿不受法律的骚扰。这个举动令本该主持基因检测的迈克尔·盖伦(Michael Guillen)愤然出走,原本身为"ABC新闻"科技编辑的盖伦在职业生涯上也由此遭到重创。克隆助手公司不光没有公布夏娃的基因检测报告,反而大张旗鼓地发布了他们公司在世界各地参与的人类克隆项目,并保证以后会更加努力地致力于克隆人类的技术研发。

克隆助手公司官网上写着这样的话:"在不远的将来,我们甚至能凭借先进的克隆技术让已经去世的人们重返人间,他们将再度拥有成年人的身体,脑海中还能保留着生前的经历与记忆。正像敝公司的创始人雷尔(Rael)大人遇到人类的外星创造者'埃罗希姆'（Elohim，在希伯来语中是神的意思）之后宣布的那样，我们人类将就此步入真正的永生时代。"克隆助手公司同时还公布了已经有两千人签订了克隆服务协议，而且每人都交纳了20万美元。根据官网的宣传，他们的客户包括"影视明星、商业巨头还有政坛领袖——我们目前手头的项目是克隆一位死于谋杀的某国总理的儿子"。

今天的克隆技术和20世纪的古生物学一样仍然处于婴儿期。在没有基因检测报告的情况下，类似情况很难被证明为骗局。追求真相的人们手中的证据虽然具有一定说服力，却不够确凿。其实围绕事件真相的确凿证据比比皆是。比如说克隆助手公司的创始人和精神领袖"雷尔大人"吧，以前他是一名法国新闻工作者兼流行歌手，后来创办了一个宗教团体，宣称地球上的人类是两万五千年前由来自外星的人类种族埃罗希姆用基因技术创造出来的。

曾用名为克劳德·伏里隆（Claude Vorilhon）的雷尔大人是在1973年接触到高等外星文明的，根据他的描述，他在法国某地偶遇刚好从飞碟上走下来的外星生物，那家伙身高刚过1米，皮肤呈浅绿色，长着扁桃仁形状的眼睛和深色的长发。初遇之后过了几年，雷尔有幸前往埃罗希姆星球访问并接触到了更深层次的宇宙智慧，比如耶稣复活就是克隆技术的功劳。雷尔声称自己被埃罗希姆人点化成了先知，于是开始四处散播福音，很快就吸引了5.5万名信徒。克隆助手公司首席执行官布丽吉特·伯瓦瑟利耶就是其中之一，这位女士之前是在学校教化学的。在宣布夏娃诞生的新闻发布会上，伯瓦瑟利耶说过以下的话："我确信咱们都是被科学家们创造出来的，我非常感激他们赐予我宝贵的生命。"

第6章
传世高仿

人类表现创造力的方式多种多样，有人用它制出了精美的艺术品，还有人用它造出了高仿版的艺术品、文学作品和其他文化遗产。下面就请大家欣赏历代造假大师们的得意之作。

"致日记：自从吃了新的药丸儿，我就不停地放屁，艾娃还说我开始口臭了。"

都灵裹尸布

中世纪有很多人都声称自己拥有耶稣受难十字架上的木片，这有可能是真的吗？如果是真的，那么当年被耶稣背上加尔瓦略山（Calvary）①的十字架得有一棵参天杉树那么大。在中世纪，与宗教相关的文物和古玩拥有很大的市场，前往圣地的朝圣者们会为了一件圣物不惜一掷千金。对于心术不正的人来说这可是天赐良机，因此大批假冒的宗教圣物像雨后春笋一样冒了出来。在所有赝品中最出名而且生财最多的就是都灵裹尸布了。

那块裹尸布上印着一个被钉死在十字架上的男子的全身拓像，好几个世纪以来，人们都把它当作耶稣下葬时的贴身裹布顶礼膜拜。然而种种迹象表明，从这块裹尸布在1350年被法国利雷（Lirey）的一名骑士献给当地教堂的那一刻起，它就是一个彻头彻尾的绝妙骗局。疑似耶稣裹尸布在世间流传的消息越传越远，罗马天主教廷随即对裹尸布的来源进行了调查。一位名叫皮埃尔·德·阿尔西（Pierre d'Arcis）的主教向教皇克雷芒七世汇报，他已经找到了那个在裹尸布上"用令人称奇的技术……巧妙地绘制出"正反面耶稣像的匠人的下落。虽然教皇在裹尸布展览的时候公开了一份否认其真实性的文书，但是在如此珍贵的圣物面前，几乎没有人怀疑它的来

---

① 耶稣受难的地点，又名各各他山（Golgotha）。——译者注

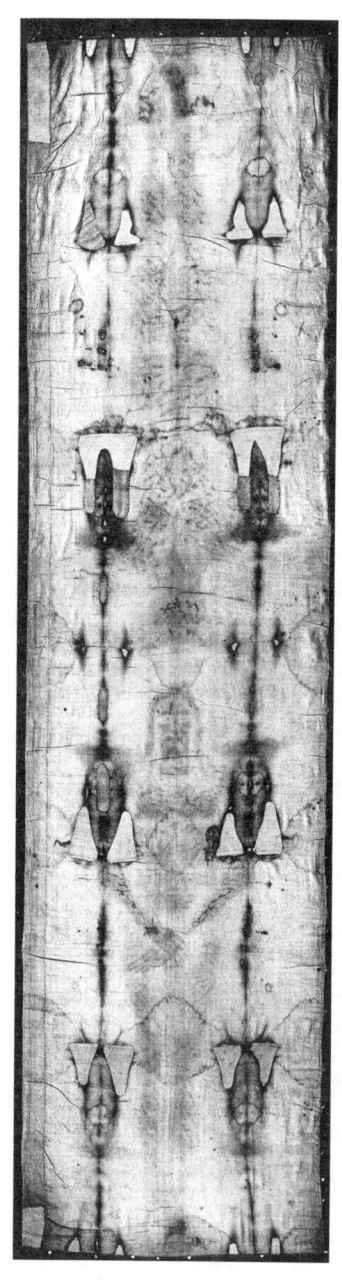

都灵裹尸布

历。裹尸布在欧洲巡展了一圈之后在都灵落了脚，人们对教皇的命令采取了完全忽视的态度。

　　罗马教廷从来都没承认过都灵裹尸布的真实性，而且前几年都灵的大主教还允许科研人员对裹尸布进行了一系列检测。1988年，位于美国、英国和瑞士的三所实验室各自提取了裹尸布的一小块样本，用放射性碳元素测年法分别进行了实验。三家实验室的测试结果都表明那块布100%出自公元1200年以后。尽管如此，在狂热信仰的驱使下，很多人仍然不把科学放在眼里。他们声称放射性碳元素测年法并不能解释裹尸布上的神迹，耶稣的影像不可能是中世纪的人画上去的。甚至有些科学工作者也对此事难下定论。比如说，美国得克萨斯大学的一个研究团队最近指出，用碳元素测年法测试古代纺织品得到的结果并不可靠。

　　对于那些把信仰寄托在都灵裹尸布上的人以及把裹尸布当作心灵支柱的人来说，它仍然是真实的神迹，其他人恐怕会对它究竟是怎么被造出来的更感兴趣。《都灵裹尸布真伪考》(*Inquest on the Shroud of Turin*)一书的作者乔·尼克尔(Joe Nickell)在书中用令人信服的方式向读者们展示了中世纪的人们的确掌握了在布上留下拓印的技术。首先他们把湿布包裹在某个物体上自然阴干，然后用布包着棉花，蘸上干粉颜料在阴干的布上慢慢拍扑（尼克尔用的是没药和芦荟的混合物）。看呐，神迹出现了！

莎翁模仿秀

想在18世纪文坛上靠造假打出一片天地，您首先得饱读诗书，然后还得下笔如有神，因为您毕竟得在威廉·布雷克(William Blake)、柯勒律治(Coleridge)和罗伯特·伯恩斯(Robert Burns)等巨匠的夹缝中求生存。有些人成功了，比如苏格兰一名叫詹姆斯·麦克弗森(James McPherson)的校长就靠着自己的生花妙笔创作出了一批宏伟的诗篇，并号称它们的作者是3世纪一个叫奥锡安(Ossian)的盖尔族吟游诗人；而被华兹华斯(Wordsworth)[1]赞为"绝世神童"的托马斯·查特顿(Thomas Chatterton)[2]则化身为虚构的15世纪神父托马斯·罗利(Thomas Rowley)，用优美的诗句成为浪漫主义运动中的佼佼者。不过名叫威廉·爱尔兰德(William Ireland)的青年由于盲目自大未能达到上述同行们的高度。他不屑于在背景模糊的中世纪圈子里混饭吃，一上来就企图模仿超重量级的莎士比亚，结果一败涂地。

起初，爱尔兰德成功地仿制了一些莎士比亚的手稿，尝到甜

---

[1] 1770—1850年，英国文学史上著名的浪漫主义诗人，代表作有《咏水仙》《漫游》等。——译者注
[2] 1752—1770年，英国浪漫主义诗人，17岁那年因为难以维持生计在绝望中自杀。——译者注

头以后不自量力地开始创作所谓"重见天日"的莎翁失传剧作。爱尔兰德的父亲本身十分崇拜莎士比亚，曾经不止一次宣称他愿意用包括珍贵藏书在内的所有家当去换取莎翁的真迹，哪怕只有一小段也好。当时17岁的小威廉向父亲大人献上了一张据说是莎士比亚亲笔书写的地契，成于16世纪。他说这张地契是从他某个不愿透露姓名的熟人手中的一批古代书卷中找到的。欣喜若狂的爱尔兰德老爹连忙问他那堆故纸堆里是否还能挖出其他宝藏，却根本不知道他的儿子只消动动笔杆子就能"开发"出取之不尽、用之不竭的宝藏。

威廉从书商手中购买了空白的古董纸张，向仍然被蒙在鼓里的狂喜老爸提供了第二份"莎翁珍品"。这次的书稿标题为《信仰自白书》，如果是真的，倒是能够解开莎士比亚究竟是信仰罗马天主教还是新教的千古之谜，因为该文书用莎士比亚的口吻公开表达了对新教的绝对拥护。老爱尔兰德难掩心中的喜悦，把那份书稿拿给了与他同属一个文学社团的成员们传阅，许多人读后与他一样兴奋不已，而且渴望见到更多的类似文稿。于是，青年威廉·爱尔兰德独自撑起了仿造莎翁手稿的大业。首先，他誊写出了附有当年剧院收据以及其他相关文书的《李尔王》全本，并用从早年间的刺绣作品上拆下来的线绳把它们扎成了捆儿。接着，他陆续拿出了剧本《哈姆雷特》的某些片段。

小爱尔兰德的手抄本唬住了许多行家，他遂动起了创作"失传已久"的莎翁剧本的心思，灵感来自英格兰史上虚无缥缈的传说《伏提根和罗薇娜》(*Vortigen and Rowena*)。他写出的剧本非常糟糕，充斥着繁冗笨拙的语句和勉强拼凑出的段落，莎翁本人若是看了这样的东西，恐怕会当场作呕。尽管如此，这样的烂作仍然骗过了戏剧圈的重量级人物威廉·谢里丹（William Sheridan），他决定让《伏提根和罗薇娜》在伦敦著名的德鲁里巷皇家剧院（Drury Lane Theatre）进行公演。谢里丹并非没发现该剧本的蹩脚之处，他只是对此做出了误判，认为"莎士比亚创作此剧时大概还比较青涩吧"。首演（同时也是最后一场演出）当晚，观众反响非常之差，磕磕巴巴的对白令他们怨声载道，当台上的演员嘟囔出"我多么希望这沉重的嘲讽能够结束啊"的时候，观众们更是在台下起了足足十分钟的哄。这场闹剧必须收场了。

小爱尔兰德本来还想继续献出另一份"失传"的剧本《亨利二世》，但是他搞出来的名堂陷入了后劲不足的局面。人们纷纷指责威廉的父亲由于过分相信自己的儿子才牵出这么大的骗局。小爱尔兰德不忍看着父亲无端地背上污名，于是不得不站出来承认了自己的所作所为。折腾了这么大一圈，威廉·爱尔兰德用亲身经历只证明了一件事，那就是能抄书的人未必能写书。

伊特鲁里亚遗迹的真相

半个世纪以来，纽约大都会博物馆的参观者们往往会在两尊巨大的武士塑像（还有一个只剩头部的武士塑像）面前啧啧称奇，它们据说是罗马人统治意大利中部之前的伊特鲁里亚文明（Etruscan）的遗物。它们出土的时候是碎的，工作人员进行了细致的拼接工作，然后推测它们大概产自两千五百年前。谁也没觉得它们酷似好莱坞低预算电影（B-movie）里的道具，就这样，它们作为"伊特鲁里亚文明的瑰宝"在大都会博物馆里一直展出到1961年。

直到有一年，有人揭穿了"伊特鲁里亚"武士像背后的骗局。有一位名叫哈罗德·伍德伯里·帕森斯（Harold Woodbury Parsons）

的艺术圈专家兼业内侦探，追访到了一名据说在20世纪初参与制作伊特鲁里亚文物赝品的老人。老人名叫阿尔弗雷多·费奥拉凡提（Alfredo Fioravanti），他对帕森斯直言不讳地谈起了当年的假文物行当。费奥拉凡提曾经与一对姓里卡尔迪（Riccardi）的兄弟共同从事陶器文物的修复工作。入行不久，费奥拉凡提和里卡尔迪兄弟就用他们精湛的技术铤而走险，开始烧制伊特鲁里亚时期的瓶瓶罐罐还有小型人像。他们从中赚取了极大的利润，于是把眼光放到了制作巨型塑像的领域。

他们用陶土制出了大块头的塑像，并用二氧化锰（对16世纪的人来说这属于未知物）仿造出古旧的希腊黑釉感。他们在制作过程中遇到了一个难题，那就是窑炉不够大。最后他们的解决办法是把塑像打碎并分批烧制。随后，那些烧好的碎片连同虚构的出处与历史被卖给了大都会美术馆的采购代理。

帕森斯掌握了这个消息之后给《纽约时报》写信，爆料说从20世纪伊始一直在大都会博物馆展出的伊特鲁里亚塑像系今人伪造之赝品。帕森斯进一步给出了极其简单的验证方法：塑像中的一座缺失了一个拇指，大都会博物馆古希腊古罗马艺术馆的负责人带着那只手的石膏复制品前往意大利，找到了费奥拉凡提当年掰断的拇指进行匹配，结果二者严丝合缝。负责人懊恼不已。不仅如此，据说那几座塑像的原型是大英博物馆收藏的一座伊特鲁里亚塑像，三位造假者是看着那尊塑像的照片创作的。不过所谓的原型后来证明也是假的。

尘埃落定之后，大都会博物馆的前任馆长托马斯·霍文（Thomas Hoving）为此写道："在1961年的情人节那一天，伊特鲁里亚三武士的真实身份大白于天下。我们欣赏了它们这么多年，为它们发表了无数文章，孩子们在学校里通过它们学习了伊特鲁里亚人骁勇善战的刚烈之魂，结果它们充其量只能算作1910—1920年间意大利现代雕塑品的代表。"

法式骗局

弗兰-丹尼·卢卡斯（Vrain-Denis Lucas）是19世纪最大胆且高产的古代文书伪造者之一，毕竟他的客户是人傻钱多的著名数学家米歇尔·沙勒（Michel Chasles），他当然有疯狂创作的资本。沙勒是法国科学学院的成员，所以本质应该不蠢才对。但只要是卢卡斯献给他的宝贝，他二话不说全部买下，总共有两万七千份之多，其中很多文件假得离谱，而且全都价格不菲。

第一批赝品是法国文坛巨匠莫里哀和莱辛等人的书信，卢卡斯卖给沙勒并且告诉沙勒这些是他从身份显赫的老祖宗那里继承来的。实际上是卢卡斯使用陈年墨水在从古籍上撕下来的空白页上伪造的。沙勒完全没有察觉自己被骗，于是卢卡斯的胆子更大了，弄出了更加稀有的东西，比如说几千年前法兰克王国查理大帝的手谕。兴奋的沙勒斥巨资买下了这份法国历史上的"无价之宝"。

看到自己的客户是个不折不扣的"满不懂"，卢卡斯从此一发而不可收地炮制出数以千计的、连傻子都不信的赝品文书，其中包括亚历山大大帝写给亚里士多德的信和埃及艳后克利奥帕特拉七世寄给"亲爱的"恺撒大帝的情书，全部用法文写成！犹大上吊之前写的信也是用法文写的，本丢·彼拉多（Pontius Pilate）写给提比略皇帝的、内容为后悔处死耶稣的信也是法文写的。沙勒对那些东西无比满意。以下是抹大拉的玛利亚（Mary Magdalene）在法国游玩时写给弟弟拉撒路（Lazarus）的书信节选［其实根本就不是这位玛利亚，拉撒路的姐姐是伯大尼的玛利亚（Mary of Bethany）］：

> 亲爱的弟弟，你信中提到的关于仁慈的耶稣之门徒彼得的事情令我心中充满了希望，我感觉耶稣就快出现于此，我必将盛情接待他，我们的姐姐马大（Martha）也对此欣喜不已。她的身体每况愈下，我恐她时日无多，还请你为她虔诚祈祷……亲爱的弟弟你说得没错，我们对这次在高卢的小憩十分满意，就像咱们的朋友们说的那样，简直不舍得离开。人们都说高卢人野蛮，可是你不觉得他们并不都是那样吗……就此收笔，期待咱们团聚的那一天，在今天，也就是46年6月10日这一天，我向上帝为你祈祷，愿他的荣光环绕于你。
>
> 抹大拉

在沙勒的心目中，万有引力学说的奠基人不是牛顿，而是法国同胞布莱士·帕斯卡（Blaise Pascal）。卢卡斯对此早有耳闻，因此他特意给自己的贵宾级客户量身打造了一批来往于帕斯卡与牛顿之间的书信，内容当然要顺着沙勒的心意，"印证"他的看法。1867年，沙勒向法国科学学会激动地公布了自己的重大发现，至于帕斯卡去世的时候牛顿还是个十几岁的少年这种小事完全不能熄灭沙勒的热情。

卢卡斯和沙勒之间的关系终究还是破裂了，但并不是因为卢卡斯害沙勒在科学学会出了丑，而是因为沙勒预付全款购买的文物卢卡斯实在是创作不过来了，结果迟迟未能交货。沙勒一气之下对卢卡斯提起了诉讼。在法庭上引起震惊的不光是卢卡斯的骗局，还有沙勒对别人毫无保留的轻信。

以假乱真

荷兰代尔夫特（Delft）的著名画家维米尔（Jan Vermeer）[1]并没有留下宗教主题的绘画，但是专门仿照他的画风造假的那个人替他创作了不少。同样是荷兰人，汉·凡·米格伦（Han van Meegeren）[2]曾经以维米尔的名义模仿他的风格绘制了6幅圣经题材的作品。艺术界一度为之沸腾，各大博物馆花重金把新发现的"维米尔真迹"抢购一空，凡·米格伦一时财运亨通。但是当其中一幅画落入一位纳粹高层艺术爱好者的手中之后，凡·米格伦险些为自己招来杀身之祸。

凡·米格伦自身脾气乖戾，平日嗑药成性，热衷于自我表现，而且敢想敢干，无所畏惧。经过了许多年怀才不遇的逆境，凡·米格伦打定主意要用最华丽的手笔让高高在上的批评家们感受一下什么叫作奇耻大辱。就这样，题为《基督与门徒在以马忤斯》（Christ and the Disciples at Emmaus）的维米尔风画作诞生在凡·米格伦的笔下。为了创作此画，凡·米格伦找了一幅17世纪的油画，把边框拆下，只留画布，然后使用包括铅白、青金石靛和胭脂虫红等维米尔常用的颜料，在画布上进行二次创作。画好之后他配置了特殊的化学合剂涂在画面上做旧。最后他编造出了这幅画的来历，让它在毫无戒心的艺术圈里高调亮相。

艺术批评家们的"芳心"瞬间就被这幅画作俘获了。凡·米格伦最讨厌的圈内专家亚伯拉罕·布列迪亚斯（Abraham Bredius）曾经深情地评价道："作为一个艺术爱好者，一幅迄今为止都雪藏于

---

[1] Johannes Vermeer，1632—1675年，"荷兰小画派"的代表人物，代表作有《戴珍珠耳环的少女》《倒牛奶的女仆》等。——译者注
[2] Henricus Antonius "Han" van Meegeren，1889—1947年。——译者注

凡·米格伦的《最后的晚餐》，注意看，圣约翰的面容是照着《戴珍珠耳环的少女》画的，这么一对比确实很明显，不用特别指出，大家都能看出来哪个是圣约翰了吧

某处的大师真迹忽然呈现在眼前，画布是原装的，也没有经过修复，仍然保持着它离开大师的画室时的原貌，这是人生中何等辉煌的时刻！这张画又是何等的瑰丽！"

布列迪亚斯和其他艺术评论家们，对这张画上体现的意大利风格的点评和其他空泛的赞美之词，让凡·米格伦偷着乐了好久。本来他该按照计划自揭谜底以羞辱那些圈内人士，但是从天而降的意外之财却让他改变了初衷。布列迪亚斯和一群投资者共同凑了一大笔钱买下了那幅伪造的维米尔画作。《基督与门徒在以马忤斯》在鹿特丹的博伊曼斯博物馆（Boymans Museum）展览了七年之久。凡·米格伦的目的也从自我表现转变成了继续靠伪造维米尔的画闷声发大财。他后续创作了包括《最后的晚餐》在内的其他仿制维米

维米尔的《戴珍珠耳环的少女》

尔的作品。其中《最后的晚餐》画面上的圣约翰造型其实是依照《戴珍珠耳环的少女》(Girl with the Pearl Earring)描画的,笔触十分青涩。这些作品确实让凡·米格伦的腰包迅速地鼓了起来,直到其中一幅名为《基督与荡妇》(Christ and the Adulteress)的作品被纳粹陆军元帅赫尔曼·戈林(Herman Göring)弄到了手,危险的气息随之而来。

在"二战"进入尾声的时候,《基督与荡妇》和其他被戈林从德战区搜刮来的艺术珍品一同被收缴了上去,于是凡·米格伦也被顺藤摸瓜地揪了出来。荷兰当局以叛国通敌罪将凡·米格伦判处极刑。为了保命,凡·米格伦供述戈林收藏的"维米尔真迹"系他伪造而成,同时他还伪造了其他冠以维米尔大名的作品,根据他的供词，这么做的理由是为了报复"对我的才华视而不见，令我失望透顶的其他艺术家和批评家……于是我决定以完美地复刻17世纪油画的方式来证明自己的价值"。除此之外，他还辩解说，他实际上用高仿（的）维米尔从戈林手里换回了被纳粹从荷兰偷走的200多幅各大名家的真迹，也算是曲线救国了。

主持庭审的法官对凡·米格伦的供词并不太相信，但是仍然给了他一个自我证明的机会。于是，凡·米格伦当着法庭上所有人员的面，用他娴熟的伪造技术画出了《青年基督在寺院传道》(The Young Christ Teaching in the Temple)，成品令众人折服。于是通敌罪被判不成立，但是凡·米格伦还是因伪造罪被判一年有期徒刑。出狱之后不久，凡·米格伦就去世了，留下那批仍然处于惊愕状态的专家大吐苦水："我怎么就上当了呢，真是想不通！"其中一位说道："也许心理学家能解释，但是我真解释不了。"

量贩式名作

凡·米格伦仿造的维米尔作品从品相上来看虽然无可挑剔，但是仍然欠缺至关重要的一样东西，那就是维米尔的才华。能称得上极品的仿名家画作必须具备那位大师的灵魂，不过超现实主义大师萨尔瓦多·达利（Salvador Dalí）表示，只要您掏钱，就能买到他的"大师魂"。

艺术大师们造假这种雅事古已有之，比如米开朗基罗就仿造过许多古代雕像。但是达利和他们不一样，他复制自己的作品，大规模印制出素质低劣的印刷品，却定价高昂。"我达利只有收到大批支票以后才能睡得香。"他曾大言不惭地说道。晚年的达利，事业渐渐走了下坡路。性格日趋古怪的大师发现来钱最快的方法是在空白纸张上签上名字,然后把剩下的工作交给印刷机。结果一大批毫无艺术价值的达利"刻板画"和"原画翻印版"冲出西班牙,走向了世界。

达利本人觉得这种大规模艺术骗局一点都不丢人,他曾在1989年去世前说过这样的话:"有的人想粗制滥造地复制我的作品,有的人愿意买那些东西,他们这不是各得其所嘛。"

年度巨骗

论自身的文采,克里福德·欧文(Clifford Irving)平庸无奇;但是论行骗的鬼才,他可真算得上个中翘楚。在1971年,欧文假称可以代理霍华德·休斯(Howard Hugh)[①]的自传,从而成功地从麦格劳-希尔(McGraw-Hill)和时代-生活(Time-Life)两大出版界巨头手中骗取了一笔不小的财富,如果他手中的项目是真的,那绝对是出版界的超重量级事件。

当时,归隐许久的亿万富翁休斯在那之前已经有十多年没有公开过照片,更没接受过采访,坊间关于他的传闻越来越离奇。在许多人的臆想中,休斯这位昔日的航空先驱外加好莱坞领头人如今已经退化成疯疯癫癫的小老头,头发乱如鸡窝,指甲半尺多长,还有人一口咬定他其实早就死了。公众对休斯的浓厚兴趣使他成为媒体狂热追踪的目标,但是他远离尘嚣,仿佛把自己封闭在外界无法洞

[①] 1905—1976年,美国历史上颇具传奇色彩的人物,他的一生可谓波澜壮阔,跌宕起伏。他曾经涉足航空公司、影视制片、商业投资和慈善事业等领域,并成功地从黑社会手中收购了赌城拉斯维加斯的大部分产业,成功地让拉斯维加斯转型为世界闻名的旅游胜地。晚年的休斯由于病痛的折磨退出了公众的视野,过起了隐居的生活,因此吸引了公众的关注与猜测。

穿的厚茧之中，即便是他的心腹和亲信也见不到他。难怪《纽约时报》的一位撰稿人曾经说过这样的话："赶匹骆驼穿针眼儿都比派某个倒霉的记者打入休斯城堡要简单得多。"而且谁要是胆敢给休斯著书立传，就得吃上官司或者受到其他形式的制裁。因此，能得到休斯认证的传记类图书必然会给出版方带来巨大的利润。克里福德·欧文正是瞅准了这个机会，展开了大胆的骗局。

作为一个二流作家，欧文能拿出手的作品寥寥无几，而且销量也欠佳。他的作品中最具有讽刺意味的就是为著名的绘画界造假大师埃尔米尔·德·霍利（Elmyr de Hory）所作的传记，题为《赝品！》（Fake!）。欧文在书中并没有过分美化德·霍利，却似乎因此赢得了休斯的青睐。欧文在此之前通过麦格劳-希尔出版了不少作品，于是他顺势对当时麦格劳-希尔的执行总编贝弗利·卢（Beverly Loo）宣称自己给休斯寄去了一本刚出版不久的《赝品！》，并得到了休斯的热情回信。按照欧文的说法，他和休斯之间的鸿雁传书就这样保持了下去，在交流过程中欧文向休斯说自己想要给他立传，令人吃惊的是深居简出的休斯竟然被这个提议所打动。接着，欧文向麦格劳-希尔的高管们展示了数封休斯给他的亲笔信，其实都是欧文事先伪造的。

在其中一封信中，"休斯"这样写道："外界媒体对我的报道我也不是不知道，因此我特别欣赏你描写德·霍利的手法，虽然我对他的道德观不敢苟同。我从不对别人的品行和节操进行评论，同时也不希望别人对我评头论足。"接下去的内容显示，休斯很有可能有出版自传的倾向，而且当时在场的麦格劳-希尔高管们深知休斯的传记绝对是一棵潜力无穷的摇钱树。后面的信是这么写的："关于我的人生还有许多误会没有解开，我不能就这么撒手人寰……我还欠大家一个说法，总得还上。在过去的日子中，我有很多遗憾与后悔的事情，但没什么见不得人的事情。你之前说过想给我写书，请务必提前告诉我你将在何时以何种形式进行此事。"

欧文进一步把麦格劳-希尔的工作人员引入了自己设下的局里，让他们也参与了与休斯的"秘密协商"。他带着贝弗利·卢前往美国运通的办公楼，说休斯在那儿给他预备了一张前往墨西哥的机票，以便和他商讨写书的事宜。对真相一无所知的卢女士完全不知道那张机票是欧文自己掏钱买来为了和情妇去墨西哥快活用的，而不是为了去会见当时在巴哈马群岛某处隐居的休斯。欧文从墨西哥返回纽约时带回厚厚的一本日志，里面记载着他与休斯"洽谈"的所有细节，以及休斯这位大资本家意欲从合作出书一事中谋求的巨额补偿费。麦格劳-希尔集团开出了50万美元的价码。欧文假装去了一趟波多黎各，给休斯递意向书，并带回了他伪造休斯签名的冒牌合同。

那份合同的很多内容都很不寻常。比如说合同里规定麦格劳-希尔集团在全部书稿交付之前必须对此事严格保密，不得对外声张。这样一来欧文就有足够的空间在不受干扰的情况下腾挪闪转。合同中还写明支付给休斯各种费用的支票，收款人一栏必须写 H. R. 休斯（H. R. Hughes）。后来有人看到一个自称赫尔嘉·R. 休斯的金发女郎在瑞士的某家银行兑取那些支票，媒体对这位神秘女子的身世进行了大规模的猜测与报道。伦敦的《每日快报》（*Daily Express*）把赫尔嘉称为"世界上最牵动人心的女子"；当时的美国国务卿基辛格也在报纸上戏称，自己十分渴望一睹赫尔嘉的芳容。直到很久以后人们才知道"赫尔嘉"其实是用伪造护照打掩护的欧文夫人。

在赫尔嘉身份暴露之前，欧文的骗局越来越大。麦格劳-希尔方面以为自己遇上了天上掉馅饼的好事，贝弗利·卢私下与《生活周刊》（*Life*）的总编拉尔夫·格雷夫斯（Ralph Graves）进行了密会，后者同意以 25 万美元的价格买断休斯传记出版以后在全球范围的杂志和报纸领域的独家连载权。这笔钱抵上了麦格劳－希尔付给休斯费用的一半，后来麦格劳－希尔又通过各界书友会销售渠道以及出售平装版版权等手段赚了好几十万美元。然而，就在麦格劳－希尔高兴得合不拢嘴的时候，欧文适时地让事情的进程起了波澜。

欧文说休斯不顾已经签订的合同，决定坐地起价。为了突出重点，欧文给麦格劳－希尔的高层看了一张据说是休斯亲笔手书的字据，上面写着如果麦格劳－希尔不能满足他的要求，他就另寻出版商。同时欧文还呈上了一张伪造的支票，上面的金额是麦格劳－希尔预付给休斯的 10 万美元，而付款人是休斯，收款方是麦格劳－希尔，意思是休斯打算退款并终止合同。这一步对于欧文来说实属铤而走险，但是他话锋一转，开始安抚麦格劳－希尔的高层，说自己通过和休斯的会谈成功地把当初说好的普通传记变成了更加轰动的自传创作，除此之外，他还把休斯提出的 100 万美元的费用压到了 85 万美元。麦格劳－希尔方面经过一番讨价还价最终把价格敲定为 75 万美元，考虑到今后在这个项目上的预期收益，他们仍然觉得自己捡了个大便宜。与此同时，他们还收到了传记的初稿，并且对内容十分满意。

拉尔夫·格雷夫斯后来在《生活周刊》里对那份初稿做出了以下评价："书稿的文风直白，内容丰富，充满了情节震撼的各种逸事，而且关于休斯青年时代的资料非常翔实，包括他在电影制片业中的奋斗、在航天领域的涉足、他的发迹史、他的私生活、他对世间万物的看法以及我行我素的怪诞风格，等等。"实际上，这份文稿几乎全是欧文通过洗稿的方式"借鉴"来的，文本来源是资深撰稿人吉姆·费兰（Jim Phelan）未能出版的传记类作品，传主是休斯熟人圈内的诺亚·迪特里希（Noah Dietrich）[1]。欧文交给出版方的书稿在页面空白处添加了据说是休斯本人的批注，大大增强了真实性。对于麦格劳－希尔集团的部分骨干人员来说，书稿的质量之高足以说明欧文没有动任何手脚。"就凭他那三脚猫的功夫很难搞出这份东西。"有人如此评价道。

欧文尽管做到了这个地步，仍然引起了某些人的怀疑。《生活周刊》的格雷夫斯就聘请一名笔迹鉴定专家对某张据说是休斯写给欧文的信笺进行了分析。那位名为阿尔弗雷德·坎弗尔（Alfred Kanfer）的笔迹鉴定师把那张纸条上的字迹和已知的休斯笔迹比对过之后得出了结论，并在提交的报告中写道："两个文本中的笔迹可以确定为同一人所写。其他人模仿的可能性小于百万分之一。"由此可见，欧文也许是在给德·霍利立传的时候启发了灵感与斗志，终于施展出一技之长。（德·霍利后来坚决不相信休斯一手策划了休斯传记骗局，昔日的造假大师对此嗤之以鼻："能做出这事的必须是个天才，但是克里福德那个毛头小子在哪个领域都算不上天才。"）

1971年12月7日，也就是珍珠港事件纪念日当天，麦格劳－希尔集团公开宣布世界上最神秘的人物之一，曾被人称为"一人千面"的神秘男子休斯终于要在来年3月为大家呈上自己毕生的经历。在新闻稿件中，麦格劳－希尔直接引用了"休斯自传"序言中的一部分：

---

[1] 欧文拿到费兰的手稿其实是一系列巧合与偶然的结果。把手稿交给他的人是混迹于好莱坞的一个名叫史丹利·梅耶（Stanley Meyer）的"引荐中介"，那人本来的目的是协助诺亚·迪特里希把费兰执笔的传记举荐给文学代理和出版商。后来费兰由于种种原因被请出了创作团队，梅耶便找到欧文接手该项目。

我相信这世上流传着关于我的真真假假的故事比其他所有人的还要多，所以我决定出书以正视听，并让一切恢复平衡……我的一生过得非常充实，对包括我自己在内的很多人来说也非常怪诞。从现在开始我会尽量对一切做出解释，但并不打算对谁道歉。你们管这本书叫自传也好，回忆录也好，随你们便吧。我的人生我自己写。

欧文在这么大的场面里不可能默默地躲在幕后，于是用休斯的口吻给自己写了一段鸣谢致辞，也包含在以上的新闻稿件中，致辞中说休斯选择欧文"是因为他的同情心、正义感、慎重的行事作风，以及我所了解的他身上高尚的情操"。好一个高尚的情操。

麦格劳－希尔集团和《生活周刊》被欧文的"情操"所折服，就连休斯方面发来的否认该传记真实性的信函都没能动摇他们的决心。格雷夫斯对此表示："哎，这不是很正常吗？"在出版方看来，休斯否认自传真实性的行为非常符合他一贯古怪的作风。而且出面否认的又不是休斯本人，不过是他旗下的一家公司而已。麦格劳－希尔集团图书部门的总负责人阿尔伯特·利文撒尔（Albert Leventhal）在接受《纽约时报》采访时说道："我们竭尽全力地确认了休斯自传的真实性，而且相信我们说过的话是正确的。"《生活周刊》的一位高层人员的态度就更加自负了："哦，我们对此绝对乐观。您看，我们不是什么电影花边杂志！我们可是时代集团和麦格劳－希尔集团。我们对此做过详细的考察，手上证据齐全。"

事情发展到这个地步，就连霍华德·休斯本人打来的责问电话都没有让人警觉。当时接起电话的不是别人，正好是《时代周刊》编辑部的弗兰克·麦卡洛（Frank McCullough），此人曾在1958年采访过休斯。电话另一边的声音确定是休斯无疑，传递过来的信息也很明确：所谓的休斯自传是骗局，克里福德·欧文是骗子。不巧的是麦卡洛已经读过了欧文递交的书稿，所以对这通电话产生了另一种理解。打来电话的人从语调到措辞、到说话方式完全是经典的休斯范儿，于是麦格劳-希尔集团的决策者们认为休斯或者是改变主意了，或者是出于某种令人匪夷所思的目的，想让自传的出版盛事显得更加疑云密布。虽然自信满满，但麦格劳-希尔方面仍然决定再进行一次笔迹鉴定，以确保万无一失。这一次他们把工作委托给了奥斯本联合事务所，后者发回的报告让他们彻底放了心。"那份鉴定报告让我们集团上下一派喜气洋洋。"格雷夫斯事后承认。也许正是那份欣喜让他们连休斯私人律师切斯特·戴维斯（Chester Davis）发来的警告函都置之不理。

戴维斯律师在写给麦格劳-希尔高管哈罗德·麦格劳（Harold McGraw）[①]的警告函中写道："贵方毫无疑问被人误导，以至于相信贵方得到的材料可以出版。该人以虚假的身份欺骗了贵方，并利用贵方欺骗了公众，必须对此负全部责任。"麦格劳反而向戴维斯回信质疑他的身份："既然您以休斯先生法律顾问的身份和我方联系，那么请您出示休斯先生将自传出版一事委托于您处理的书面证明。"

这个时候的欧文正忙着把骗局进一步做大，他给休斯写了一封信，并抄送了一份给当时麦格劳-希尔集团总裁谢尔顿·费舍（Sheldon Fisher）。欧文在信中向休斯汇报了戴维斯律师和其他相关人员对传记发表一事的阻挠，并奉劝休斯"别再让手下的狗乱咬人"。虽然那封信从来都没有寄出，但是休斯仿佛真的读过它一样做出了一件令欧文措手不及的事。蛰居已久的隐士休斯竟然召开了

[①] 麦格劳-希尔集团创始人之一詹姆斯·麦格劳（James McGraw）的孙子。——译者注

记者招待会，打破十四年以来的沉寂。休斯在与七名记者的电话会议中谈到欧文的时候说道："我不认识那个人，直到几天以前我才头一次听到这个名字。"提到那些名义上被休斯兑取了的支票——同时也是麦格劳－希尔集团如此自信的缘由——休斯对此表示震怒："切斯特·戴维斯之后会告诉你们，由于他无法查到那笔资金的下落，我是怎么骂他的。"（彼时"赫尔嘉"还没露馅儿。）

霍华德·休斯本人打破了那么多年以来的沉默站出来揭发欧文，按理说足够终结这场骗局了。但是那次电话会议却产生了适得其反的作用。出版方认为休斯是在律师团的影响下才否认自传存在的，因为当时他们掌握了太多真实可靠的证据。欧文本人在休斯电话会议的现场则表现得有勇有谋。"这个模仿休斯说话的家伙水平挺高啊，和休斯三四年前的声音几乎一样。"欧文对在场的记者们说道，"我的委托人是霍华德·休斯本人，而不是电话那边的某个声音。"欧文甚至敢于面对铁嘴华莱士，在对话节目《60分钟》（*60 Minutes*）里面不改色地撒着弥天大谎。说到自己多次"积极"与休斯沟通，试图让休斯承认自传真实性却毫无进展，欧文对华莱士假惺惺地感叹道："我也不明白休斯怎么到现在也不出来澄清一下。对此我感到疑惑，也很伤心，并且很不安。我自己无所谓，怕的是别人应付不了。我们手中证据齐全，一点问题都没有。让我担心的是休斯拒不回应的态度。"

1972年1月12日，休斯的律师切斯特·戴维斯向纽约州最高法院提出申请，希望法院向麦格劳－希尔集团和《生活周刊》下达禁令，以阻止涉及休斯的伪造自传的出版发行。这两家出版商分别向最高法院提交了书面陈述，里面的内容会让他们日后感到不堪回首。麦格劳－希尔方面的哈罗德·麦格劳声明："本人相信克里福德·欧文提交的书稿，如其所名就是霍华德·休斯笔下的个人生涯回顾。"代表时代集团的弗兰克·麦卡洛在陈述中写道:"本人确信霍华德·休斯自传在真实性方面没有任何疑点。本人做出如此判断的基础是本人与霍华德·休斯多年以来的交情,本人阅读过自传书稿的体会,以及本人与克里福德·欧文就此事商谈以后的感想。本人对该自传真实性的确信没有被休斯方面对此做出的否认所动摇,也没有被某个听上去的确是休斯的人亲口否认所动摇。这一切都与我所熟悉的休斯的行事风格完全吻合。"

这两份书面陈述刚刚提交上去,涉事出版商就发现了领取那些润笔费的 H. R. 休斯并不是霍华德·休斯,而是化名赫尔嘉·R. 休斯的欧文夫人伊迪斯。

那之后没过多久,欧文的史诗级谎言终于不攻自破。在被人团团围住逼问的情况下,欧文承认了自己的所作所为,最终被判诈骗罪在监狱里蹲了十四个月。1972年,欧文登上了《时代周刊》的封面,并被授予"年度巨骗"的殊荣。

元首日记

俄罗斯的档案部门保存着一块被子弹洞穿的头盖骨碎片,据说来自希特勒的脑袋。如果真如此,那它可算是极其珍贵的文物了,因为那是世界上罪大恶极的恶魔除了几颗牙齿之外仅存的遗骸。虽然那块头骨具有一种魔性的吸引力,但是它并不能揭示曾经在它包裹下的脑子究竟是怎么想的。其他形式能够反映元首思维的遗物——比如说日记什么的——如果得以留存,不光会在历史研究方面掀起巨大的波澜,更能创造一大笔财富。

德国有个专门倒卖纳粹时期各种文物的中间商,名叫康拉德·库肖(Konrad Kujau),他刚好就想到了这个发财的点子,于是在 1983 年干了一件震惊全球的大事——一手炮制出 62 本满是胡言乱语的"希特勒日记"。他的"努力"得到了丰厚的回报，因为西德的《明星周刊》（Stern）以 300 万美元的价格独家买断了刊登权。

当时《明星周刊》踌躇满志地宣布："经过对日记的勘验，我们可以确定是那位独裁者的传记，还有纳粹时期德国的历史将被改写。"可惜后来被改写的只是周刊编辑部几位总编的职业生涯。他们其实是被编辑部里与库肖里应外合的记者戈德·海德曼（Gerd Heidemann）给耍了，正是此人向上司们汇报自己跑遍了天涯海角终于追踪到了"希特勒日记"的下落。根据海德曼的说法，一架隶属于纳粹空军的飞机在"二战"末期坠毁，希特勒的日记就是在飞机残骸中被人发现的。海德曼对藏匿那些日记的前德军军官的身份详情守口如瓶，理由是身份暴露会让身处东德的那个人自身难保。

《明星周刊》的总编彼得·科赫（Peter Koch）在接受媒体采访的时候曾说："我没法告诉你那些日记是从哪儿来的，因为我真的不知道。这个问题我们问过海德曼好多次了，但是他不想说。我们尊重他保密的选择，因为我们没有理由怀疑他，毕竟他在我们这儿工作三十多年了。"

由于历史上真的有一架载有希特勒私人文件的飞机，在从柏林的元首地堡飞往位于阿尔卑斯山脉贝希特斯加登（Berchtesgaden）的元首别墅的途中坠毁，科赫对海德曼的说辞更加信任了。除此之外，笔迹鉴定专家也确认，日记里的字迹绝对是希特勒本人写的。伦敦的《星期日泰晤士报》（Sunday Times）在相关文章中引用被该报誉为"欧洲最知名的笔迹鉴定大师之一"麦克斯·弗雷-祖克（Max Frey-Zuker）的话说："从提交上来的样本来看，那些笔迹无疑是希特勒本人的。"（十几年前，休斯传记骗局里的笔迹鉴定大师们同样不靠谱，看来各大媒体没有从中吸取任何经验教训。）最后，英国的历史学家兼希特勒研究专家休·特雷弗－罗普（Hugh Trevor-Roper）也站出来宣布，希特勒日记重见天日"是过去十年里最重要的史学盛事"。

然而在一片喝彩声中，许多学者对此疑窦丛生。希特勒的传记作家约阿希姆·费斯特（Joachim Fest）对《华盛顿邮报》直说："海德曼扯出来的故事我一个字都不信。"至于海德曼自称上下求索寻得希特勒日记的过程，费斯特认为那是"一派胡言"。随着时间的推移，就连休·特雷弗－罗普最初的热情也渐渐冷却了下来。在《明星周刊》举办的旨在扫清关于希特勒日记真伪疑云的新闻发布会上，特雷弗－罗普发言表明："没有看过全部文本之前谁都无法做出最终论断。"（他本人仅在保存那些日记的某银行保险库里匆匆看过一小段。）他还说："作为一个历史学家，由于出版社方面的种种制约无法看到全部文本，我感到很遗憾。"

《明星周刊》的编辑们面对来自四面八方的质疑与抨击岿然不动。总编科赫宣称："我只能告诉大家，鄙社为那些日记花了大价钱，而我们一贯以来的名誉将为我们带来应有的回报。今天在这里对我们出言不逊的各位总有一天得收回你们的狂言。"可惜日后必须收回狂言的恰恰是科赫本人。《明星周刊》宣布出版计划的两周以后，西德联邦档案馆的负责人汉斯·布姆斯（Hans Booms）正式否认了希特勒日记的真实性。在记者招待会上，布姆斯声明，经过多名历史学家和犯罪学家的仔细考证，"就内容而言，所谓的希特勒日记是品质恶俗低劣的赝品"。

事实上，那些日记和以上评价完全一致，里面充斥着明显的错误、错乱的时间线以及不可能出现在那个时代的痕迹。举个例子，对日记本的成分检测表明，里面的纸张和装订胶水都是1955年以后才生产出来的，那个时候希特勒早就凉透了。日记里标注为 1934 年、1935 年和 1937 年的某些段落，则是从一本 1962 年出版的元首演讲集里面抄袭而来的，那本演讲集原本就包含许多硬伤。更过分的是，行文中出现了好多在希特勒活着的时候还没出现的语句和文法。好几本日记的仿皮封面烫着的哥特体元首名字的缩写，都有把"AH"错印成"FH"的情况。日记里面还有很多不像话的内容，比如"千万别忘了给艾娃（布朗）弄几张奥运会的票"，以及"自从吃了新的药丸，我就不停地放屁，艾娃还说我开始口臭了"。

面对这些无法辩驳的证据，《明星周刊》的出版商亨利·南恩（Henri Nannen）谢罪道："发生了这样的事，我们感到无地自容。"彼得·科赫与菲力克斯·施密特（Felix Schmidt）两位编辑为此递交了辞呈，至于海德曼，他毫无悬念地被开除了。康拉德·库肖也因诈骗罪进了监狱。由于这个事件的影响，全世界的出版商都对同类所谓千载难逢的喜讯提高了警惕。转眼间又一个十年过去了，包括加拿大、澳大利亚、德国、法国、英国、荷兰、西班牙、意大利、日本和美国在内的众多国家的出版商们，又开始为了《开膛手杰克日记》（Dairy of Jack the Ripper）的出版权争得不可开交。不用说，这又是一个彻头彻尾的骗局。

鱼死网破

1985 年，有一场骗局以谋杀收场。自甘堕落的摩门教徒、资深历史文献伪造者马克·霍夫曼（Mark Hoffman）为了让自己的欺诈行为不被揭发，用钢管炸弹谋害了两条性命。那场犯罪在霍夫曼的故乡盐湖城引起了前所未有的震惊，尤其是当凶手的身份大白于天下的时候。

盐湖城里的摩门教社区是个相对封闭的团体，教徒们普遍认为霍夫曼是个性格温和且顾家的男子，在教会里非常虔诚，而且是个诚实可靠的历史文献古董商。然而，表面上轻声细语的霍夫曼在人称"圣徒之城"的盐湖城里拥有另一副鲜为人知的面孔。县检察官大卫·比格斯（David Biggs）曾如此评价霍夫曼："马克看上去和我们一样，说起话来也和我们一样，他从小在这长大的。但是晚上11点半以后他就开始伪造文件、制造炸弹了。"

整体来说，霍夫曼是伪造历史的老手，他创作出来的堪称完美的赝品曾经成功地骗过了美国联邦调查局（FBI）、国会图书馆以及摩门教会等多家机构。历史文献研究专家查尔斯·汉密尔顿（Charles Hamilton）就把"全球第一造假人"的"桂冠"送给了霍夫曼。（不过霍夫曼本人认为汉密尔顿对他的"过誉"是因为他曾经也上过自己的当。毕竟让他上当的人是"业界最佳"，可能让汉密尔顿在面子上不那么难堪。）霍夫曼涉猎的范围很广，包括美国历史上众多名人的信件，比如国父华盛顿、贝特西·罗斯（Betsy Ross）[1]、迈尔斯·史丹迪什［Miles（Myles）Standish］[2]以及丹尼尔·布恩（Daniel Boone）[3]；他还创作出了据说是北美殖民地第一份印刷文件的"自由人宣言"（Oath of a Freeman），后来被国会图书馆以100万美元的巨资购得。霍夫曼还在摩门教的历史中大做文章，不过在那个圈子里挣钱就不再是他的唯一目的了。

霍夫曼本人是个虔诚的教徒，但是在他所属的耶稣基督后期圣

---

[1] 1752—1836年，美国人民公认的第一个设计并缝制出星条旗的女子。——译者注
[2] 1584—1656年，曾是一名英国军官，被早期前往北美的殖民者们聘请为普利茅茨殖民地的军事顾问，为巩固英国在北美的殖民地做出了巨大贡献。——译者注
[3] 1734—1820年，美国历史上著名的开拓者与探险家，在1775年成功穿越坎伯兰峡谷，让肯塔基联邦成为美国联邦的一部分。——译者注

徒教会①里却一直受到其他教民的排挤与孤立。在霍夫曼的眼中，该教会的创始人约瑟夫·史密斯（Joseph Smith）②其实是个外表光鲜的骗子。根据作家琳达·西尔利托（Linda Sillitoe）和艾伦·罗伯茨（Allen Roberts）的描述，其他摩门教徒把史密斯当成偶像膜拜，而"霍夫曼对他的佩服是因为他骗术高超"。霍夫曼决定从自己独特而刁钻的视角重写教会的历史。

起初，霍夫曼伪造的信件和文件的基调是忠于教会的，而且填补了历史的某些空白。渐渐地，他伪造的东西开始带有动摇教会根基的色彩。那批文件中最为人诟病的大概就是《蝾螈信笺》（Salamander Letter）了，里面记载了约瑟夫·史密斯发现《摩门经》金页并把上面的文字翻译成《摩门圣经》（Book of Mormon）的过程，但是和已知的传说截然不同。摩门教会公认的说法是，史密斯在天使摩罗乃（Moroni）的指引下找到了金页，但是《蝾螈信笺》却把那个神圣的时刻描写得既黑暗又邪恶。在霍夫曼的设定下，《蝾螈信笺》是史密斯的亲信之一马丁·哈里斯（Martin Harris）在1830年写成的。

"我听说约瑟夫找到了黄金圣经，"信的开头这样写着，"他还说四年前他就借助我给他的灵石找到了圣经，但是由于魔法作祟他现在才拿到手。"接下去，信文描述了史密斯在邪教的典型灵兽白色蝾螈的带领下发现了金页。西尔利托和罗伯茨在他们的书中对此评论道："信里确实提到了约瑟夫·史密斯发现黄金刻板的过程，

---

① The Church of Jesus Christ of Latter-day Saints，即摩门教，教会的总部就在盐湖城，加入该教会的教民笃信此教会才是当初耶稣创立的正统教会，信奉耶稣为唯一的救世主，同时相信教会创始人约瑟夫·史密斯是耶稣选定的先知。——译者注
② 1806—1844年，美国宗教领袖，"后期圣徒运动"的领军人物，创立了耶稣基督后期圣徒教会，也就是摩门教，翻译并发表了《摩门圣经》。——译者注

但是字里行间散发着魔法仪式和某种邪典的气息，与正统传说中的天使摩罗乃的意象完全相反。"霍夫曼把那封信卖给了自己的朋友史蒂芬·F. 克里斯滕森（Steven F. Christensen），此人在教会中任主教，属于空想派的完美主义者，后来他把该信捐给了教会。一年以后，克里斯滕森成为霍夫曼手下的第一个丧命者。

1985 年 10 月 15 日的早上，克里斯滕森主教在自己的办公室里被钢管炸弹炸死了。三小时以后，他的昔日商业伙伴加里·希茨（Gary Sheets）的妻子凯瑟琳·希茨（Kathleen Sheets）在家门外捡起了一个收信人为自己丈夫的包裹，结果包裹立刻爆炸，希茨夫人不幸身亡。那两枚炸弹都是霍夫曼在那天清晨趁自己的妻子和孩子们仍在熟睡的时候溜出去安放的。"像他那样温顺的人，又是一个受人尊敬的学者，几乎可以用胆小如鼠来形容，怎么能犯下如此滔天大罪？"盐湖城的县检察官罗伯特·L. 斯托特（Robert L. Stott）在事件过去两年以后，在杨百翰大学（Brigham Young University）的一次座谈会上发出了以上的感慨。

简而言之，霍夫曼当时把自己逼入了绝境。他向教会方面说自己手中有一套《麦克莱林书信集》，其作者麦克莱林（Mclellin）由于和约瑟夫·史密斯发生了决裂而退出了摩门教会。那些信件对教会进行了言辞激烈的抨击，所以教会方面掏出 16.5 万美元向霍夫曼进行收购。这就带来了另一个问题，因为霍夫曼已经把那套根本不存在的书信集以 15 万美元的价格卖给了另一名古董商。现在霍夫曼收了昧心钱却拿不出东西，而且极有可能被好友克里斯滕森揭发自己造假的行径，于是原本指望靠《麦克莱林书信集》做空头交易的霍夫曼决定杀人灭口。第一枚炸弹可以干掉克里斯滕森，第二枚炸弹的原定目标则是加里·希茨本人。霍夫曼这样做的目的是让外界以为那两起爆炸事件的性质是那两人合作失败之后的互相报复。

第三枚炸弹在以上两起谋杀事件之后的隔天，在霍夫曼驾驶的货车里意外爆炸了，办案人员推断霍夫曼很有可能想除掉另一名主教。案件元凶霍夫曼在爆炸中受了重伤，而且从爆炸现场提取的证据使他最终落网。霍夫曼在法庭上对两起谋杀和两起伪造文件的指控表示认罪。专门裁决案情复杂的认罪协商情况的犹他州减刑与赦免委员会认为，霍夫曼并无悔改之意，于是维持终身监禁的原判。据说霍夫曼在狱中曾经向狱友们许诺，只要他们出去以后能替他干掉赦免委员会的那些成员，他就用私藏的巨款犒劳他们，对了，如果能用钢管炸弹把他们炸死就更好了。

第7章
致命谎言

> 因为他们的口中没有诚实。他们的心里满有邪恶。他们的喉咙是敞开的坟墓。他们用舌头谄媚人。
>
> ——《圣经·诗篇》5：9

谎言是滋生邪恶的沃土，尤其是那些跨越国界乃至遍布全球的最恶毒的谎言更是屡次造成极其严重的后果。抹杀真相会带来怎么样的灾难，请通过以下内容做管中窥豹式的一览。很可惜，由于篇幅有限，无法收录更多的内容。

在反犹漫画中,犹太人被描绘成吞噬天地的妖魔

血谤起源

1144年，复活节之前的那天，有人在英格兰诺里奇（Norwich）郊外的森林里发现了一具12岁男孩的尸体，他的名字叫威廉。虽然尸体上有暴力侵害的痕迹，但是在那个儿童经常因天灾人祸而夭折的年代，曾经做过学徒工的威廉之死本该不会引起任何关注。但是有一位教名为"蒙茅斯的托马斯"的修道士，在无比狂热的宗教信仰的驱使下把小威廉塑造成了一名殉教者。托马斯声称，犹太人在恶搞耶稣受难的邪恶仪式中残忍地杀害了威廉。

民俗学家阿兰·邓迪斯教授（Alan Dundes）认为，托马斯费尽心机创作出的《诺里奇殉教者威廉受难记》（*The Life and Passion of Saint William the Martyr of Norwich*）是一颗不祥的种子，假以时日，它便发育成了"人类仅靠想象力凭空捏造而成的最怪异也是最危险的传说之一"。许多历史学家对邓迪斯教授的这个观点十分赞同。从那以后的九百多年里，犹太人一直背负着定期杀害信仰基督教儿童的污名，那个神秘的仪式则被人传为"血谤"（Blood Libel）。从宗教领袖马丁·路德到纳粹元首希特勒，都或多或少地在这种谣言的影响下成为反犹主义阵营的领军人物，导致数以百万计的无辜人民在很长一段时间里一直遭受着罄竹难书的折磨与残害。这一切的起源仅仅是一个拙劣无比的逸闻。

1155年，有个撰写编年史的人把威廉受难的故事浓缩成了这么一段话："史蒂芬国王在位期间，诺里奇一带的犹太人在复活节前夕买了一个信仰基督教的孩子，并对那个孩子施加了我们的主受过的所有酷刑。在复活节前的星期五那天，他们把那孩子按照我们的主殉难的样子吊死在十字架上，然后把他的尸身掩埋。他们以为自己的恶行无人知晓，但是主意昭显，那孩子是殉难的圣徒，于是当地的僧侣们把他厚葬在修道院的墓地里。在我们的主英明的裁决之下神迹显现，那个孩子从此就是圣威廉了。"

其实在威廉遭遇不测之后，除了几个悲伤的家庭成员之外，诺里奇的居民几乎没人为他哀悼。那几个为此落泪的亲戚中有一个人听说威廉的另外一个亲属梦见过犹太人杀害威廉的情节（并没有涉及十字架），便站出来指控当地的犹太人为凶手。诺里奇的主教听到这个传闻之后自然认为犹太人难辞其咎，经过一番演变，威廉之死逐渐成为当地著名的传说。威廉意外身亡的五六年之后，蒙茅斯的修道士托马斯搬到了诺里奇定居。托马斯沉浸在有关威廉之死的种种传闻之中不可自拔，立志要让威廉升级为殉教者。历史学家加文·I.朗缪尔（Gavin I. Langmuir）认为托马斯作为一个生活在 12 世纪的人，"时常考量自己在人间的现状与今后上天堂的情景，认为自己在威廉身上做的文章会让他在人间与天堂都能得到好处"。除此之外，与宗教沾边的遗物遗迹在中世纪往往是生财的工具（参见第 6 章第一个故事）。

托马斯为了给威廉立圣徒传，所搜集的"证据"说白了都是无稽之谈。整个成品都是在捕风捉影和胡思乱想的基础上完成的。为他提供资料的人里不乏搬弄是非之徒，其中最居心叵测的要数半路皈依基督教的犹太人西奥波德（Theobold）了。据考，西奥波德曾经告诉托马斯"他们祖先留下来的历史文献里面说，犹太人要是不杀人就不能获得自由，也不能重返故乡。于是按照老祖宗留下来的规矩,他们每年都要在某个地方杀一个基督徒祭天"。1144年诺里奇恰好是他们选择的宝地。

尽管托马斯笔下的圣威廉传说荒谬无比,但是它很快就传遍了英格兰大地。从那以后,英格兰到处都出现了对犹太人杀人祭祀的指控,其中包括1168年的格洛斯特(Gloucester)、1181年的伯里圣埃德蒙兹(Bury St. Edmunds)、1183年的布里斯托尔(Bristol)以及分别在1192年、1225年和1235年出现相关记载的温切斯特(Winchester)。到了1255年,类似案件中最著名的圣童休(St. Hugh)事件在林肯郡爆发了。19位犹太人受到冤案牵连,上了绞刑架,其中一人是被捆在马尾后面一路拖到刑场的。除此之外,还有一百多名无辜的犹太人被关进了伦敦塔。

根据当年一位编年史家的记载,涉事的犹太人应召"前往林肯郡参加牺牲典礼,极尽侮辱耶稣基督之能事"。圣童休和圣威廉一样,据传被钉上了十字架。编年史中详细地描述道:"他们把休的身体剐得鲜血淋漓,给他戴上荆棘之冠,一边嘲弄他,一边往他身上吐口水。在场的每个人都用刀在他身上捅了一下,还把苦胆汁灌进他的喉咙,用各种污言秽语辱骂他,咬牙切齿地喊他为冒牌先知耶稣。"

可想而知,围绕着这位"殉教圣童"产生了多少和神迹相关的传闻,其中宗教色彩最浓重的传闻包括他殉难之后还能说话、祈祷并咏唱。圣童休的故事经过岁月的锤炼,在口口相传的民谣和乔叟(Geoffrey Chaucer)的不朽巨著中升华为英格兰民族精神的一部分。乔叟在《女修道士的故事》(*Prioress's Tale*)[①]中讲述了另一个被犹太人杀害的儿童的故事,地点设在"亚细亚一座大城",故事的结

---

① 收录在《坎特伯雷故事集》中。——译者注

第7章 致命谎言

尾专门提到了圣童休：

> 林肯的小休也是如此，
> 被可恶的犹太人杀死，
> 那件事不胫而走，
> （因为才发生不久）
> 意志不坚的凡人在此祈祷，
> 仁慈的上帝荣光普照，
> 哪怕我们误入歧途，
> 也会受到圣母玛利亚的庇护，
> 阿门——

在愚昧与迷信的作用下，中世纪的犹太人本来就背负着许多恶名，比如在水井中投毒、玷污孩童，当然还包括杀害耶稣等，血谤显得再自然不过。经过在英格兰的不断发酵，血谤的说法逐渐渗透到了欧洲其他地区，直到今天人们还能在欧洲大陆上许多地方的教堂壁画和彩色玻璃上看到描绘那种恐怖的杀人仪式的作品。对犹太人的迫害也随着血谤污名所到之处遍地开花。比如在1492年，西班牙国王斐迪南和王后伊莎贝拉下令将国内的所有犹太人驱逐出境（英格兰国王爱德华一世在那之前二百年也干过这种事）。一些历史学家认为促成那起宗教性质的驱逐事件的原因之一，是几年以前从西班牙的拉加尔迪亚镇（La Guardia）传出的犹太人杀婴祭祀事件。当时西班牙恶名远扬的异端审判者托马斯·德·托吉玛达（Tomas de Torquemada）对那起传闻进行了特别深入的调查，结果造成八人在欢呼的围观群众面前被烧死在火刑柱上。

从文艺复兴到宗教改革，再到启蒙时代和工业革命，血谤就像一条剧毒的水蛭一样牢牢地吸附在公众的集体意识上日趋壮大。传播这些杀人祭祀谣言的不光是无知的农民,更多的是神父、教授,还有政客,正是他们让诺里奇的圣威廉名扬四海,经久不衰。在19世纪和20世纪之交,圣威廉的传说在东欧地区尤为流行。

时间推移到了1899年复活节前后,捷克小镇波尔纳(Polna)有位年仅19岁的信奉基督教的姑娘被人谋害并弃尸郊外,据说她全身的血液都被榨光了。当地人民立刻得出结论,这事一定是犹太人干的,因为他们七年前在匈牙利的蒂绍艾斯拉尔村(Tiszaeszlar)就造过同样的孽①。于是,波尔纳当地一名叫作列奥波德·希尔斯纳(Leopold Hilsner)的犹太人被扣上杀人犯的帽子送上了法庭。审判占据了当地所有报纸的版面,也引发了社会各阶层热烈的讨论。未来的布拉格市长卡雷尔·巴克沙(Karel Baxa)博士一口咬定那起谋杀事件的性质为血谤,企图煽动民众自发性的反犹主义情绪:"这起谋杀动机明确。现在全世界都知道了专门有那么一群人会为了得到鲜血而杀害自己的邻居,实乃罪大恶极,惨无人道。"希尔斯纳被判有罪,等待他的是绞刑。关键时刻,后来成为捷克斯洛伐克首任总统的国父托马斯·G. 马萨里克(Tomas G. Masaryk)挺身而出为希尔斯纳伸张正义,并呼吁公众理性思考。马萨里克总统为此写道:"(巴克沙博士)那种人表面上是救国义士,实际上是在用无法自圆其说的粗陋谎言和愚昧无知的态度毒害国家。真是有辱国风!"

---

① 在1892—1893年,隶属奥匈帝国的匈牙利小村蒂绍艾斯拉尔有一名女童走失,引发了当地居民对犹太人血谤仪式的指控。后来女童的尸体在河流中浮现,仍然有人说那不是失踪的女童,而是犹太人另外找了尸体混淆视听用的。最后由于证据不足,所有在押犹太嫌疑人都被释放,但是此事勾起了奥匈帝国境内的反犹主义思潮。——译者注

《锡安长老会纪要》

就在马萨里克总统为了在创建伊始的捷克斯洛伐克王国里树立正确的民族精神操碎了心的时候,题为《锡安长老会纪要》(The Protocols of the Elders of Zion)的拙劣且邪恶的阴谋论伴随着血谤风潮席卷全球。在过去的一个多世纪里,这份粗制滥造的假货在世界各地的反犹狂热分子眼里就是犹太人企图统治世界的确凿证据,如今已经散布到世界各地。①

《锡安长老会纪要》里记录了所谓的犹太人暗中策划掌控全球的行动纲领。其中有一段这样写道:"很快我们就要建立起众多的垄断组织,把财富资源汇集起来,同时还要吸收大量非犹太人的财产,等到政治危机爆发的时候,那些财产就会和他们政府的公信力一起沉没。"这份纪要的叙事风格很不专业,而且大部分内容是从历代反犹主义文学作品和神话传说中抄来的。据后人考证,这篇东西应该是某人在沙俄秘密警察的庇护下,在巴黎杜撰出来的。《锡安长老会纪要》于19世纪末、20世纪初在俄国首次发表,对于当时俄国刚刚推行的反犹行动,它的出现的确是一场及时雨。缺乏主见且容易轻信各种传言的沙皇尼古拉二世对那份东西的热情空前高涨,一边看一边在页面的空白处进行了御批:"入木三分!犹太人眼光长远,正在按部就班地执行征服世界的计划!我们在犹太长老的操控之下浑浑噩噩地度过了1905年,绝对不会错。放眼望去到处都是犹太人主宰万物并毁灭一切的证据。"正是写下这番话的人相信疯僧拉斯普京(Grigori Efimorich

---

① 锡安(Zion)一般指耶路撒冷,也可泛指以色列。——译者注

Rasputin）[1]是圣人先知的。

尼古拉二世和其他皇室成员在1918年被处决一事在许多人看来也是邪恶的犹太长老所为，尤其是德国惊慌失措的反犹狂热分子们。希特勒在创作《我的奋斗》时参考了《锡安长老会纪要》里面的大量内容，为纳粹主义奠定了理论基础，而且后来一一付诸实践。"根据《锡安长老会纪要》的记载，犹太人的存在本身就是建立在谎言之上的，所以犹太人才对那个文件深恶痛绝。"未来的纳粹独裁者希特勒写道："《法兰克福报》（The Frankfurter Zeitung）（自由报业的领军人）不停地宣传《锡安长老会纪要》是假的，简直是越描越黑。许多犹太人下意识的行为被人特意揭露了出来，这就对了。自曝黑幕的人是谁并不重要，重要的是他们让恐怖的事实和犹太人的恶行公之于众，并坦白他们的思想逻辑与最终目的。"

希特勒凭着这番论调在美国遇到了知音，他就是汽车大王亨利·福特（Henry Ford）。希特勒和福特都仔细研读过《锡安长老会纪要》，并且由于阅读心得相似成为臭味相投的盟友。希特勒在官邸里高悬福特的画像，福特也骄傲地从希特勒手中接过了德意志之鹰最高荣誉勋章，那可是外国人从纳粹德国能获取的最高级别勋章。福特积极地宣传《锡安长老会纪要》和犹太威胁论的行为为希特勒提供了巨大的理论支持。福特在自家的刊物《迪尔伯恩独立报》（Dearborn Independent）上发表了80篇带有强烈反犹情绪的文章。

其中一篇文章向世人提出警告："犹太人带来的问题不仅仅存

---

[1] 1869—1916年，东正教信徒。他原本是个劣迹斑斑的神棍，笃信巫术，并以先知的身份替人预测未来。由于奇迹般地让阿里克谢皇太子的血友病暂时好转而备受末代沙皇夫妇的信赖。后来因为他恃宠而骄，作恶多端，被几名贵族大公合谋杀害。——译者注

在于众所周知的方面,比如操控金融和商业、夺取政权、对生活必需品的垄断经营,以及控制美国人民可见的传媒风向等;这个问题已经渗透到了文化领域和美国人日常生活中的方方面面。"

那80篇文章后来被集结成册,以《四海为家的犹太人:当今世界最严峻的问题》(The International Jew: The World's Foremost Problem)为标题出版发行,并且被翻译成十多种语言,在许多国家都登上了畅销书排行榜。在某个时期的销量甚至仅次于《圣经》。就这样,无端的仇恨就像汽车一样通过量产散布开来。历史学家诺曼·科恩(Norman Cohn)认为:"总而言之,《四海为家的犹太人》一书比别的作品更强有力地在全球范围内增加了《锡安长老会纪要》的存在感。"

面对证明《锡安长老会纪要》系列有用心之徒伪造而来的各种证据,福特仍然坚持己见,并在1921年发表了这样的言论:"《锡安长老会纪要》如实地反映了当今世界的现状,我只在乎这一点。这份文件面世至今已有16年了,一直都与现实息息相关,现在依然如此。"

希特勒当然是力挺他的老朋友福特,对于福特参与总统竞选一事表现出极大的支持:"我真想把我的先锋战队派到芝加哥和其他美国大都市去协助福特参选。海因里希·福特[①]在我们看来一定能领导美国本土方兴未艾的法西斯主义运动……我们刚刚把他的反犹主义著作翻译成德语并发表,就已经在德国范围内出售了上百万本。"那本书在全世界的销量在当时也是连创新高。

如今,《锡安长老会纪要》仍然活跃在诸如新纳粹主义网站和中东地区极端分子的报纸等处。据说多名策划或参与"9·11"事

---

① 海因里希为亨利的德语发音。——译者注

件的恐怖分子都研究过它，俄克拉荷马爆炸案的主谋提默西·麦克维（Timothy McVeigh）也是它的读者之一。即便亨利·福特设想得再长远，大概也预料不到薄薄的一本小册子究竟能造成多么巨大的余波。

猎巫狂潮

行邪术的女人，不可容她存活。

——《圣经·出埃及记》22：18

1590年，苏格兰国王詹姆士四世（也就是日后的英格兰国王詹姆士一世）感觉身边危机四伏。有人策划从他的手中夺权篡位，而且那些人不是别人，正是女巫，他对此确信不疑。在詹姆士四世的认知里，作为"面目可憎的恶魔仆从"的女巫是真实存在的。实际上，詹姆士四世写过一篇本质同样邪恶的论文，题目叫《妖魔考》（*Daemonologie*），读过它的人很多。按照国王陛下的说法，他撰文的目的是"为民众解惑，证明撒旦的恶行的确在人间肆虐，并保证施行此术的女巫们罪有应得地受到惩处"。詹姆士四世以此为契机对《圣经》进行了编纂和修订，于是他的名字得以在英国的《圣经》中流传至今。同时他还主持了苏格兰地区首次大规模猎杀女巫的行动，以行魔鬼之事的罪名除掉了上百名异己分子。

在黑暗时期的欧洲，粗略统计大概有两百万人因为涉嫌与恶魔为伍而遭到迫害，其中大部分是女性，所以苏格兰的那次猎巫行动只算是其中的一个插曲。许多人在酷刑折磨之下违心认了罪，差不多有一半以上受到审讯的人被处以绞刑、斩首，或是上了火刑柱。有位学者曾把猎巫行动称作"（欧洲范围内）除了战争以外规模最大的人类自相残杀事件"。猎巫狂潮背后的原因也令历史学家们感到费解。有些学者把猎巫行动与那个时代相对动荡的宗教背景挂上了钩,其他人则认为经济与文化的变革对猎巫狂潮起到了推波助澜的作用。在猎巫行动中女性受害者占了绝大多数,由此可以确定当时的欧洲社会盛行对女性的贬抑之风,并推动了那种恐怖谎言的大肆蔓延。

"巫术源自肉欲,女人在那方面贪得无厌。"《巫术之秘》(*Witches' Hammer*)的作者们在书里宣称。该书由两个德国神父于15世纪写成,也是在接下来三个世纪里所有猎巫者的绝对参考。书里得出的结论是,由于女人性欲高涨且道德低下,因此很容易被魔鬼所诱惑。詹姆士四世在《妖魔考》里也写道:"由于女性的意志比男人更为薄弱,所以她们更有可能落入恶魔设下的陷阱,就像最开始夏娃受到蛇的诱惑一样,千真万确……"

在猎巫狂潮之中,女性天职也被看作邪恶之事。比如说,哺育婴儿的母亲会被人诟病为用身上的"恶魔之乳头"培育魔鬼后裔的女巫;而口无遮拦或是家境贫寒的老妪更容易被人指控为女巫。当时有一位叫雷吉纳尔德·斯科特(Reginald Scot)的社会观察家并不太相信巫术的存在,在他看来,人们口中的女巫"大多是上了年纪的女人,她们行动不便、老眼昏花、皮肤苍白、体味不佳而且满脸皱纹"。换言之,她们都是祖母辈儿的女性。历史学家芭芭拉·沃克(Barbara Walker)认为那些女性"如同失去了利用价值的牲畜一样任人宰割……老年女性从各个方面来看都是最合适的替罪羊,她们早已被榨干了最后一滴血汗,扔了也不可惜,而且大多体格羸弱,无力反抗。属于穷苦阶层的她们在社会上无足轻重"。但是猎巫狂潮的受害者们不光只有贫穷的老年女性,某些地位显赫的男女、少年儿童,甚至有时候一个家庭的全体成员都受到审讯。

中世纪烧死女巫题材的画作

育有子女的母亲们一旦被判处死刑，她们的孩子也不能幸免，因为当时的人们认为巫术会随着先天遗传和后天培养一代一代地传播下去。

德国是猎巫狂潮的重灾区，整个欧洲地区大约一半以上与女巫或巫师相关的处决都发生在德国。血淋林的统计数字触目惊心：班伯格（Bamberg）的主教下令处死了600人；在1611—1618年，埃尔旺根（Ellwangen）地区烧死了390人；在维尔茨堡（Wurzburg）有42名儿童惨遭不幸；而特里尔（Trier）地区的某次大清洗过后，有两个村子每村只剩下一名女性。巴伐利亚地区的帕本海默（Pappenheimer）家庭的灭门惨剧让我们了解到，当时德国的猎巫行动究竟有多么疯狂，多么残忍。

帕本海默一家在当时一边乞讨，一边干些打扫卫生的零活，在社会的边缘艰难地维持生计。1660年，有个在押犯人的供词指控他们为巫术之家。经过一轮酷刑，女主人安娜·帕本海默（Anna Pappenheimer）被屈打成招，罪名包括用儿童尸体的手部制造害人用的剧毒药粉以及骑着木棍飞上天与魔鬼密会等等。管辖当地的公爵为了巩固自己的政权，对帕本海默一家进行了旷日持久的公开审讯，然后把他们全家都判处了死刑。行刑当天，数以千计的人赶来观看那场异常恐怖的杀人表演。首先，安娜的双乳被切掉，并被分别塞入了她两个成年儿子的嘴里，是以讽刺女巫哺乳。接着，行刑者用烧红的铁钳从男主人和儿子们身上一块一块地往下扯肉。受尽折磨的一家人就那样鲜血淋滴地被扔进囚车里前往处决地点，后面跟着由神职人员、公务员和其他政要们组成的长长的队伍，围观人群伴着教堂的钟声齐声高歌赞美诗。到达行刑地之后，男主人帕乌鲁斯·帕本海默（Paulus Pappenheimer）的双臂被行刑者用沉重的铁轮轧断，然后用削尖的木棍捅穿了他的身体。最后他们一家人被绑上火刑柱活活地烧死了。帕本海默家最年幼的儿子汉泽尔（Hansel）被迫在一旁目睹了父母和哥哥们被处死的全过程，三个月之后他也难逃一死。

尽管猎巫狂潮到了 18 世纪晚期渐渐平息，但是那场被历史学家安妮·卢埃林·巴斯托（Anne Llewellyn Barstow）称为"仇恨女性的情绪催生出来的嗜血狂欢"所传递的核心理念却在接下去的几个世纪中不断地死灰复燃。各位没忘了塔利班运动吧？

以神之名

1059 年，教皇乌尔班二世（Urban Ⅱ）发动第一次十字军东征的时候昭告天下："此乃上帝的旨意！"同时他向在针对伊斯兰教国家的圣战中勇于献身的战士们许诺，天堂里有丰厚的奖赏等着他们。一千多年以后，本·拉登也向他的追随者做出了同样的承诺，而且为了让回报看上去更诱人，拉登口中的天堂里还有美妙的处女等待着那些在和异教徒们战斗中牺牲的殉教者。

可怜的上帝就这样一次又一次地被人误读，就算是全能的主大概也记不住究竟有多少冒牌先知假借他的圣名干尽了龌龊之事。以下为您精选了一些史上披着神意的外衣，性质最邪恶、最荒唐的谎言。

> 仁慈的阿胡拉·马兹达（Ahura Mazda，古波斯人民信奉的真正且唯一的造物主）立我为王；阿胡拉·马兹达把这个王国交予我来治理。
>
> ——波斯国王大流士一世（统治期公元前 522—前 486 年）

你们既然不相信我是神，一定是对神灵心怀恨意的人吧？其他国家都承认我是神，就你们特殊？

——自称为神的罗马暴君卡利古拉（Caligula，统治期 37—41 年）在亚历山大城里的犹太人大使馆里对犹太人这样说过

上帝对你们身为女性的人降下的诅咒一直持续到今天，所以你们应保持负罪感。为魔鬼敞开大门的是你们，第一个从禁树上摘下禁果的是你们，最先违背上帝律令的是你们，蛊惑上帝说魔鬼太弱不会发动战争的也是你们。你们轻而易举地就毁灭了上帝的形象，也就是男人。因为你们舍弃伊甸园引来了死亡，即使是上帝之子也不能幸免。

——摘自《女性穿着规范》（On the Apparel of Women），作者为生活在 2 世纪和 3 世纪之间的神学家德尔图良（Tertullian）

罗马教廷从来都没有犯过错，而且将永远正确下去。

——教皇额我略七世（Gregory Ⅶ，任期 1073—1085 年）口中的宗教无误论

街上一堆一堆的都是砍断的手和脚……鲜血能够没过骑士们的膝盖和马嘴上的笼头与缰绳。上帝血洗此地的决断是英明而伟大的，这里的居民不信奉上帝，用歪理邪说把此地搞得乌烟瘴气。

——摘自法国神职人员雷蒙德·德·阿奎利耶（Raymond d'Aquiliers）1099 年记载的第一次十字军东征中对穆斯林和犹太人的屠杀

格杀勿论！上帝自然认识他的子民。

——1208 年，法国贝济耶（Béziers）惨遭十字军屠城的时候，十字军战士很难从外表上分辨城中信奉罗马天主教的居民和作为屠杀对象的苦行派基督徒，于是向他们的统帅阿尔诺德·阿玛尔利克（Arnaud Amalric）请求指示，以上就是他的回答

就这样全能的主大获全胜，一切皆是上帝所为。上帝将他的光辉与荣耀通过我们的主耶稣基督以神圣的十字的方式保佑我们打了胜仗。

——摘自卡斯蒂利亚（Castile）国王阿方索八世（Alfonso Ⅷ）在拉斯纳瓦斯德托洛萨（Las Navas de Tolosa）战役中打败穆斯林军之后向教皇发回的捷报

阿方索和他的军队从我们的城池抢了穆斯林人的宝藏就跑了！上帝会诅咒你的！

——穆斯林方面对上述战役的看法

铲除异端分子是每个天主教徒的职责。

——教皇额我略九世（Gregory Ⅸ，任期 1227—1241 年）以此为纲领在 1232 年推行了大范围的宗教审判

凡不信伊斯兰教的人都会被皈依之剑送下地狱。

——14 世纪出身蒙古的枭雄帖木儿可汗。他曾经用人头搭起许多宣礼塔造型的纪念塔

我们奉（西班牙国王之）命前来开化这片土地，令这里的所

有人感知上帝的存在和神圣的天主教的威严;为了让你们了解上帝并早日脱离野蛮的生活方式,上帝作为天堂与人间万物的造物主恩准我们前来……我们的主命你们收起傲慢的情绪,并告诫印第安人不得冒犯基督徒。

——来自西班牙的殖民征服者弗朗西斯科·皮萨罗(Francisco Pizarro)在1532年对秘鲁的印加帝国皇帝阿塔瓦尔帕(Atahuallpa)发号施令

哎呀,除了上帝的愤怒之外再没有什么诅咒能让人堕落到无底的地狱深渊,让他们如此卑鄙下流,心中被嫉妒与傲慢所占据。就算让我向魔鬼复仇,我都不能像上帝诅咒犹太人那样诅咒他。受到诅咒的犹太人终日浸淫在谎言和邪说中,早已丧失了良心。话说回来,这就是犹太人不断向上帝说谎的报应。

——摘自新教改革者马丁·路德在1543年发表的《犹太人和他们的谎言》(On the Jews and Their Lies)

谁那么大胆敢让哥白尼凌驾于圣灵之上?
——新教改革者约翰·开尔文(John Calvin,1509—1564)对哥白尼的日心说提出的批判

王权乃世间高于一切的权力,因为国王不光是上帝派来替他治理人间的武将,在上帝看来国王也是神。

——"君权神授说"的坚决拥护者,英格兰国王詹姆士一世(James I,统治期1603—1625年)的言论

我们通过上帝、《圣经》和上帝的律法自然而然地认识到黑

人比我们低贱，只配被我们奴役。

——美利坚邦联（The Confederate States of America，1861—1865年由于坚持蓄奴制度与美国北方决裂的南部11州）总统杰斐逊·戴维斯（Jefferson Davis）在1861年发表的种族歧视言论

我们三K党骑士团衷心地崇敬并爱戴至高无上且全能的上帝，通过我们的主耶稣基督我们能感知上帝的仁爱与庇护。

——摘自1867年的《三K党骑士团宪章》

女性与生俱来的懦弱与敏感使她们并不适合从事社会上的某些工作……妇女的天职是相夫教子，操持家务。这是造物主定下来的规矩。

——自学成才的美国女性迈拉·布莱德威尔（Myra Bradwell，1831—1894）立志成为美国首位女性律师，于是在1870年向所在地伊利诺伊州最高法院申请律师执照，却因为性别因素被拒绝。她随即于1873年向国家最高法院提出申诉，但是国家最高法院支持伊利诺伊州最高法院的决定，以上是他们给出的答复

天主耶稣教，欺神灭圣，忘却人伦，恼怒天地……降下八百万神兵，扫平洋人……

——摘自义和团揭帖

王冠与王位是仁慈的上帝赐予的，不是由国会或民意决定的……既然我是上帝的器皿，那么我当然要走自己选择的路。

——日耳曼帝国皇帝威廉二世（Wilhelm Ⅱ，统治期1888—1918年），此人是造成第一次世界大战爆发的元凶之一

上帝与我们同在。
——"一战"期间效忠威廉二世的士兵所用的皮带扣上的铭文

那么，如今我相信反抗犹太人的行动就是执行上帝的旨意的方式。我为上帝的功勋而战。
——希特勒《我的奋斗》(1925)

我相信是上帝特意把一个年轻人从这里送到德意志帝国，让他在那里茁壮成长，把他培养成国家领导人，然后派他回来带领他的祖国加入帝国的怀抱。
——1938年，奥地利被纳粹德国吞并后希特勒对故乡人民的演讲

所有的神灵和已经牺牲的战友都在全神贯注地看着你们。
——摘自"二战"期间日本神风队飞行员身上携带的自杀令

我就是上帝。
——人民圣殿教的教主吉姆·琼斯（Jim Jones）。1978年，九百多名追随者在他的带领下于圭亚那的琼斯镇集体自杀

非基督徒死后会下地狱受苦。
——摘自1984年出版的《人生指南200问》(*Answers to 200 of Life's Most Probing Questions*)一书，其作者为电视布道家帕特·罗伯森（Pat Robertson）

上帝告诉我那些为真主和国家而战的勇士一旦牺牲就立即升

入天堂。

——伊朗最高领袖霍梅尼（Ayatollah Khomeini）在 1984 年两伊战争中的言论

我知道我的上帝比他的更强大。我还知道我的上帝是真实存在的，他的上帝不过是个供人膜拜的空壳。

——美国前国防部副部长威廉·"杰里"·博伊金（William "Jerry" Boykin）回忆起自己在 1993 年与索马里地区某个武装头目的对话，那位头目对博伊金夸口说真主会保佑自己，博伊金做出了以上的回答

这里是美国，上帝向美国发起了战争，摧毁了美国最了不起的建筑之一。恐惧从四面八方淹没了美国，感谢上帝！

——奥萨马·本·拉登，2001 年

杰里·法威尔："星期二（2001 年 9 月 11 日）发生的事情虽然很恐怖，但是说实话，如果上帝继续默许美国的敌人闯进来教训犯错在先的咱们的话，更严厉的惩罚还在后头。"

帕特·罗伯森："杰里，你和我想到一块儿去了……"

杰里·法威尔："我真真切切地觉得那些异教徒、鼓吹堕胎的人、女权主义者、把搞同性恋当成另类生活方式的人、美国公民自由联盟（American Civil Liberties Union）[①]、美式生活会

[①] 成立于 1920 年，旨在维护每个美国公民全面享有宪法所赋予的权利与自由，在同性恋、堕胎、移民、女权等众多社会现象上与基督教的观点呈对立状态。——译者注

（People for the American Way）①等等，总之所有那些企图让美国放弃信仰的人必须对此负责，我今天明确告诉你们'你们都是共犯'。"

——福音派基督徒杰里·法威尔和帕特·罗伯森在2001年基督教广播电台的节目中关于"9·11"事件的对话

上帝在我们这边，撒旦在美国那边。
——萨达姆·侯赛因，2003年

行邪术的女人，不可容她存活。
——《圣经·出埃及记》22：18 为中世纪的人们提供了污蔑别人与撒旦为伍，并以此为由迫害了上万人的理论依据

男人与男人同寝，像与妇女同寝一样，两人都做了可憎的事，必须处死。他们要自行承担丧命的血债。
——《圣经·利未记》20：13 为人们提供了痛恨同性恋的理论依据

凡在水里，无鳍无鳞的，你们都要憎恶。
——《圣经·利未记》11：12 为人们提供了痛恨贝类生物的理论依据

---

① 注册于1981年，创办初衷是为了与基督教右翼抗衡，宗旨为拥护美国公民的绝对自由。——译者注

第8章
欺世盗名

常言道："还是当国王好啊！"在历史上那些费尽心机妄图冒充皇亲国戚的人看来，就算成功的概率再渺茫也值得一试，总比一辈子扫大街要好吧。有史以来，尤其在战乱时期，冒充皇室成员的家伙在世界各地层出不穷。比如，在公元前68年，穷途末路的罗马暴君尼禄被迫自尽之后，至少有十个冒牌尼禄站出来声称自己暗中逃出了罗马，躲过一劫。很多民众也相信了他们的谎言（其实没有几个人成功地模仿出原版尼禄的荒淫与残暴）。接下来请欣赏历史上比较出色的皇室模仿秀。

珀金·沃贝克,曾用名"理查四世"

王子与贫儿

中世纪的英格兰在经历了玫瑰战争的血腥洗礼之后[①]，两个先后站出来的冒牌国王严重地威胁到了亨利七世（Henry Ⅶ），也就是都铎王朝首位君主的政权。时间回溯到1485年，约克家族和兰开斯特家族在伯斯沃斯平原（Bosworth Field）展开了殊死搏斗，虽然日后的亨利七世（兰开斯特派）在那次战役中打败了理查三世（Richard Ⅲ）（约克派）的军队并除掉了理查三世，但是他离王位其实并不近。理查三世身后留下了众多约克家族的亲戚，从血缘远近上看，他们更适合坐上英格兰的王座，他的侄子沃里克伯爵爱德华（Edward, Earl of Warwick）就是其中之一。沃里克伯爵的父亲（克拉伦斯公爵乔治）不明不白地溺死在酒桶里，莎士比亚在剧作《理查三世》里忠实地记载了那个场景，被人传诵至今。亨利七世把幼小的沃里克伯爵软禁在伦敦塔里严加看守，但是外界仍然有人冒出来自称是理应即位的沃里克伯爵。那个人名叫兰伯特·西姆内尔（Lambert Simnel），是牛津地区一个手艺人的儿子。

根据当时一位史官的记载，兰伯特·西姆内尔是一个"俊美的少年"，眉眼之间带着几分约克家族的神韵（在那个不存在大众

---

① 关于玫瑰战争的详情收录在《欧洲王室另类史》（*A Treasury of Royal Scandals*，生活·读书·新知三联书店2016年出版）一书中，作者在此厚着脸皮为自己打个广告（那本书里也有关于尼禄的故事）。

传媒的年代，老百姓极少有人见过皇室成员的真容）。兰伯特的老师——牛津地区名叫理查德·西蒙斯（Richard Symonds）的牧师，发现他的外貌酷似皇族，便制订了一个大胆的计划，把兰伯特包装成被监禁的沃里克伯爵四处招摇。历史学家 G. R. 艾尔顿（G. R. Elton）对此评价道："一个毫无背景的小牧师就能搞出这么大的动静，而且差一点点就成功了，说明当时英格兰的局势有多么动荡，也说明亨利七世作为君主面对的问题有多么棘手。"

先王理查三世的姐姐——勃艮第公爵夫人玛格丽特（Margaret, Duchess of Burgundy）是西姆内尔的首批支持者之一。玛格丽特本人是约克家族中与都铎王朝势不两立的反对派，她对西姆内尔的扶持究竟是出于动摇亨利七世王权的政治目的，还是真的相信他就是自己的侄子，这一点至今还是个谜。无论如何，玛格丽特都是一个强大的靠山，很快，西姆内尔就赢得了爱尔兰的支持。对于爱尔兰来说，只要能摆脱英格兰的钳制，让他们做什么都行。于是在 1487 年 5 月，爱尔兰单方面宣布他们拥戴兰伯特·西姆内尔为英格兰国王"爱德华六世"。亨利七世借此看清了来自爱尔兰方面的威胁，于是把真正的沃里克伯爵从伦敦塔里拉出来在伦敦游街示众，企图浇灭爱尔兰对冒牌伯爵日益高涨的拥戴之情。但此举并没有奏效。1487 年 6 月，爱尔兰军队在玛格丽特派去的两千多名雇佣军的支援下朝着伦敦进发。亨利七世在斯托克（Stoke）战役中击溃了入侵的势力，并一同剿灭了大批约克家族的残余势力。

兰伯特·西姆内尔被判处叛国罪，亨利七世对此事的处理和后续的都铎王朝君主对待反叛者的态度不同，他罕见地展现了自己幽默的一面。西姆内尔没有像其他叛国者一样遭受酷刑并被处死，而是被亨利七世安排到宫廷的厨房里成为一名帮佣。某天晚上，爱尔兰的一批权贵受邀出席国宴，亨利七世特意让他们瞧见曾经被他们拥戴为王的少年如今在后厨打杂。亨利七世觉得这事好笑极了。

紧接着,一个名叫珀金·沃贝克(Perkin Warbeck)的无名之辈也企图把亨利七世赶下台,亨利七世对他就没有那么客气了。沃贝克的身后有众多欧洲君主的支持,比西姆内尔带来的威胁要大许多,所以他日后的下场不用说会极其悲惨。

根据沃贝克后来的交代,一切始于1491年,那个时候他才17岁,在布雷顿(Breton)地区一个富商的手下做用人。有一天他身穿富商经销的绫罗绸缎制成的华服在爱尔兰库克城(Cork)的街巷上行走,由于当地人从没见过这么年轻的人穿戴得如此雍容华贵,便认定了这位才是真正的沃里克伯爵。沃贝克对此连忙否认,于是当地人又风传他是理查三世的私生子。沃贝克再次对流言进行了澄清,撇清了自己和前朝皇族的关系,可是当地的报纸却坚持己见。最后,沃贝克成了他们口中的约克公爵理查,也就是曾经被1483年篡位的理查三世关进伦敦塔里的两名皇子中年幼的那位①。按照沃贝克的说法,他迫于流言的压力违心地承认自己就是消失已久的小王子。

爱尔兰的贵族们刚刚在西姆内尔的闹剧里碰了一鼻子灰,所以这次他们对沃贝克的态度比库克居民要冷淡得多。不过另一方面,正在与亨利七世交战的法兰西国王查理八世(Charles Ⅷ)却把沃贝克当作贵客迎进了自己的宫廷,打算把沃贝克当成筹码与英格兰进行交涉。查理八世心里打的算盘是如果事态发展对他不利,他就拥护沃贝克反英,反之他可以轻易地把沃贝克抛弃。英法两国后来

---

① 理查三世的哥哥爱德华四世去世以后,理查三世污蔑关在伦敦塔里的两个王子为私生子,遂不能继承王位。年长的太子理应为爱德华五世,却从未被加冕。在理查三世的统治期内,小爱德华王子和弟弟小理查就那么消失了,再也没有走出伦敦塔。——译者注

签署了停战协议,沃贝克被法兰西遣送出境,立刻就被勃艮第公爵夫人玛格丽特保护在卵翼之下。

那么问题又来了,玛格丽特就像以前接受西姆内尔一样把沃贝克认作侄子,她究竟是真傻还是装傻呢?(有一点需要指出的是,在真正的约克公爵理查出生前五年,作为姑姑的玛格丽特就远嫁荷兰了,她和侄子从来都没见过面。尽管如此,这已经是第二个来历不明的"侄子"了,玛格丽特至少应该别那么贸然相认。)经过玛格丽特的一番奔走,教皇亚历山大六世和奥地利皇帝马克西米利安相继承认沃贝克为英格兰王位的正牌继承人理查四世。

亨利七世对沃贝克受到的拥护感到恼怒,遂在1493年颁发了与荷兰中止贸易往来的禁运令。虽然该禁运令于一年后解禁,但是英荷双方在经济方面两败俱伤。荷兰像送瘟神一样在1495年打着支持沃贝克的名义让他打回老家英格兰去夺权。虽然作战失败,但是荷兰总算是甩掉了一个大麻烦。沃贝克辗转到达了苏格兰,那里的国王詹姆士四世承认他为理查四世,还把某个皇亲许配给他做新娘。作为一个弗莱芒裔农民的儿子,沃贝克按说也算是一步登天了。然而苏格兰国王对沃贝克的提携也就到此为止了,于是不肯安于现状的沃贝克在1497年与克伦威尔搭上了关系,再度进攻英格兰,当时克伦威尔正在为了税收制度改革等事与亨利七世唱反调。那次进攻仍然以失败收场,沃贝克被迫投降。

本来亨利七世意欲对沃贝克从轻发落,但是愚蠢的沃贝克企图逃狱,结果被关进了伦敦塔,据说他在里面没少受刑。与此同时,欧洲某些君主对沃贝克的支持并没有因为他被囚禁而减轻,这样的态度最终断送了他的性命。根据某些历史学家的猜测,亨利七世假意放水,让沃贝克于1498年再度脱狱,并以此为完美的理由最终除掉了沃贝克和真正的沃里克公爵。亨利七世宣布伦敦塔里日渐凋零的沃里克公爵与沃贝克是同谋，必须处死。沃里克公爵真是一个不幸的人，他唯一的错误大概就是没有出生在皇族中正确的一支，好在他死得比较痛快。相比之下，沃贝克的死刑除了惨无人道之外没有别的词语可以形容。首先他被吊了个半死，然后在一息尚存的时候被阉割并开膛。最后他的遗体被剁成四大块儿，然后公开展览，作为对其他觊觎王位者的警告。

沙皇·"杀"皇

俄罗斯的统治者属于高危职业，历史上沙皇们曾以惊人的速度和频率不断更迭。虽然那样的大环境对皇族很不友好，却给大小骗子们提供了取之不尽、用之不竭的良机。俄罗斯的历史上涌现过许多争夺皇位的各路豪杰。在1605年，有个人成功地圆了沙皇梦。

1584年，伊凡雷帝（Ivan the Terrible）[1]驾崩，他的暴政也随之告一段落。下一任沙皇是二皇子费奥多尔（Fyodor）（因为伊凡雷帝曾经在盛怒之下杀了长子）。费奥多尔生性纯良，对宗教非常虔诚，但是脑瓜不太灵光，以至于完全被权倾一时的波雅尔（Boyar）[2]鲍里斯·戈东诺夫（Boris Godunov）操控在股掌之中。在费奥多尔的整个统治期里，戈东诺夫实际上是垂帘听政的真正掌权者。费奥多尔惨淡的人生在1598年画上了句号，身后没有留下王位继承人，于是戈东诺夫加冕称王。当时的老百姓毫不避讳地谈论正是戈东诺夫暗中派人除掉了费奥多尔同父异母的弟弟德米特里（Dmitry），以确保费奥多尔后继无人。

---

[1] 即伊凡四世，以暴虐的脾气和残酷的统治手段著称，故史称伊凡雷帝。——译者注
[2] 封建时代的俄罗斯、保加利亚、摩尔多瓦等国的贵族称号，在俄罗斯，波雅尔拥有世袭的土地，地位仅次于出身皇族的王子和大公。——译者注

话说伊凡雷帝一生中娶过七八位皇后，德米特里的母亲玛丽亚·娜加娅（Maria Nagaia）是最后一任。费奥多尔登基之后就把幼小的德米特里送到俄罗斯境内的乌格利奇（Uglich）去与他的生母团聚。1591年的一天，德米特里的母亲在屋里听见院子里传来了一声凄惨的尖叫，等她冲到外面一探究竟的时候，发现德米特里倒在地上奄奄一息，脖子上有一处刀伤，鲜血汩汩地从伤口涌出。惨案发生后，乌格利奇的居民迅速得出结论：一定是戈东诺夫安插在当地的爪牙干掉了德米特里。义愤填膺的群众旋即杀死了他们心目中的嫌犯及其全家。戈东诺夫立刻派专员前往乌格利奇调查德米特里的死因。调查人员提交的结果无比荒谬：沙皇继承人德米特里在玩耍的时候不慎摔倒割破了脖子，最终伤重不治。为了增强该调查结果的可信度，戈东诺夫对参与除掉"他手下"的乌格利奇人降下了严酷的刑罚，一部分人被处死，剩下的流放西伯利亚。德米特里的母亲被关进了修道院，她家族里的其他成员则被拆散，并发配到俄罗斯的各个边远地区。虽然关于戈东诺夫杀害德米特里的传言仍然广为流传，但是的确没人敢公开指责他了。

就这样，戈东诺夫在七年之后成为俄罗斯历史上首位由选举产生的沙皇，但是第一把交椅坐起来却没那么舒服。在戈东诺夫统治的头两年里，俄罗斯经历了严重的庄稼歉收和大饥荒，人民不由得反思是不是因为戈东诺夫谋害了德米特里，使国家遭受了天谴。再说了，这任沙皇不是上帝选定的，而是人民公选出来的，是否也构成了大逆不道之嫌，从而造成了这种民不聊生的局面呢？一时间，俄罗斯上下充满了戾气。一转眼到了1604年的夏天，戈东诺夫迎来了人生中最大的挑战：一个年轻人在哥萨克骑兵的支持下，在波兰以"真正的沙皇德米特里"的名号公开亮相。俄罗斯史上黑暗且混乱的大动荡时期就此拉开了帷幕。

伪沙皇德米特里的本职是修道士，名叫格里高利·奥特利叶夫（Gregory Otrepyev）。经过在全国各地修道院的游学之后，奥特利叶夫在莫斯科落了脚，在俄罗斯东正教会的主教手下谋求到了秘书一职。身处皇权中心的奥特利叶夫在莫斯科为自己的未来职业规划积攒了许多有用的信息。有一次他对身边的修道士们说："你们可能不知道，但是总有一天我会在莫斯科当上沙皇。"鲍里斯·戈东诺夫闻听此言，立刻把奥特利叶夫驱逐到了白海岸边某个荒凉地区的修道院。奥特利叶夫没有在那边待多久，很快就逃到了南部城市切尔尼戈夫（Chernigov，今乌克兰北部城市）的一个修道院里藏身。当他后来离开切尔尼戈夫的时候，特意在他居住过的陋室里留下一张字条，上书："我乃沙皇子德米特里，伊凡四世之子。来日即位之时必将报答各位的恩典。"

奥特利叶夫离开俄罗斯之后去往了波兰，加入了一位波兰大公的亲卫队，从身边骁勇善战的哥萨克战友们身上学习了不少实战经验。据说有一次奥特利叶夫假装得了重病，派人唤来一位牧师。牧师到了之后，奥特利叶夫塞给他一张类似忏悔书的东西，上面写着："我乃沙皇子德米特里，伊凡四世之子。我在性命攸关的时刻被人所救并藏匿起来。有位牧师的儿子替我送了命。"（还有一种说法是奥特利叶夫服侍的波兰大公有次盛怒之下扇了他一个巴掌，奥特利叶夫顺势自揭身份："你若知道今天伺候你的人是谁，绝不敢如此无礼地待我！"）不管当时发生了什么，反正奥特利叶夫被人护送去觐见波兰国王。波兰国王相信了他的说辞，并特批给他一笔丰厚的年金。冒牌德米特里由此踏上了征途。

奥特利叶夫在波兰组建了一支军队，然后针对俄罗斯展开了大规模的宣传攻势，声称自己总有一天要夺回皇位。俄罗斯人民当时对戈东诺夫的统治已经怨声载道，所以他们真切地相信伊凡四世的

油画《伪德米特里一世对波兰国王西格蒙德三世起誓》,
作者:尼古拉·内甫列夫(Nicolai Nevrev)

儿子仍然幸存于人世,而且马上就要回来拯救他们了。虽然戈东诺夫也相应地做出了回击,但是奥特利叶夫的劲头越来越猛,并赢得了众多贵族的支持。

冒牌德米特里最终打回俄罗斯的时候，广大支持者把他当作救世主一般热烈欢迎。他的军队在与戈东诺夫的交火中初战告捷，但是在二次交锋中败给了沙皇军。不过宛如命中注定一般，戈东诺夫在 1605 年 4 月 13 日暴毙（据说是被人下了毒）。他的儿子费奥多尔二世迅速即位，但是支持者寥寥无几。莫斯科的市民冲进克里姆林宫抓住了费奥多尔二世和他的母亲，后来把他们两人一同处死。"戈东诺夫的黑暗统治结束了！"人民欢呼道，"俄罗斯迎来了日出！沙皇德米特里万岁！"

1605 年 6 月 20 日，伪沙皇德米特里以荣归故里的姿态进入了莫斯科，人民夹道欢迎。他径直前往伊凡雷帝的陵寝，在墓前吊唁道："哦，我尊敬的父亲大人！您英年早逝令我孤苦飘零，但是您的祈祷让我挨过了迫害与苦难，并引领我重返王座。"围观的群众无不为之动容。奥特利叶夫算是赢得了最大程度的支持。同年 7 月，奥特利叶夫在克里姆林宫里的圣母安息主教座堂里加冕称帝。一个冒牌者就这样坐上了俄罗斯的王座，但是他的好景不长。

俄罗斯民众对伪沙皇德米特里的支持度为何迅速降到了冰点，个中原因尚不明确。有些历史学家认为，当时的俄罗斯人视奥特利叶夫的波兰同盟为眼中钉，其中包括他迎娶的皇后——波兰公主玛丽娜·姆尼什克（Marina Mniszech）。伪沙皇大婚十天以后，一群波雅尔杀进了他的宫殿。奥特利叶夫跳窗逃命却摔断了腿。在追兵面前他连连求饶，但是被毫不留情地杀掉了。他的尸首被示众了一段时间之后，被人切碎并焚烧。俄罗斯人把他的骨灰填进炮弹里，朝着西边波兰的方向打了过去，让他从哪儿来的滚回哪儿去。伪沙皇德米特里的在位时间算来不足一年。

大动荡时期并没有随着冒牌德米特里的死亡而结束，在那之后好几代沙皇匆匆登场又匆匆下台，让俄罗斯持续处于动荡不安的状

油画《伪德米特里一世的最后时刻》,作者:卡尔·韦尼克(Carl Wenig)

态。没过多久,波兰人和哥萨克骑兵又推出一位冒牌德米特里。这位伪沙皇的军队开进了距离莫斯科不到 10 英里的地方,并且把莫斯科围困了一年之久。这一次的情况比上次还要复杂:第二位冒牌德米特里把上一任留下的遗孀玛丽娜娶了过来,而且还得到了真正的德米特里的母亲玛丽亚的认可!然而这个冒牌货的努力最终也付诸东流。1613 年，米哈伊尔·罗曼诺夫（Michael Romanov）戴上了俄罗斯的皇冠，正式建立了即将统治俄罗斯三百年之久的罗曼诺夫王朝。

跨国公主梦

在皇室成员身边的人看来，身为皇族享受到的各种特权、养尊处优的生活，还有周围人的诌媚和追捧大概是极大的诱惑。不列颠国王乔治三世的王后夏洛特有位名叫莎拉·威尔逊（Sarah Wilson）的侍女就为此动了歪脑筋。出身英格兰乡村的莎拉被宫廷生活的光环冲昏了头脑，也想沾点光。莎拉后来的冒险举动，致使她来到了英国在北美洲的殖民地，她把自己包装成了根本不存在的英国皇室成员之一。再这么说下去就剧透啦。

一开始，莎拉只是想拥有一点王后的私物。某天夜里，莎拉偷偷地打开了夏洛特王后的衣橱，从里面拿了一只戒指、一幅王后的袖珍肖像，还有一件华丽的礼服。可她对那晚的收获并不满足，于是第二天夜里故技重演，结果被人赃俱获地抓了个正着。在当时，偷王后的东西是要被判死罪的，于是莎拉被判死刑。幸亏当初引荐莎拉进宫的女侍官卡罗琳·弗农（Caroline Vernon）向王后求情，莎拉才免于一死，继而被流放到北美殖民地。

服刑中的前宫廷侍女莎拉在 1771 年的秋天踏上了北美新大陆，被马里兰州布什溪谷（Bush Creek）的威廉·德瓦尔（William Devall）买去做了契约用工。莎拉才不甘心像奴隶一样做苦役，没过几个月就逃到了弗吉尼亚州。在那里她披上了伪装的外衣。莎拉煞费苦心地保住了从夏洛特王后那里偷来的东西，凭着那些物件她给自己打造出了全新的身份：夏洛特王后的妹妹苏珊娜·卡罗莱娜·玛蒂尔达（Susanna Carolina Matilda）公主。

莎拉告诉别人她和王后吵架了，所以被发配到了殖民地。当地人对于理应来自德国的"公主"根本不会说德语的问题并没有太过在意；[①] 而且夏洛特王后只有一个姐姐，不过对于当地人来说也都不是事儿。美国南部的人民一直都想亲自接待皇室成员，于是把昔日的侍女莎拉真的宠成了公主。弗吉尼亚州和北卡罗来纳州的总督热情地接纳了莎拉。根据当时的历史学家弗朗西斯·哈维尔·马丁（Francis Xavier Martin）在1829年的记载，上述两个殖民地的人民称："她在许多地方抛头露面，举手投足间表现出优雅的宫廷礼仪，许多人以亲吻她的玉手为荣。"

这位自立门户的"公主"为了让当地人对她信服，哄骗大家说有朝一日她和姐姐重归于好，回到英国以后会用封号和财产报答他们的好意。根据马丁的进一步记载，"对有些人她许诺了官职，其他的人则会在国库、陆军和海军等部门加官晋爵。总之，她毫不怯场地从许多高官那里得到了数额巨大的献金"。

正当莎拉在美国南部做着公主梦的时候，当初买下她的主人威廉·德瓦尔并没有放弃对她的搜索。德瓦尔把莎拉当作遗失的财物上报，并派自己的律师去寻找她的下落。莎拉在1773年被德瓦尔抓了回去，但是两年以后再度逃脱。那个时候殖民地的人民反抗英国殖民者的斗争愈演愈烈，莎拉趁乱跑到了谁也找不到的地方。几经辗转，莎拉后来嫁给了年轻的军官威廉·塔尔伯特（William Talbot），并在纽约定居，夫妻二人哺育了众多子女。即便在平淡如水的生活中，莎拉也没有忘记假扮公主的那段岁月，她在家里的墙

---

① 夏洛特王后嫁给英王乔治三世之前是德国的公主，所以莎拉若真是她的妹妹，理应会说德语。——译者注

上一直都挂着"姐姐"夏洛特王后的肖像。

皇太子疑云

> 各位现在眼瞅着的就是下落不明的法国皇太子"漏易"十七,也就是"漏易"十六和"麻利·安东内"的亲儿子……没错,先生们,你们跟前儿这位穿着粗蓝布裤子的倒霉蛋本该是法兰西皇帝哟,如今却无家可归,流亡海外,到处受欺负,吃尽了苦头。
>
> ——马克·吐温《哈克贝利·费恩历险记》
> (*Adventures of Huckleberry Finn*)

在现实世界中真的出现过一群自称路易十七的人,算下来有一百多位,马克·吐温笔下虚构的"漏易"算在里面也不显突兀。有些冒充者在历史上造成了一定的影响,另一些——比如《哈克贝利·费恩历险记》里面那个美国五大湖区的印第安混血"漏易"——几乎没有成功的。所有冒充法国皇太子的人都把自己的骗局建立在别人的悲剧之上,以至于皇太子的姐姐至死都不得安宁。

路易十六和皇后玛丽-安托瓦内特在1793年被处死之后,他们的一儿一女被分别关押在名为圣殿塔的堡垒中不同的房间里,那座堡垒在法国大革命时期是专门羁押皇室成员的监狱。年仅8岁的皇太子路易-查理(Louis-Charles)在那里受到了非人的折磨。小太子在凡尔赛宫中享受的梦幻般幸福的童年生活被暴民的突袭粗暴地画上了句号。他眼睁睁地看着自己的父母被人羞辱着拉上了断头台。在那之后,这个孩童是杀是留,全看狂热的革命分子的心情了。革命分子管他叫"暴君之子",给他制订了残酷的"再教育计划",目的是让"那个崽子……彻底忘记自己的皇族血统"。于是幼小的皇太子在经历了体罚、精神折磨甚至性虐待的摧残之后就被扔进黑暗的牢房里自生自灭,终日与自己的粪溺为伍。

他的姐姐玛丽-特蕾丝(Marie-Therese)把他的惨状忠实地记录了下来:"他就那么躺在足足有六个月没有打理过的床铺上,他就是想整理都没有力气了。他的身上长满了跳蚤和臭虫,床单上和身体上到处都是。他的衬衫和袜子穿了一年多,从来没有换过。他的粪便都堆在屋里,自他进去以后就没人清理过。他屋里的铁窗上了锁,从没打开过。那间屋子的恶臭让人根本待不住……他也想好好照顾自己,但是那可怜的孩子成天受到他们的威吓,已经被吓了个半死。他一天到晚什么也做不了。屋子里没有光,他的精神和肉体都受到了极大的伤害。难怪他消瘦得不成人形。"

路易-查理10岁的时候终于盼来了医生。经过检查,医生发现他已经罹患多种恶疾,身上全是肿瘤和脓疮,关节严重肿胀变形,连皮肤的颜色都变了。医生的出诊报告显示,路易-查理"遭受了程度最为严重、性质最为恶劣的虐待与遗弃。他受的苦难过于深重,我已无力回天……真是造孽啊"!1795年6月8日,路易-查理永远地闭上了眼睛。他的尸体被人解剖之后,心脏被秘密地拿掉了,这是历代法国国王丧葬仪式的一项,虽然在当时看来已经毫无意义,但是那颗心脏却在许多年以后派上了大用场。皇太子残缺不全的遗体后来被草草埋葬在一处无名墓地中,没有葬礼,也没有人哀悼。本该成为"路易十七"的孩子就这样被历史的洪流卷走,但是关于他的传奇才刚刚开始。

当时很多人都相信年幼的国王没有死,并且逃出了圣殿塔,替他死去的另有其人。正如当时法国的报纸《通用邮报》(*Le Courrier Universel*)上写的那样:"某些人认为他没有死,早就在圣殿塔外好好地活着了。"没过多久，一连串的冒牌皇太子纷纷登场。第一位自称路易十七的是一个叛国者的儿子，由于他的外表略带皇家风范，所以许多人都相信了他就是年轻的国王。一时间保皇党们纷纷带着贵重的礼物去谒见他，与此同时，关于他逃出圣殿塔之后的冒险故事经过一轮又一轮的添油加醋传遍了法国的各个角落。尽管如此，流亡维也纳的玛丽－特蕾丝坚定地认为有关她弟弟还活着的传闻不过是"无稽之谈"。她在1798年写给叔父的信中写道："就我所知，那传闻绝对不可能是真的。"后来那个假路易十七被拿破仑的秘密警察抓获，随后进了监狱。一个假路易十七倒下了，更多的假路易十七站了出来，其中有些冒牌货就连玛丽－特蕾丝也无法轻易置之不理。

冒充路易十七的人中最成功的，同时也是让玛丽－特蕾丝最痛苦的是1834年冒出来的普鲁士钟表匠卡尔·威廉·瑙恩多夫（Karl Wilhelm Naundorff）。他专门赶在另一名冒牌货在法庭受审的时候闪亮登场。瑙恩多夫的代理人打断了庭审，念起了"正牌"皇太子的手谕："陪审团的成员和心中充满荣誉与正义的法国人民，贵国悲惨的先王路易十六的儿子还活在人世……没错，法国的子民，路易十七还活着，相信各位还没忘记历史上最不幸的国王留下的无辜的王子，他需要你们的支持……"

和其他假太子一样，瑙恩多夫免不了吹嘘一番他被人救出圣殿塔之后险象环生的逃亡经历，然而他和其他人不同的地方在于，以前和皇族有过深交的人对他的认可与支持。曾经做过皇太子保姆的老妇人在写给玛丽－特蕾丝的信中提到："夫人，我在良心的驱使下怀着崇敬的心情向您保证，您传说中的弟弟还活着。我亲眼见过他，而且一眼就认出了他……他长期以来经受的苦难、对命运的达观、对神意的虔诚，还有他纯良的心地，这一切都让人感到震惊。"

其他在路易十六和玛丽-安托瓦内特的宫廷中待过的人也对瑙恩多夫信誓旦旦地打下了包票。玛丽-特蕾丝对此感到非常惊讶,遂拜托她的挚友——曾经在法国做过大臣的德·拉·罗谢福库尔德子爵（Vicomte de La Rochefoucauld）前去一探虚实。

与瑙恩多夫会面之后,子爵给玛丽-特蕾丝发回了如下报告:"虽然人的外貌会随着年龄的增长多少发生变化,但是我见到的人和肖像上的皇太子非常相似,并且带有波旁家族成员的明显特征。"更重要的是,"他的行为举止、说话的语气和待人接物的方式完全看不出一点放肆或是伪装的痕迹,不可能心怀叵意或是企图敲诈……他沉着稳重,看上去诚实可信,我感觉他十有八九是真的。"

在过去的好几年里,玛丽-特蕾丝一直被各种各样的"弟弟"骚扰,所以对于瑙恩多夫她十分警惕。但是一想到瑙恩多夫说的可能是真的,玛丽-特蕾丝的内心就备感煎熬,于是她破例接受了瑙恩多夫通过代理人寄来的信件。瑙恩多夫的信里写道:"能够让姐姐放下所有疑虑的证据我自然会单独提供给姐姐。"但是玛丽-特蕾丝一直都下不了决心去见他,这让瑙恩多夫非常生气,继续给玛丽-特蕾丝写信:"法国人民被人教唆着诽谤我,这已经让我很伤心了,但是我的姐姐竟然是他们的头目,我有苦说不出啊！我的亲姐姐不光在保护我的敌人,而且还要协助他们打击我……夫人,我还能怎么办啊！"

接着,瑙恩多夫持续对"姐姐"进行骚扰,甚至把她告上了法庭。他上蹿下跳的举动最终导致他早年间犯下的伪造文书和骗保等罪行被人揭发,结果他遭到了逮捕,随即被递解到了英格兰。"谢天谢地,那个普鲁士人不会再来烦我了。"玛丽-特蕾丝写道,"但是这事恐怕还没完……他对我的威胁不足为惧。他不过是个被带有政治目的的野心家们操控的奸佞小人。"玛丽-特蕾丝猜得没错,瑙恩多夫事件对她造成了持续性的影响。

瑙恩多夫在1845年客死荷兰，并且把虚假的皇室身份保持到了最后一刻。荷兰有关部门不知道出于什么心态，在他的死亡证明上把他的身份登记为"路易十七，别名卡尔·威廉·瑙恩多夫，法兰西先皇路易十六与皇后玛丽-安托瓦内特之子，1785年3月27日生于法国凡尔赛宫……"他的墓碑上也刻着"法兰西与内瓦雷国王路易十七长眠于此"的字样。瑙恩多夫的孀妇和子女们也铁了心地要把他的墓志铭坐实，于是向法国的法院申请让他们把真正皇太子的死亡证明宣布作废，并公开承认假皇太子的死亡证明。除此之外，以路易十七未亡人身份自居的瑙恩多夫夫人还有他家的"王子"和"公主"们要求享受"皇室特权"。为此，玛丽-特蕾丝被传唤出庭做证，她对此一口回绝。那场官司最后不了了之，一个月以后72岁高龄的玛丽-特蕾丝与世长辞，她的墓志铭比瑙恩多夫的恰当多了："哦，路过的旅人，您可曾见过谁人遭遇过我所经历过的忧伤！"

玛丽-特蕾丝终于从她弟弟的生死之谜中解脱了，但是历史学家们仍为之百思不得其解。那之后的二百多年里，专家学者和历史爱好者们为了证明死在圣殿塔中的男孩是真正的皇太子耗费了无数的精力。时光推移到2000年，学者们利用基因（DNA）技术对1795年保存下来的那颗已经干枯硬化的心脏进行了分析，谜底终于揭晓了。

那颗干瘪的心在战争和革命中几经转手，终于回到了故乡，在法国历代皇族设于圣-丹尼斯教堂的墓地里得到了永久的安息。研究人员从那颗心脏上取下一小块组织，把上面解析出的DNA信息与从他姨妈们的头发上取得的DNA信息做了比对，那些头发是之前在皇太子外祖母的一串玫瑰经念珠上提取的。参与该项目的历史学家菲利普·德罗默（Philippe Delorme）在比对工作完成之后宣布："二百年来的争议今天终于尘埃落定。令无数人沉迷其中的疑团解开了。DNA 分析显示，那颗幼儿的心脏出自哈布斯堡家族的后裔（也就是玛丽-安托瓦内特娘家的皇族血统）。现有的史料表明这颗心脏是从圣殿塔中死去的孤儿身上取出的。我们已知除了玛丽-特蕾丝之外，玛丽-安托瓦内特在当时唯一存留的血亲就是 1795 年死于圣殿塔中的路易-查理。综上所述可以得出以下结论：当年死于圣殿塔牢狱之中的就是法国未曾加冕的国王路易十七。该结论为此事的最终解释。"

真假公主

在历史上各有千秋的假皇族中，有一位可以说是凌驾于所有人之上。1920 年，波兰村姑弗兰齐斯卡·姗兹科夫斯卡（Franziska Schanzkowska）跳入了柏林的一条运河里寻短见，被路人救了起来，从那时起一直到不久之前，许多人都坚信她的真实身份是俄罗斯末代沙皇尼古拉二世的女儿——安娜斯塔西娅（Anastasia）女大公，同时也是俄罗斯皇族的唯一幸存者。弗兰齐斯卡的面容与安娜斯塔西娅酷似，对于俄罗斯宫廷内部不为外人所知的事务她也能说得头头是道。更何况她的性格刁蛮，动不动就对人呼来喝去或乱发脾气，活脱脱是个被宠坏的公主。撇去以上因素不谈，广大历史学家和好莱坞剧作家真正为她动心的原因源于一种浪漫主义情怀，那就是俄罗斯末代沙皇最小的女儿在乱世之中奇迹般地从家族的悲剧中逃了出来。

弗兰齐斯卡从河里被人捞起之后举止癫狂企图逃跑，于是被转到了柏林的一家精神病院。对于自己的身份她三缄其口，一个字都

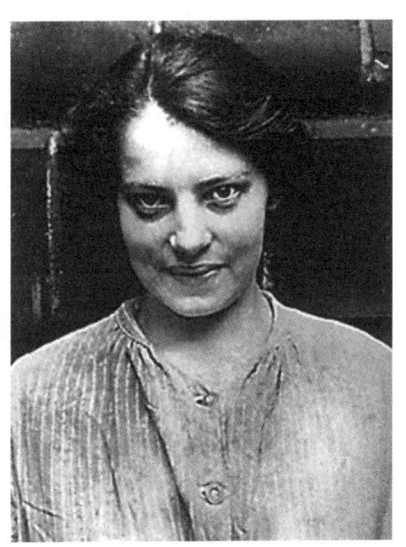

1920年的安娜·安德森
（即弗兰齐斯卡）

1914年的安娜斯塔西娅公主

不肯说,每天都把自己裹在床单里宛如惊弓之鸟一般。精神病院里的工作人员称呼她为"无名氏小姐"。慢慢地,弗兰齐斯卡不经意间对医护人员透露出关于自己身世的少许信息。她在睡梦中有时候会咕哝出几句俄语,但是清醒的时候对俄语很害怕,一个字也不说。有时候她有意无意地引导别人把她和安娜斯塔西娅的照片进行对比,但是别人一提起她们的相似之处,她又会表现得十分惊恐。对此她的解释是一旦她的身份暴露就会遭到追杀。在精神病院躲了两年之后,弗兰齐斯卡"勇敢"地承认自己就是安娜斯塔西娅女大公。

有些人觉得弗兰齐斯卡不过是冒充皇族的投机分子之一,因为沙皇一家在1918年遭到灭门之后,以罗曼诺夫家族幸存者自居的人多如牛毛。另外一些人觉得她就是真公主,因为有关她身世的只言片语听上去特别精彩。弗兰齐斯卡声称当年她们一家在叶卡捷琳堡某软禁处的地下室被处决以后,有个名叫亚历山大·柴可夫斯基(Alexander Tschaikovsky)的士兵把她从死尸堆里扒了出来。一个小战士究竟是怎么把她救走的,弗兰齐斯卡自己也说不清,只说后来亚历山大是这么告诉她的:"当时一片混乱,他看见我还有口气儿(沙皇一家在一堵墙壁面前一字排开被人射杀)。他不忍心将没死的人活埋,就冒着巨大的危险带着我逃走了。真的是非常非常的危险。"

就这样,在枪决中身受重伤的"公主"被亚历山大一家藏在农场马车里运出了俄罗斯。"你们知道俄罗斯的农场马车是什么东西吗?"弗兰齐斯卡话锋一转,向屏气凝神听她说话的人们发问,"不,你们不可能知道的。只有当你头部和身体受了重伤还得躺在那里的时候,才能体会到那种难受劲儿……当时走了多久呢?上帝啊,走了好久好久,大概有好几个礼拜。柴可夫斯基发了疯一样地要把我救活。"故事就这样不可思议地延续了下去。弗兰齐斯卡说他们最后到达了罗马尼亚的布加勒斯特,当地的一个园丁收留了他们。她自己,也就是"安娜斯塔西娅",把在押期间缝在衣裙里的珠宝首饰拿出去变卖以维持一家人的生计。在那段日子里,弗兰齐斯卡给亚历山大生了个儿子,两人顺势结了婚。没过多久,亚历山大遇害身亡,虽然弗兰齐斯卡没有明说,但是她暗示众人,下毒手的是苏联的追兵。失去了丈夫以后,她觉得布加勒斯特没有什么好留恋的了,决定去往柏林与沙皇家族的亲戚相认。于是她把儿子留给了丈夫的家人,在亚历山大弟弟的陪同下动身前往德国。"我早就想去找我母亲那边的亲属了,"弗兰齐斯卡继续说道,"我以为他们很自然地能认出我,没觉得会遇到什么困难。"但是她说自己还是陷入了困境,通往柏林的路他们走得很艰难,半路上她的小叔子丢下她自己跑了,她又开始担心皇室的成员不认她怎么办。总之她的内心渐渐地被巨大的疑虑所占据,导致她投河轻生,幸而被救。

虽然这个故事听上去虚构的成分居多,但是相信她的人仍然把它当了真。后来几名皇族亲属和与沙皇一家有过密切往来的人屈尊与名气越来越大的弗兰齐斯卡见面之后,对她的说辞予以否认,但是她的追随者们仍然没有气馁。普鲁士公主伊莲娜(Princess Irene of Prussia),也就是安娜斯塔西娅的母亲亚历山德拉皇后的妹妹见过弗兰齐斯卡之后宣布:"我才看了她一眼就知道她不可能是我的外甥女。虽然我已经九年没见过我的外甥女们了,但是最基础的面部特征总不能发生那么巨大的变化吧,尤其是眼睛和耳朵的位置什么的。"

按理说这件事应该就算是尘埃落定了,但是每个骗局被揭露的时候都会有一些似是而非的"证据"为之延续生命力。在安娜斯塔西娅事件中起到决定性作用的是曾经与真正的小公主在俄罗斯相识的一些人，他们坚信眼前这个因病虚弱的女子就是安娜斯塔西娅女大公，或者说可能性极高。安娜斯塔西娅的姑姑——尼古拉二世的妹妹奥尔嘉（Olga）对弗兰齐斯卡是她侄女的可能性持乐观态度，并且给她寄去了暖心的书信和小礼物。"我向你献上所有的爱，"奥尔嘉姑姑在某封信里写道，"我一直挂念着你，把你丢下独自受苦真让我难过。不要害怕，现在你不再是孤苦伶仃的一个人了，我们不会不管你的。"奥尔嘉后来渐渐醒悟，收回了前言。对于弗兰齐斯卡的支持者们来说这很正常，奥尔嘉是迫于皇室成员的压力不得已而为之。

在此期间，弗兰齐斯卡扮演安娜斯塔西娅的演技日渐成熟。她经常在谈话中不经意地加入一点过去在俄罗斯皇宫里生活的趣闻，比如某次她"回忆"起这样的往事："对了，我们戴着科克什尼克头冠[1]，还穿着红裙子。我和（姐姐）玛丽亚一起跳着舞。以前我们经常给别的孩子们表演跳舞，玛丽亚和我总是一起跳。"还有一次弗兰齐斯卡凝视着沙皇一家的肖像，对众人娓娓道来："我们那群小坏蛋根本坐不住，尤其是我和我弟弟。我现在还记得当时爸爸都发火了。你们看，他脸上还带着余怒呢。"一旦有人向她提出过于具体的问题，弗兰齐斯卡就巧妙地避开。她说自己的记忆中有许多断片的地方，也许是死里逃生的浩劫关闭了她脑中的某些阀门。当她努力"回忆往事"的时候经常会双拳紧握，浑身大汗，做出极其痛苦的样子，这样一来更没有人怀疑她的诚意了。

有一点可以确认的是，冒充公主的弗兰齐斯卡并没有用亲和力赢得民心，实际上她专横无礼，经常惹恼试图协助她的人。

---

[1] kokoshniki，俄罗斯传统服装中女子佩戴的扇形头冠，形状接近同名的俄罗斯拱门建筑，上面一般以丝线和珍珠点缀。——译者注

1926 年，弗兰齐斯卡最死心塌地的支持者之一——艺术家哈莉叶·冯·拉瑟勒夫（Harriet von Rathlef）陪着她在瑞士度了个假，借此见识到了"安娜斯塔西娅"龌龊的一面。事后冯·拉瑟勒夫女士惊叹道："她这次真是让我受够了！有一天她把长袜甩到我的脸上，朝我吼道，'袜子破了你都不知道补吗！这点小事都干不好我要你这个仆人有什么用？！'"弗兰齐斯卡还让冯·拉瑟勒夫搬出她的房间睡到楼下去，因为她不该和"仆人"同住。这就是冯·拉瑟勒夫悉心照顾"安娜斯塔西娅"并且竭尽全力协助她之后得到的报答。在受了一个星期的气之后，惊愕的冯·拉瑟勒夫女士得出了这样的结论："她要么头脑不正常，要么是故意发威。"弗兰齐斯卡就这样和大部分对她伸出援手的人闹翻了，人们不禁发出这样的疑问：自称公主的人究竟是精神失常，还是要把娇蛮公主的角色扮到底呢？不论弗兰齐斯卡的目的是什么，她的行为越来越出人意料。

随着时间的推移，围绕着弗兰齐斯卡产生的争论也越来越激烈，尤其是 1927 年冯·拉瑟勒夫写了一本帮"安娜斯塔西娅"正名的书，人们对俄罗斯公主身份之谜的关注达到了巅峰。冯·拉瑟勒夫的书在《柏林人晚报》（Berliner Nachtausgabe）上进行了连载，当时报纸的主编评论道："安娜斯塔西娅的连载在柏林引起热议并席卷了整个德国，从布雷斯劳到斯图加特，从杜塞尔多夫到不来梅，人们都想知道'安娜斯塔西娅真的还健在吗？'"虽然《柏林人晚报》在连载完冯·拉瑟勒夫的书之后很快就刊登了揭露弗兰齐斯卡骗局的文章，但是并没有对事态的发展起到决定性作用。对于以俄罗斯皇族为代表的早就把弗兰齐斯卡认定为骗子的人来说，揭露骗局的文章不过是锦上添花而已；对于仍然相信弗兰齐斯卡是安娜斯塔西娅的人来说，光凭报纸上的一家之言说明不了什么问题。在弗兰齐斯卡为数不多的支持者中，有一位俄罗斯皇室旁系的成员，他就是真正的安娜斯塔西娅的堂伯安德烈大公（尼古拉二世的堂哥），他曾经在给另一位死忠的信中写道："咱们都看到了反对她的那些人是多么的偏激。"收信的人名叫格列伯·波特金（Gleb Botkin），他的父亲生前是一名医生，和尼古拉二世全家一起被处死了。

安娜斯塔西娅之谜在德国引起的旋风随着弗兰齐斯卡于1928年漂洋过海吹到了美国，她去往美国的目的是投靠真正的安娜斯塔西娅的堂姑齐妮娅（Xenia，尼古拉二世的堂妹）。齐妮娅嫁给了一个美国工业巨头。《先驱论坛报》(*Herald Tribune*)把自封女大公的弗兰齐斯卡称为"长期以来萦绕欧洲之谜"，而且指出美国人民根本就不在乎那名女子的真实身份。该报的社论指出："谜团的本身引人入胜，其中蕴含的希望也十分具有戏剧性……古往今来，这类陌生又神秘的落魄流民只要一在社会上冒头就会引起极大的关注，就是因为他们有可能是处于逆境中的大人物。那么他们究竟是不是呢？历史学家和对他们倾注了所有心血的人们不遗余力地拿出了各种各样的证据，但是谁的心里也没有准，就算是真相摆在他们眼前，他们恐怕也未必想看。"

到了美国之后化名安娜·安德森（Anna Anderson）[①]的"安娜斯塔西娅"立刻被捧为纽约社交界的明星，但是那时的她却开始刻意躲避公众的视线。大多数时间她都躲在自己的屋子里不出来，同时以恶劣的态度对待为她提供赞助和支持的人。"堂姑"齐妮娅最后忍无可忍地把她扫地出门。同样贵为公主的齐妮娅后来对朋友吐露了心声："怎么说呢，她不太正常。"弗兰齐斯卡随即搬进了纽约上

[①] 弗兰齐斯卡到了美国以后自称安德森夫人，后来加上了安娜斯塔西娅的简称安娜为名。安娜·安德森日后成了她唯一的合法身份。

层社会的富婆安妮·詹宁斯（Annie Jennings）的家，在那里她精神方面的异常更严重了。冒牌公主霸道的作风和偏执的表现让人不得不把她送进了精神病院。

安妮·詹宁斯的弟弟沃尔特·詹宁斯（Walter Jennings）为了将弗兰齐斯卡送去治疗，在给纽约最高法院提交的申请中写道："安德森夫人……至今已在我姐姐家暂居了18个月，其间受到我姐姐的照顾。在此期间她总觉得别人要毒死她，拒绝我们提供的医疗帮助，大部分时间都把自己反锁在房间里，和她养的两只鸟交谈。她还认定我姐姐偷了她的东西。"弗兰齐斯卡的这些表现都不是装的，她当时已经处于精神严重异常的状态，也许这才是她假冒公主特别成功的原因。只有疯子才能长久以来毫无所图地深度模仿别人。也许弗兰齐斯卡·姗兹科夫斯卡人格中的一部分深深地相信自己就是安娜斯塔西娅女大公，或者说是对那个身份强烈的渴望渐渐吞噬了她的理智。就像齐妮娅公主看在眼里的那样："她最让人信服的地方就是她对安娜斯塔西娅这一身份下意识地全盘接受，毫无刻意表演的痕迹。"

虽然围绕在弗兰齐斯卡身旁的人做出过许多大胆的猜想，但是她冒充沙皇遗孤的目的很明显不是为了财产。据说尼古拉二世生前在英格兰银行（英国的央行）为他的女儿们存了一笔巨款。假如证明安娜斯塔西娅还活着，她就能坐拥数以百万计的巨额财富，当时的人们对这个传闻笃信不疑。上文提到的格列伯·波特金为此在1928年雇了美国律师爱德华·法罗斯（Edward Fallows）去追寻那笔遗产的下落。从那以后法罗斯律师一心扑在那项委托上，为了筹集调查的资金，他在特拉华州注册了名为格兰丹诺（GRANDANOR，取 Grand Duchess Anastasia Nikolayevna of Russia 的几个字母组合而成）的公司吸引投资，包括安妮·詹宁斯和她的一些富豪朋友都入了股。法罗斯把全部身家都押了进去，他变卖房产，提前兑取了保险金，进而抛售了自己持有的所有股票与基金。他的女儿心痛地说，这样疯狂的举动后来要了她父亲的命，而且到头来那笔遗产中哪怕一分钱法罗斯都没有挖到。

就在法罗斯为了沙皇遗产做无用功的时候，弗兰齐斯卡在1931年乘船回到了欧洲。经过几年居无定所的漂泊，德国皇族弗雷德里希·萨克斯－阿尔滕堡大公（Prince Frederick Saxe-Altenburg）在德国安特棱根哈特村（Unterlengenhardt）的废弃军队营房里把她安顿了下来。弗兰齐斯卡在那儿一住就是二十年，脾气还是一如既往地坏。在那段日子里，两个曾经与真正的安娜斯塔西娅有过亲密接触的人分别拜访过她，并且给出了截然不同的说法。安娜斯塔西娅母亲的旧友莉莉·丹（Lili Dehn）一口咬定："我认出她来了，从外表到性格都不会错。"然而尼古拉二世的孩子们昔日的家庭教师西德尼·吉布斯（Sidney Gibbes）却斩钉截铁地说："她要是安娜斯塔西娅女大公，我就是中国人！"[①] 除了他们，还有一些只看过好莱坞电影的人也出来添乱，他们说照片上的弗兰齐斯卡和1956年在电影《真假公主》（Anastasia）里扮演安娜斯塔西娅的影星英格利·褒曼一点都不像！

1938年，弗兰齐斯卡主动打了一场官司，为的是从亚历山德拉皇后的德国亲戚手中争取一处房产，那一次她只差一点点就被法律认可为真正的安娜斯塔西娅了（那场诉讼是20世纪德国司法史上历时最长的案例，一直到1970年才结案）。当时德国法庭指定的两名专家做出了对弗兰齐斯卡有利的认证。专家之一奥托·罗舍（Otto Roche）是世界闻名的人类学家兼犯罪学家，他收集了100多

[①] 这里形容的是相貌上的差距。——译者注

张安娜斯塔西娅的照片,并按照每张照片里同样的角度在相似的光线下对弗兰齐斯卡拍照,然后以毫米为单位仔细对比。对比工作结束之后,罗舍给出的结论是:"除非是同一个人或者同卵双胞胎,否则没有任何两个人能拥有如此相似的面部特征。安德森夫人就是安娜斯塔西娅女大公。"无独有偶,参与该案的另一位专家——笔迹鉴定家米娜·贝克(Minna Becker)在对比了安娜斯塔西娅和弗兰齐斯卡的笔迹之后也得出了肯定的结论。此人之前参与过安妮·弗兰克(Anne Frank)日记的鉴定工作。贝克声称:"我从未见过两个人能写出相似度如此高的笔迹,错不了的。我为德国法庭效劳 34 年了,这一次我愿意在法庭上宣誓证明安德森夫人和安娜斯塔西娅是同一个人。"尽管二位专家的结论如此,德国法院仍以事实不够清楚为由没有做出裁决。这样的结果并没有动摇弗兰齐斯卡的内心,她不耐烦地说道:"我当然知道自己是谁了,我不用向任何法庭证明自己的身份。"

在弗兰齐斯卡等待法院判决期间,她的精神状况越来越差。她在住处养了 60 只猫,而且把所有朋友都拒之门外。由于她在院子里草草埋葬的死猫冒出的异味让她的宅院臭气熏天,安特棱根哈特村健康委员会责令她对房屋的卫生状况进行整改。弗兰齐斯卡感觉受到了侮辱,刚好老朋友格列伯·波特金邀她去美国一聚,她顺势搬去了弗吉尼亚州的夏洛特维尔。在波特金的介绍下,弗兰齐斯卡认识了富裕的系谱学家约翰·马纳翰(John Manahan)博士,一见钟情的两人在 1968 年 12 月结了婚。比"安娜斯塔西娅"小 18 岁的马纳翰后来和波特金开玩笑说:"沙皇尼古拉要是活到今天,对我这个驸马不知道会怎么看呢!"

这对异于常人的伉俪在夏洛特维尔住了 15 年,并且把住所糟蹋得和弗兰齐斯卡在德国留下的烂摊子一模一样。他们的庭院草木

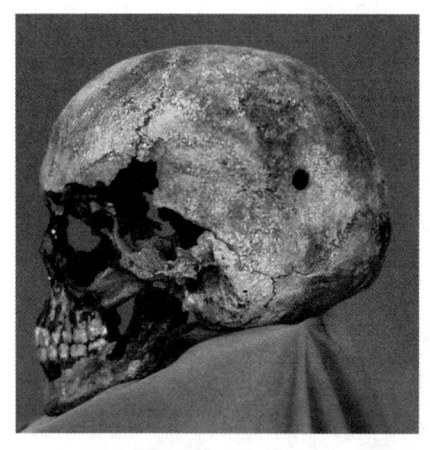

后来在末代沙皇一家的埋葬地点挖掘出的第六号头盖骨，经证实为安娜斯塔西娅的遗骨，后脑部位的弹孔清晰可见

茂盛，酷似热带雨林，里面栖息的许多猫把环境弄得脏乱无比。一旦有猫死掉，弗兰齐斯卡就把尸体扔进壁炉里焚烧。马纳翰对夫人的怪癖十分宽容，曾经无比爱怜地说过："安娜斯塔西娅就是喜欢这样的生活。"也许马纳翰对妻子的包容是因为他自己的精神也渐渐地发生了异变。某一年，他给罗斯福总统寄去了一张圣诞贺卡，里面夹了一封洋洋洒洒写了九千多字的檄文，指责总统暗中协助"马克思主义者"征服世界的计划。他还声称美国中央情报局、俄国的克格勃外加英国的情报部门一直在对他们夫妇严密监控。虽然马纳翰已经不太正常了，但是1983年被关进精神病院的仍然是弗兰齐斯卡。马纳翰随即闯进精神病院把弗兰齐斯卡抢了出来，开车拉着她在弗吉尼亚州的乡野小路上漫无目的地转悠了三天。后来警察逮捕了他们，并把弗兰齐斯卡押送回了精神病院。三个月以后，1984年2月12日，弗兰齐斯卡由于感染肺炎在精神病院中去世，遗体在当天火化。

就像法国的皇太子路易十七一样，弗兰齐斯卡的身世之谜并没有随着她的死亡被人们遗忘，而且最终解开谜团的也是基因

222 骗局——历史上的骗子、赝品和诡计

（DNA）鉴定。虽然弗兰齐斯卡的遗体已经火化，她曾在1979年夏洛特维尔的一家医院做过手术，那家医院一直保留着她的一段肠子。进行身份鉴定的人员通过法律途径艰难地拿到了那份标本，然后把从上面提取的DNA信息与真正的安娜斯塔西娅血亲家族后代的DNA进行了比对，取样对象甚至包括英国女王伊丽莎白二世的丈夫菲利普亲王。经过多次鉴定，比对结果显示，弗兰齐斯卡·姗兹科夫斯卡不是安娜斯塔西娅。她生前的支持者显然难以接受这样的结果。

《安娜斯塔西娅：安娜·安德森之谜》（Anastasia：The Riddle of Anna Anderson）一书的作者彼得·柯斯（Peter Kurth）曾经对历史学家罗伯特·K.梅西（Robert K. Massie）这样说过："我认识她的时间虽然只有12年，但是我为她的传奇人生足足着迷了30年。对我来说，不可能因为知道了某个检测的结果就能轻松地说出'哎呀，原来我搞错了'这样的话。事情没有那么简单。我觉得那么伟大的传奇，那么精彩的冒险，激励过包括我在内许多人的故事，不应该输给一个小小的玻璃培养皿。"

第9章
金蝉脱壳

人类在挣脱束缚的本能驱使下往往能够迸发出天才的灵感去追求自由。古往今来,许多人巧施诡计逃出困境并名垂青史。下面请欣赏他们的表演。

THE TOWER OF LONDON.

关在伦敦塔里的人真的插翅难飞吗?

血遁与金遁

古罗马著名雄辩家波利艾努斯（Polyaenus）曾经在 2 世纪为联合统治罗马的马尔库斯·奥里乌斯（Marcus Aurelius）和路西斯·维鲁斯（Lucius Verus）两位君主撰写了一部《战略学》（*Stratagems of War*），书中记载了不少古人成功逃出牢笼的事例。其中一篇想象多于事实的故事，主角是阿肯索斯人安斐勒图斯（Amphiretus the Acanthian），他曾经在利姆诺斯岛（Lemnos）被海盗以索要赎金为目的绑架。安斐勒图斯在牢房里几乎没怎么吃东西，并且悄悄地喝下了盐水和朱砂的混合物。根据波利艾努斯的记载，那种制剂"令他的粪便带有红色的痕迹，使关押他的人以为他得了痢疾"。海盗们生怕安斐勒图斯病死后他们的赎金就要打水漂了，于是把他从牢房里放出来，让他多多运动以便早日恢复健康。由于不再受到严密的看管，安斐勒图斯趁着夜色逃了出去，乘上一艘渔船回到了故乡阿肯索斯。

在另一个章节中，波利艾努斯讲述了雅典暴君拉哈雷斯（Lachares）于公元前 295 年在"围城者"德米特里（Demetrius Poliocretes）占领雅典以后乔装出逃的故事。拉哈雷斯逃跑的时候把面孔涂黑冒充奴隶，身上还挎了一篮子硬币。有一群士兵识破了他的伪装并穷追不舍。拉哈雷斯对此早有准备，他一边跑一边从篮子里掏出硬币往外撒。贪婪的追兵停下脚步捡钱的时候，拉哈雷斯一溜烟儿地跑掉了。

变装出逃

从建成那天起，伦敦塔至今已经屹立于世间快一千年了。从皇宫到动物园，伦敦塔的功能在历史上发生了许多次变迁，不过它最负盛名也是最令人生畏的身份是用来关押高级犯人的皇家监狱。在伦敦塔高耸的石墙内，数不清的耶稣会成员曾经受到酷刑，还相继有三位王后和女王在草坪上被砍了脑袋。总之，凡是关进塔里的人几乎不太可能活着出来，不过仍然有一小部分人做到了。

1716年，苏格兰第五代尼斯戴尔（Nithsdale）伯爵威廉·麦克斯威尔（William Maxwell）多亏妻子温妮弗丽德（Winifred）胆大心细的安排，从伦敦塔中毫发无损地逃了出去。英格兰的安妮女王去世以后，乔治一世即位，尼斯戴尔伯爵和其他一些苏格兰权贵意欲推翻他的统治，并扶持安妮女王同父异母的弟弟詹姆士[①]掌权。策反失败以后尼斯戴尔伯爵等人被关进了伦敦塔等候处决。当时在故乡苏格兰的尼斯戴尔伯爵夫人听说丈夫被捕，立刻把家中的房产地契等重要文件埋进了花园，之后冒着暴风雪赶往伦敦为丈夫求情。

根据尼斯戴尔伯爵夫人的记载，她在圣詹姆斯宫见到的乔治一世冷酷无情，没有半点怜悯之心。当时她身着丧服在宫殿里长廊上等待着据说会从那里路过的乔治一世。等国王真的现身的时候，伯爵夫人迅速扑倒在他的脚边恳请他网开一面，饶她夫君一命，但是

---

① 即人称"老觊君"的詹姆士·弗朗西斯·爱德华·斯图亚特（James Francis Edward Stuart），他和安妮女王的父亲是英格兰的詹姆士二世，同时是苏格兰的詹姆士七世。——译者注

乔治一世不耐烦地从她身边掠过。情急之下伯爵夫人揪住了乔治一世外袍的下摆，结果被他在地板上拖了好长一段路。尼斯戴尔伯爵的性命危在旦夕，但是伯爵夫人下定决心不能让丈夫像叛徒一样死去，于是她想出了一个极其冒险的方法。

伦敦塔里的囚徒在等候发落的时候并不是都被锁在黑漆漆的牢房里。有些囚犯，特别是地位比较高的人，羁押场所大多都比较舒适，他们能把仆人带进去，家庭成员也可以进去探望。尼斯戴尔伯爵在塔里的待遇就是那种豪华型的。当时他被羁押在守塔中尉的宿舍里［现名王后别馆（the Queen's House）］，包括安妮·博林[1]在内的许多贵族囚徒都在那里走完了人生的最后一程。由于尼斯戴尔伯爵夫人能够进去探望丈夫，外加守卫人员对女性访客的监视并不严密，于是她利用天时地利为伯爵制订了逃脱计划。

伯爵夫人找了四名绝对可靠的人作为自己的同伙，其中包括忠诚的女仆埃文斯（Evans）、在伦敦收留她的挚友米尔斯（Mills）夫妇，还有一位希尔顿（Hilton）小姐。就在尼斯戴尔伯爵即将被处死的头一天傍晚，伯爵夫人带着上述四人来到了伦敦塔。首先，伯爵夫人把埃文斯、米尔斯夫人和希尔顿小姐带进塔里并留在了守塔中尉宿舍的门外，只身一人走了进去。伯爵夫人一进门就大声宣布国王正在重新考虑对她丈夫的量刑，这样一来看守人员多少会放松临刑前夜的警戒程度。接着，伯爵夫人顺着楼梯到达了伯爵在二层楼上的房间。进屋之后她迅速关上了门，照着在外等候的米尔斯夫人的样子为伯爵进行了乔装打扮。她给伯爵戴上了一顶被她偷偷带进去的棕红色假发，用白粉敷住了伯爵粗重的眉毛，然后在他的脸上涂上了胭脂。

---

[1] 即亨利八世的第二任王后，伊丽莎白一世女王的母亲。——译者注

变装完成之后，希尔顿小姐裹着两件外衣进了屋。在屋里她脱掉一件外衣，出门的时候身上只剩下了一件。伯爵夫人把希尔顿小姐送到了楼梯口，故意用守卫能够听到的声音让希尔顿小姐去把她的女仆埃文斯唤来，以准备申请赦免的事宜。希尔顿小姐下楼之后，米尔斯夫人出场了，她用手帕遮住脸，肩膀不断地耸动，假装为了伯爵的命运哭得不能自已。米尔斯夫人进屋之后脱下了身上的连帽长斗篷给伯爵穿上，然后自己穿上了希尔顿小姐刚刚留下的外衣。米尔斯夫人出门的时候神态自若，眼睛不再泛着泪花，和进去的时候迥然不同。变装完毕的尼斯戴尔伯爵从那一刻起开始模仿米尔斯夫人刚才哀婉的姿态。

万事俱备，只欠东风，就看他们的运气如何了。尼斯戴尔伯爵夫妇推开房门进入了相邻的办理庶务用的套间，第二天处刑的相关工作人员当时正在那里候命。有些眼尖的人看到可怜的"米尔斯夫人"那时仍然非常悲伤，并以手帕掩面，抽泣不止，在一旁搀着"她"的正是第二天就要变成寡妇的尼斯戴尔伯爵夫人。二人没走几步就顺利地下了楼梯，然后伯爵夫人大声地让"米尔斯夫人"去把女仆叫进来。伯爵夫人旋即回到了楼上她丈夫本该在里面等死的房间，与此同时伯爵本人则走出了守塔中尉宿舍的大门。在外面接应的女仆埃文斯领着他一起朝着通往自由的布尔沃克门（Bulwark Gate）走去，米尔斯先生驾着马车在那里等候。

在那段时间里，伯爵夫人拼命制造出伯爵仍在屋里的假象。她后来写道："我在屋里的时候假装和他说话，然后尽可能地假装伯爵的声音应答。我在屋里走来走去，仿佛我们二人在一起散步，直到我感觉他们已经冲过了层层警卫出了塔为止。"伯爵夫人出屋之后对守卫说因为女仆埃文斯迟迟未到，她要亲自下去叫她，并告诉他伯爵正在屋里祷告，希望守卫不要贸然进去打扰。接着伯爵夫人也离开了伦敦塔，和伯爵一起在伦敦某个朋友的家中藏了起来。伯爵夫人在藏匿期间溜回苏格兰把事先埋掉的重要文件取了回来，然后两人一路逃亡到了罗马。

谈到尼斯戴尔伯爵的大胆逃亡，乔治一世后来咬牙切齿地表示："伯爵大人在那种处境中也算是有勇有谋了。"至于伯爵夫人，乔治一世笃定地说："在整个基督教世界中，她是最让我头疼的一个。"

通往自由的快递

"我一出生就是奴隶，"亨利·"箱子"·布朗（Henry "Box" Brown）[①]在自传中写道，"尽管我出生的国家当时最伟大的宣言声称所有的人类都是自由的。"在那个暗无天日的年代，亨利·布朗的妻子儿女被自称基督徒的主人当作个人财产随意卖掉了，于是他决定逃跑。经历了妻离子散的浩劫之后，布朗写道："那时我深刻地感到了身上枷锁的沉重，无比渴望自由。"为了实现自我解放，布朗想到了一个简单却危险的办法：把自己打包寄往已经废除奴隶制度的费城。

一位木匠帮布朗做了个仅能容身的木箱，里士满地区一个开店的人对布朗的遭遇非常同情，联系了住在北方的朋友作为那个木箱的接货人。接下来，布朗必须找个借口向开卷烟厂的主人请假以便实施出逃计划。本来他有个手指头受了伤，但是验伤的人觉得还没严重到该休病假的地步，于是布朗的朋友史密斯医生往他的手上倒

[①] 19世纪美国弗吉尼亚州的一名奴隶，通过不懈的努力逃离了弗吉尼亚乃至美国以恢复自由身。——译者注

了点高腐蚀性的硫酸化油,这下布朗手上的皮肉被烧掉了一大块,深可见骨,验伤的人才恩准他休息。

1849年3月29日一大早,布朗在跟史密斯医生和店主人约定好的地点碰了头,在他们的协助下被钉进了木箱里。四周钻了些通气孔的木箱长三英尺一英寸,宽两英尺,高两英尺六英寸(大约0.9米×0.6米×0.8米),空间非常狭小,一不小心就会让人窒息。布朗的身上仅带了一壶水供应急之用。根据布朗的描述:"我做好了奔向自由的准备,朋友们就把箱盖钉牢,把我送往一英里之外的邮局。装着我的箱子才到了邮局就被人颠倒了过来,然后他们在箱子底儿上钉了一些单据。"一路上布朗在粗鲁的货运人员手中吃了不少苦头。在弗吉尼亚州的波多马克溪(Potomac Creek)的码头,木箱在从火车转到汽轮的过程中上下颠倒了,而且没人把它扳正。

关于那段遭遇,布朗后来写道:"我的眼珠子当时都快从眼眶里蹦出来了,全身的血液倒灌,太阳穴附近的血管眼看就要炸了。那个时候我想把手举到脸上都没有力气。我浑身冒着冷汗,感觉死神就要把我从苦难中带走了。对我来说,死了都比终生为奴要好,于是在那种情形下我开始向上帝祷告,因为我觉得只有上帝才能接引我的灵魂。也许上帝真的听到了我的祈祷,不久以后我听见外面有两个人在聊天,一个人说他站了两三个钟头,想找个地方坐下来歇歇脚。说话的人大概看中了我的箱子,于是他把我的箱子扳平,和同伴一起在上面坐了下来。那种难以言表的痛苦总算是结束了。"

在27个小时的颠簸中,布朗受尽了野蛮装卸的苦头,比如在华盛顿特区的转运过程中,他被人大头朝下地扔在了地上。到了费城以后亨利·布朗还不算是完全的自由人,因为1850年通过的《逃亡奴隶法案》(Fugitive Slave Act)迫使他再次出逃,这一次的目的地是英国。虽然路途遥远，但是布朗以旅客而不是货物的身份完成了旅途。

三十六计，走为上计

第一次世界大战中的加里波利战役（Gallipoli campaign）是一场彻头彻尾的灾难，只有临近尾声的时候才出现了一丝转机：协约国的14万名将士骗过了土耳其军队从前线成功撤退，逃过了血腥的屠杀。

目标为土耳其加里波利半岛的军事行动在策划方面显得非常仓促，在很长一段时间里，令时任英国海军大臣的温斯顿·丘吉尔颜面无光，因为他是该战役的主要倡导人。加里波利战役的目的是开辟第二前线，把德军主力从陷入僵局的西部战线吸引过去，同时打开通往俄国的补给运输线路，并最终攻陷君士坦丁堡（今伊斯坦布尔），令土耳其军队束手就擒。但是1915年协约国军队在加里波利半岛甫一登陆，就遭到了驻扎在环绕海岸山坡的土耳其军队的猛烈阻击。经过几个月的奋战，协约军伤亡惨重却毫无战果。于是，丘吉尔被反对派指责为"加里波利屠夫"，呼吁撤军的声音越来越高；但反对撤军的人指出，大规模撤退会使战士们在前往疏散船只的途中遭到土耳其军队的血洗。

经过商讨，指挥官们设计出了一个折中的方案，那就是把协约军在加里波利海岸上通过抢滩建立的三个据点中的两个先放弃掉。负责指挥撤军的是查尔斯·门罗（Charles Monro）中将，他必须尽量掩人耳目地低调行动才能确保成功。门罗中将的计划是每天夜间撤离几百人，同时让海滩上的据点毫无异状，以免引起土耳其方面的警觉。第一步他们着手让对方逐渐习惯了据点里越来越安静的情况。连续好几天尽可能地不弄出任何响声，士兵们不再开火，战壕里铺着毯子，士兵的靴子上也缠着麻布。1915年12月10日的深夜，撤军行动正式开始。好几百人沿着事先撒在营地和疏散船之间的面粉记号，悄无声息地撤离了战场。

剩下的士兵每天在营地上点起和以前一样多的篝火，扎起假人冒充战友，开着空荡荡的运输车四处巡游，甚至还抽空打起了板球比赛，以营造出一切照常的假象。当时他们还架设了一些步枪，上面装了自动扣扳机的装置，冷不丁地放上几枪。一名英军士兵在战地日记中写道："每天夜晚都比前一天更加孤寂。周围没有多少人了，我们几个全靠一颗激动的心驱逐疲劳。"

土耳其军对在他们鼻子底下发生的大撤军一无所知，到了12月20日那天，据点里最后的战士们在出发前一把火烧掉了许多装备，轰然爆炸的地雷和弹药终于把茫然的土耳其军队引到海滩上一探究竟。门罗的撤军计划大获全胜，所有战士都活着逃了出去，而且几周以后第三个据点的士兵也依照此法安全撤离。对这个结果闷闷不乐的只有丘吉尔，他当时仍然是加里波利战役的强硬主战派，于是在他的笔下，门罗中将的形象是这样的："他来，他见，他投降。"（He came, he saw, he capitulated.）[1]

再见，科尔迪茨堡

话说逃跑是每一个战俘的首要任务，"二战"期间被德国纳粹俘获并关押在科尔迪茨堡（Colditz Castle）里的盟军将领们就

---

[1] 此处丘吉尔显然是套用了恺撒大帝的"我来，我见，我征服"（I came, I saw, I conquered）对门罗进行了讽刺。——译者注

科尔迪茨堡在 1945 年时的样子,拍摄者据说是一位美国士兵

尽职尽责地把逃跑这件事做到了极致,分秒必争,乐在其中。科尔迪茨堡里面关押的战俘都是因为给其他战俘营造成过极大的不安定因素才转过去的,结果这些纳粹们口中的"反德叛逆分子"(Deutschfeindlich)把科尔迪茨堡变成了密室逃脱游戏的场所,在里面玩得不亦乐乎。当然,不是每个脱狱计划都以成功收场,而且真正成功逃出德国的人少之又少,但就算是失败的尝试,也都是大家集思广益缜密计划的产物,并且把守卫人员折腾得够呛。

科尔迪茨堡位于德国的中心地带,坐落在穆尔德河(Mulde River)畔一处高耸的岩崖顶端。窗子上焊着铁条,院子里布满了探照灯,墙外的地形异常陡峭,所以德国纳粹认为不可能有人能从这座坚不可摧的城堡里逃跑。就算是某个囚徒翻过了外墙,穿越了铁丝网,准备前往远在几百英里之外的中立国边境的时候,也必然会受到全民皆兵的德国人民的盘查，特别是希特勒青年团的成员。但是纳粹低估了城堡里来自英国、法国、荷兰、比利时、波兰还有美国等地的难友们在枯燥的囚禁生活中迸发出的想象力和对于自由的向往。对战俘们来说，逃跑是当务之急。他们为了逃跑挖过地道，造过伪装，甚至还在城堡最顶层阁楼里做了一架滑翔机，企图从屋顶滑到院墙外面去。

城堡中的各国将领们把身边可用的资源充分地利用了起来，凡是能接触到的物件都能在他们手中变成逃跑的工具。红十字会随着食品物资送进去的果冻在被他们吃掉之前被当作临时刻版印出了德国地图，毛毯被他们改制成平民式样的外套，有一次心灵手巧的战俘们竟然用香烟盒和一副坏掉的眼镜鼓捣出一台简易相机，给大伙拍了证件照以便贴在他们仿制出的身份证上。科尔迪茨堡里没有的东西自然有人偷偷地往里面送，英国陆军部设立的军情9处① 专门负责往科尔迪茨堡里发送"捣蛋盒"，里面装着五花八门的逃脱用品，比如他们会把切奶酪用的细金属丝织进鞋带里，让战俘们抽出来割窗子上的铁条，还把地图刻在蜡质的留声机唱片上，要不就是把指南针藏在核桃壳里或者肥皂里。

有一次，一名德国狱监例行登记了外面送进来的五套英国军官的军礼服，这在当时属于允许输入的物资，后来他在检查一盒棋牌类游戏的时候发现里面藏着许多便服上用的扣子，顿时觉得这里面有文章。"他们在战俘营里要便服扣子干什么？"那名狱监在日志中写道，"那些扣子肯定和那些军礼服有关！我们后来仔细检查了那几件军礼服，发现只要把（制服）领子前面的针脚拆开，再把里

---

① MI9，全名 Military Intelligence Section 9，在1939—1945年负责"二战"时期欧洲各地反法西斯组织的联络工作，同时利用建立起的地下联络网协助被德军击落的英国飞行员逃回祖国，后来也为战俘营中盟军战俘的逃脱做出了许多贡献。——译者注

面的硬衬抽出来，软掉的领子翻下来就和便服没什么两样了……口袋和肩章缝得一点都不牢，轻轻一拽就掉，一件军服瞬间就能改造成便装，设计人员太聪明了。这批运给英国人的东西让我们确信外面有一个或多个庞大的组织，专门负责给他们制造逃跑用具，并且巧妙地把它们隐藏在日常用品中送到战俘的手中。"

虽然英国战俘一直在研究逃跑的新花样，但是最先逃出科尔迪茨堡的却是法国战俘。当天，一位法国军官奋力翻出围栏高调出逃，另一位则潜入了放风区域旁边的一栋建筑里躲了起来，等外面安全之后悄悄地溜掉了。继法国战俘之后，荷兰战俘也另辟蹊径地成功逃脱。他们放风的户外场地上有一个井盖，上面拧着一颗坚固的螺钉，井盖下面是一口10英尺深的枯井。有一位荷兰军官设法测量出了螺钉的具体尺寸，并用玻璃磨出一颗代替品。他们的计划是让两名军官在集体锻炼的时候藏进井里，天黑以后再爬出来并溜出去。玻璃螺钉能骗过狱监的眼睛，同时也能让井里的人轻松地把井盖推起来。出来之后他们会把碎掉的玻璃钉碎片捡走，再从外面换上原来的螺钉，这样几乎看不出来井盖曾经被人打开过。

到了计划出逃的那天，荷兰战俘们在守卫人员的监视下打了一场橄榄球赛。趁着争球时候的混乱，他们拧开了井盖上的螺钉，一名战俘迅速地撬起井盖钻了下去。在比赛期间，另一名战俘也顺利下了井，真正的螺钉此刻就装在他的口袋里，外面的狱友抓空把玻璃螺钉拧了进去。由于比赛结束后还要进行人数清点，井里的二位肯定会被查出缺席，于是第三名战俘冒险为他们打了掩护。他在放风区周围的铁丝网上割出一个洞，并大摇大摆地走到了铁丝网外面的树林里，守卫人员很快就发现了他。就在狱监们端着枪向他冲过去的时候，他扭头朝着树林深处大吼："快跑！咱们暴露了！"德国看守被他的举动唬住了，以为在他之前真的有两个人钻过铁丝网跑进了树林里。值得庆幸的是打掩护的这位战俘没有被狱监枪毙。就在大批警卫人员在科尔迪茨堡周边大规模地搜索两名逃犯的时候,那两个人其实一直在井里耐心地等待时机。那天夜里他们从井里爬出,并在德国的土地上展开了奔向自由的冒险之旅。同月,另外两名荷兰军官用同样的方法逃了出去。

1941年1月初,科尔迪茨堡里的英国战俘们失败了三十五次之后终于打出了第一支"全垒打"①。英方脱狱总指挥帕特·里德(Pat Reid)少校在平时战俘们表演戏剧或举办音乐会的舞台下方发现了一条通往城堡外的通道。然而那条路线走起来并不轻松,因为途中必须路过一间戒备森严的警卫室。英国的军官们选中了擅长仿制德军制服的艾里·尼夫(Airey Neave)第一个去闯关。和尼夫搭档的是荷兰军官托尼·卢丁(Tony Luteyn)。因为卢丁说着一口流利的德语,他的任务是扮演一位德军高级将领,也是那次逃脱计划成功与否的关键。尼夫必须配合卢丁以副官的形象出场,不过他的演技那时还需要磨炼。

卢丁在日后接受作家亨利·钱塞勒(Henry Chancellor)的采访时回忆起当时的情形:"平常尼夫走路的时候手会揣在兜里,和科尔迪茨堡里的其他英国战俘一样弓腰缩背,颓废得不像样。我不得不把他训练出忠顺的样子,所以我们俩在院子里练习了一个礼拜如何走路。作为我的副官他必须走在我的左边,我转身的时候他得随着我转。我真不知道当时尼夫是否愿意身穿德军中尉的军服,挺直腰杆走在由我扮演的长官身旁。"

1941年1月5日深夜,战俘们刚刚演奏完一场音乐会,尼夫

---

① "二战"期间能逃出科尔迪茨堡并跑出德国的行为,人称"全垒打"(home run)。——译者注

和卢丁钻进了舞台下方的机关。他们迅速脱掉了穿在便服外面的囚服，换上了仿制的德国军服。两人穿过了九曲回肠一般的通道之后，来到了警卫室的门外。"我们听到屋里有人在说话，知道里面肯定有警卫，"卢丁继续回忆道，"一般来说高级军官进屋以后，屋里所有的人员都要起立并立正。所以我们两个刚在门口出现，就有一名警卫高喊'立正！'，接着屋里全体警卫都站了起来，我先走了进去，然后是尼夫，因为他得在后面给我拉着门。然后那群警卫的长官把屋子的前门打开让我们走了出去。"

尼夫和卢丁穿过城堡的外院，朝着干涸的护城河走去，一路上险象环生，但是他们并没有停下脚步。某个节骨眼上，夜幕中突然蹿出来一名卫兵，尼夫和卢丁被吓了一跳，给卫兵敬了个礼。那名卫兵停下脚步对他们细细打量，卢丁急中生智地想到了对策："我记得那个战士没有向我们两个还礼，于是我转过身用德语狠狠地训斥了他一番：'你竟敢不对长官敬礼！'挨批的士兵给我们打了个立正，然后大步走掉了。"卢丁和尼夫顺着护城河边的小路一直走，翻过了一处篱笆，很快就走出了科尔迪茨堡，两天以后他们跨过了瑞士的国界。又过了九个月，另一对英荷搭档也冒着巨大的风险逃了出去，他们的方法是在一间德军士官办公室的墙上掏了个通往外界的洞。

* * *

在众多的逃跑计划中，最大胆的是"弗朗茨·约瑟夫行动"。按照计划，英军中尉迈克·辛克莱（Mike Sinclair）要假扮名叫罗森伯格（Rothenberger）的德国军官。战俘们给罗森伯格起的外号是"弗朗茨·约瑟夫"，因为罗森伯格和奥地利的先皇弗朗茨·约瑟夫一世一样在嘴唇上留着雪白而浓密的胡子。那天晚上，罗森伯格对科尔迪茨堡东侧排房外的哨所进行了访查，然后从有人值守的大门走了出去。辛克莱的任务是冒充罗森伯格对排房外的守门人声称城堡的另一侧有人正在逃跑,让他们赶去支援,然后他会用两名英国战俘换下门口的哨兵,并朝他们要过大门的钥匙。如果一切顺利,二十多名英国战俘就能在德国警卫在警卫室见到真正的罗森伯格之前的几分钟里,从排房上方的牢房窗户顺着绳子爬下来,并从大门逃走。

为了那场行动,大家事先做了许多细致的准备。他们用剃须刷的刷毛做出了辛克莱冒充"弗朗茨·约瑟夫"要用到的假胡须;他们还从屋顶上抠下来一些锌板,融化之后倒进用折断的餐刀做成的模具里,铸造成了德军军官特有的铁十字勋章。辛克莱的外套是用染过色的毯子制成的,身上配枪用的皮套则是用刷了鞋油的厚纸板做的。辛克莱说起德语来非常地道,而且反复揣摩罗森伯格的举止与步态。但是这个计划能否成功,还得看那天的夜色是否能够遮掩辛克莱的原貌,毕竟他比罗森伯格要年轻30岁。

战争时期所有德国人都要随身携带身份证明和旅行签证,那么一大组人出逃必然也要准备这些东西。英国战俘们为此组建了一条流水线。仿造文件的负责人之一肯尼斯·李(Kenneth Lee)对亨利·钱塞勒说道:"我们当时算是万众一心吧。每天大家在桌子的两侧相对而坐,一笔一画地抄写着德国文件上用的哥特字体。我们先用铅笔打底,然后用碳素墨水描一遍。那些材料都是从餐厅的商店买来的,我想大概德国人没料到我们可能用那些东西逃跑吧。他们以为我们在画静物写生。"他们用一台土造的打字机在签证上填好了有效日期和时间,上面盖的章是用鞋跟刻出来的。

1943年9月4日,"弗朗兹·约瑟夫行动"正式开始。装扮成罗森伯格的辛克莱从窗子溜了出去,身边带着两名假装德国卫兵的英国战俘。他们对第一层岗哨的哨兵宣称有人脱狱,那名哨兵立刻动身前往事发地点，然后第二层和第三层的哨兵也听从了他们的命令离开了岗位，到此为止事态进展良好。接着，他们三个人走到了排房外的大门处，辛克莱爬上了门口狭窄的高台，先用身边的战俘换下了一名卫兵。但是等他走到另一个门卫那里向他索要钥匙的时候，那名门卫迟疑了。辛克莱模仿罗森伯格用浓重的萨克森口音对着那个门卫怒吼，但是对方拒绝了他的命令，并让他出示科尔迪茨堡里所有德军人员必须随身携带的以颜色为编码的证件。辛克莱拿出了一张之前在另一名警卫身上偷来的证件，门卫看出了不对劲儿的地方，遂按响了警铃。说来不巧，那天晚上警卫们的身份证刚刚换过一批颜色，所以辛克莱偷到的那张已经作废了。大批警备人员听到警铃赶了过来，其中一人开枪打伤了辛克莱。虽然"弗朗茨·约瑟夫行动"最终功亏一篑，但是就像该计划在酝酿过程中一位英国军官说的那样，就算失败了，"也算是一段精彩纷呈的传奇"。

第 10 章
愚人娱己

人们真蠢得没法想!

——莎士比亚,《仲夏夜之梦》

并不是所有骗子的最终目的都是为了谋权或者图财。有时候人们为了找乐子而彼此捉弄,就像《仲夏夜之梦》里的促狭鬼迫克和真人恶搞节目《偷伯镜头》(*Candid Camera*)的制片人艾伦·芬特(Allen Funt)那样,戏弄别人让他们觉得自己高人一等,被整蛊的人们气急败坏的样子让他们特别满足。以下请看史上最著名的恶作剧集锦。

愚弄福尔摩斯的仙女

柯南·道尔与精灵

如果阿瑟·柯南·道尔爵士（Sir Arthur Conan Doyle）能有他笔下的福尔摩斯一半的理性思维能力，大概就不会被两个小姑娘骗到了吧。可惜晚年在玄学秘术中越陷越深的柯南·道尔上了当之后，进一步为所谓的"科汀雷溪谷精灵"（Cottingley Glen）发表了许多杂志文章，甚至还出了一本书。

1917年，15岁的少女艾尔西·莱特（Elsie Wright）和9岁半的表妹弗兰西丝·格里菲斯（Frances Griffiths）拍摄了一组长翅膀的精灵、地精等与她们嬉戏的照片，她们捕捉到的精灵们或轻盈起舞，或吹着笛子，灵动非凡，栩栩如生。两个女孩在柯南·道尔的大力宣传下风光了好一阵子，柯南·道尔本人则被那些精灵的照片迷得魂不守舍。"那些精灵旁若无人翩翩起舞的身姿多么曼妙！"柯南·道尔在文中惊叹道，"它们的生活中一定也有阴霾，有困难，但是图片中的它们看上去充满了喜悦。"柯南·道尔还不吝笔墨地宣称，有一部分人能够接收到"由不同物质构成的物种们发散出的或长或短的波动"。

"科汀雷溪谷精灵"在英国吸引了众人的目光，特别是包括柯达公司人员在内的几位摄影专家检查过图片后声称绝无二次曝光或人工绘版的痕迹，于是成为轰动一时的新闻。其实真相并不复杂。几十年间过去了，拒不承认作假的两个女孩慢慢地老了，她们在

骗过了柯南·道尔的所谓精灵照片

1982年终于吐露真言，向公众坦白她们当年用纸剪出精灵的造型，用帽针固定在镜头前与人物合影摆拍。

柯南·道尔闹出的尴尬让许多与他同时代的名人颇有微词。比如G. K. 切斯特顿（G. K. Chesterton）[1]在一旁冷眼观察后评论道："看来阿瑟爵士的头脑不是福尔摩斯级别的，更像是华生级别的。"

拯救曼哈顿

从前，有个退休的木匠，除了他的名字叫洛齐尔（Lozier）

---

[1] Gilbert Keith Chesterton，1874—1936年，英国著名文学家与神学家，笔下最著名的角色是侦探布朗神父。——译者注

之外，人们对他所知无多。1842年，洛齐尔设计并实施了一个规模超大的骗局，从侧面证实了普罗大众到底有多么容易上当。洛齐尔对曼哈顿的居民说由于曼哈顿岛的南边盖了太多的建筑，整个岛即将像酥脆的面包条一样从中间裂开，如果不赶紧采取行动，后果将不堪设想。他提出的解决方案是把曼哈顿岛横着一分为二，然后让人拽着南边的巴特里区（Battery）绕艾里斯岛（Ellis Island）一周，最后把原来建筑比较多的那边转到中间，与人为切开的口子对接上。曼哈顿岛的负责人们居然对这番鬼话信以为真。

在那个工业发展与科学技术突飞猛进的时代，几乎没人对这个大胆的计划提出异议。数百名相关从业者被召集起来开了工，有些人甚至特意接受了潜水训练，为的是切割完成后在水下进行拖曳工作。大批木匠和铁匠停下了手头的一切工作，为工程打造出了各式各样的工具，比如锯岛用的100英尺长的锯条，还有防止切完的部分岛屿被海水卷走的固定用铁锚，等等。为了让大家填饱肚子，洛齐尔订购了500头活牛、500头活猪，还有3000只活鸡，全部圈养在工地上，工人们也在旁边搭建了简易的工棚住了下来。就这样，人声鼎沸的工地上各种嘈杂的劳作声掺杂着家禽家畜的嘶鸣，曼哈顿岛上呈现出一派魔幻现实主义的景象。

经过几个星期的准备，人们终于迎来了锯岛的那一天。上百人赶往开工地点看热闹，组织者还准备了鼓乐队和大游行。然而好几个小时过去了，作为总指挥的洛齐尔仍然没有露面，人们只找到了他留下的一张纸条，上面写着由于突然生病，他不得不离开工作岗位。曼哈顿的人民这才恍然大悟，原来洛齐尔把他们当猴耍了。愤怒的人群四处搜寻那个该死的木匠，可是洛齐尔早就跑远了。论收益，洛齐尔从那件事中得到的大概只有傲人的成就感了吧。

开门，有快递！

今天那些用别人的地址叫 100 张比萨饼外卖的捣蛋鬼们干的事情一点儿都不新鲜，他们不过是效仿最初的"伯纳斯街恶作剧"（Berners Street Hoax）。

英国 19 世纪的作家西奥多·胡克（Theodore Hook）非常厌恶住在隔壁的社交名媛托滕纳姆夫人，厌恶到无以复加的地步。1809 年，他对邻居的敌意终于到达了最高值，一口气把半个伦敦的大小商贩都请到了伯纳斯街上托滕纳姆夫人的住所。在那之前，胡克在家花了好几个星期伪造了大量以邻居的名义寄出的请柬。

到了请柬上注明的日期，各个商行的代表陆续来到了托滕纳姆宅前，伯纳斯街很快就被挤了个水泄不通，场面逐渐混乱起来。《早间邮报》（Morning Post）对当时的场景进行了详细的报道："从帕丁顿码头拉来煤炭的马车、满载布艺装潢用品的货柜，还有成车运来的风琴、钢琴、布匹、珠宝、各式家具等在伯纳斯街上排成了长队，一直堆到了 54 号住宅门口，送货来的商人们焦虑不安，围观的各色人等不时哄笑。"好戏这才刚算是开了个头。"不一会儿工夫，接生的、拔牙的、画袖珍肖像的、各色手工艺者、拍卖行的……杂货店的、做小买卖的、豪华马车、送葬马车、飞禽走兽、兔子白鸽等全都来了。三百六十行的代表在那条街上欢聚一堂。"

胡克的恶作剧请柬还请来了伦敦市长大人。贵为爵士的市长先生带着两名穿制服的仆人，坐着马车到达现场的时候发现被人捉弄了，脸色非常难看。可怜的托滕纳姆夫人看见门外送来了依她的身材尺寸定做的棺材外加收殓人和灵车的时候一定吓得魂不附体。天色渐晚，但是伯纳斯街上的人群仍然没有散去，因为胡克另外通知了一大批找工作的仆人下午 5 点以后过来应聘。

据说胡克躲在能看见街景的窗子后面美滋滋地看了一整天的戏,虽然事后有人悬赏捉拿背后捣鬼的人,但是他一直都没有被抓住把柄。那以后过了二十年,胡克在自传体小说《吉尔伯特·葛尼》(*Gilbert Gurney*)一书中坦白了自己的所作所为,而且他还为后世那些给别人的住址订比萨饼的小淘气留下了一句忠告:"这个恶作剧一旦被重复就不再有趣了——只要有了先例,任何笨蛋都能照猫画虎地模仿出来。"

文艺女青年的无畏岁月

弗吉尼亚·伍尔芙(Virginia Woolf)曾经变身酋长参与过一场恶作剧。1910年,初入文坛的伍尔芙和一群伙伴把自己包装成埃塞俄比亚皇室成员,让英国皇家海军毕恭毕敬地当了一回导游。

1902年的弗吉尼亚·伍尔芙

首先，英国海军旗舰无畏号（*Dreadnought*）的舰长收到了一封貌似发自伦敦外交部的电报，通知他埃塞俄比亚国王及随从一行即将到访。伍尔芙他们从身边的服装道具店买来了异国的衣衫，配上缠头布和假胡子，并在脸上涂了暗色的舞台表演用油彩。伍尔芙为此特意剪掉了长发①。

一行人走下火车的时候，迎接他们的是铺着红地毯的月台和在两旁行礼的军官，一道栅栏隔开了好奇的围观群众。他们登上无畏号之后受到了担任舰长的海军上将威廉·梅爵士（Sir William May）的热情接待。在船上参观的时候，恶作剧小组中的一人用斯瓦西里语和儿童黑话（Pig Latin）②混杂上面目全非的希腊语版《荷马史诗》的片段高谈阔论，其他成员则兴奋地用"Bunga bunga!"对答，伍尔芙时不时地插上一句："Chuck-a-choi，chuck-a-choi。"

看到外宾们对着灯泡等新鲜事物发出的孩童一般的惊叹，陪同的海军将领们十分高兴。那场恶作剧本来进行得很顺利，但是天公不作美，忽然下起了雨，贵宾们脸上的胡子就快挂不住了，油彩也开始往下流淌，于是他们赶紧找了个借口结束了隆重的访问。梅上将直到下一个周末在《每日快报》上看到了关于那场恶作剧的报道③才发觉自己上了当。"Bunga，bunga！"从此被正式收入了英语词汇。④

---

① 因为她装扮的是桑甘尼亚王子（Prince Sanganya）。——译者注
② Pig Latin，规则如下：如果一个单词首字母为辅音，就将其挪到词尾，并加上"ei"发音；如果以元音开头，就直接在词尾加"ei"发音。比如，cat 变成 atcei，或写成 atcay；onion 变成 onionei。
③ 根据众人的猜测，向报纸爆料的正是恶作剧的策划者荷里斯·德·维尔·柯尔（Horace de Vere Cole）。——译者注
④ 这个词的本义比较模糊，或者说没有具体的意思，一般为略微带有种族歧视基调的调侃用词。2011 年 10 月，意大利前总理贝卢斯科尼被人揭露经常私下举办被戏称为"bunga bunga"的性爱派对，于是"bunga bunga"的释义又多了一个。——译者注

骗局——历史上的骗子、赝品和诡计

HOW THE OFFICERS OF H.M.S. DREADNOUGHT WERE HOAXED: PHOTOGRAPH OF THE "ABYSSINIAN PRINCES" WHO HAVE MADE ALL ENGLAND LAUGH.

伍尔芙和朋友们化装成外国贵族去检阅军舰的照片，左一为男装的伍尔芙，右一穿西式礼服的是这场恶作剧的策划者荷里斯·德·维尔·柯尔

以恶搞为己任的美利坚前辈们

这世上从来都不缺捣蛋鬼，近现代史上最出名的捣蛋鬼是纽约人艾伦·阿贝尔（Alan Abel）[①]。阿贝尔在1959年创办了一个虚构的社会风化改良组织，宗旨是为给动物们穿上衣服遮羞。当时正属于事业上升时期的喜剧演员巴克·亨利（Buck Henry）被他拉来做代言人[②]。各大媒体纷纷对他们进行了报道。到了20世纪80年代，阿贝尔忽悠了许多在全国范围发行的报纸和杂志，把"丐帮学校"当成真事进行了报道[③]。后来他甚至让《纽约时报》提前刊登了他的讣告[④]。阿贝尔虽然是个老顽童，但是和他的前辈休·特洛伊（Hugh Troy）[⑤]比起来，充其量只是个穿着鲜艳的衣服、胸口别着能滋人一脸水的假花的小丑。

休·特洛伊一直觉得别人都没有自己聪明，所以一辈子随心所欲地不断耍花招愚弄大众。此处仅举最出名的事例：在20世纪20年代末，特洛伊还是康奈尔大学的学生，某年深冬，他不知道从哪儿弄来了一只用整个犀牛蹄掏空制成的纸篓，外形非常难看。特洛伊在纸篓里装上金属块以增加重量，然后在两边各系上了30多英

[①] 1924—2018年，美国知名恶搞大师、作家、伪纪录片节目制作人。——译者注
[②] 组织全名为Society for Indecency to Naked Animals，简称SINA，真实目的是调侃媒体审核制度。他们的口号"光屁股的马不是正经马"（A nude horse is a rude horse）至今仍广为流传。——译者注
[③] 阿贝尔曾于1975—1988年在自导自演的伪纪录片《奥马尔的丐帮学校》中扮演校长奥马尔，而且在不少电视访谈节目中做过嘉宾，他制作该伪纪录片的目的是讽刺当时美国不断攀升的失业率。——译者注
[④] 1979年阿贝尔在犹他州滑雪的时候假装心脏病发作不治身亡，在他的安排下一位妇女以他遗孀的名义通知了《纽约时报》，讣告就那样发出去了。——译者注
[⑤] 1906—1964年，曾就读于康奈尔大学，本职为画家，但是经常搞恶作剧捉弄别人。比如他曾经在参观梵高画展的时候带进去一个事先用罐头牛肉捏成的耳朵，把它摆在展品旁边，还立上了自制的展牌，上面写着那就是梵高当年割掉的耳朵。——译者注

尺长的绳子。一天夜里，他和朋友把这个东西拎到了校园里，一人一边分别拉紧绳子，让纸篓悬空，每走 5 英尺左右就把绳子松一下，让犀牛的蹄子在雪地上留个印儿，由于他们实际离纸篓很远，所以他们的足迹很难让人怀疑与此事有关。第二天清晨，有人看见了雪地上的蹄印，赶紧叫来了大学里相关专业的教授们。各位专家学者勘验了足迹之后惊呼："上帝啊，不得了了！是犀牛啊！"

兴致满满的教授们跟着犀牛的蹄印追踪了几百码，最后跟到了毕比湖，也就是当年康奈尔大学的主水库。湖面结着冰，犀牛的足迹不偏不倚地停在冰面上的一个大洞前。这下完了，人们只能干瞪眼。当地报纸对此进行了轮番报道，结果纽约州伊萨卡城（康奈尔大学所在地）有半数的居民都不敢喝自来水了，而继续饮用自来水的人在那之后好几年都抱怨水里有一股子犀牛味。

严肃媒体逗你玩儿

关于 4 月 1 日愚人节的来历，大概没有人能够说得清，不过世界各地的许多国家每到那一天就集体搞怪。史上最有趣的一次愚人节玩笑出自英国广播公司（BBC）——一个让人怎么看都和愚人节不沾边的特别特别正经的媒体。1957 年 4 月 1 日，英国最德高望重的新闻工作者大卫·蒂姆伯比（David Dimbleby）在 BBC 的新闻节目《全景》（*Panorama*）中向观众们展示了瑞士提契诺（Ticino）的"意大利面丰收节"。

"每年 3 月末的两个星期是意大利面种植户们心里最没底的时候，"蒂姆伯比认真地解说配着欢乐的瑞士农民举家从树上采摘意大利面条的画面，"万一突然来一场霜冻，意大利面的收成可能会受到很大的影响，品质也会大打折扣，卖不出好价钱。"蒂姆伯比接着向观众们解释瑞士的意大利面种植业的规模比邻国意大利要小很多。"相信许多人都见过意大利的波河河谷面条种植园的照片，不过对于瑞士人来说，面条种植是一种小门小户的家庭产业。"蒂姆伯比用舒缓的声音娓娓道来。他还告诉观众们，由于"意大利面象鼻虫"那种"在过去让人很棘手的害虫"几乎已经灭绝，所以今年的丰收尤为喜人。

根据蒂姆伯比的报道，"采摘完毕之后，意大利面会沐浴在阿尔卑斯山脉温暖的阳光下逐渐晒干。很多人不明白意大利面的长度为什么都一样，其实这都是多年以来种植人员辛勤培育的功劳，在他们的不懈努力之下，每一根意大利面都能长成完美的造型"。接着，电视上的画面变成了人们庆祝丰收、大吃意大利面的景象。"对于爱吃意大利面的人来说，自家种出来的味道最美。"随着这样的结束语，关于意大利面丰收节的报道就播完了。

那天晚上的《全景》播出之后，BBC 的观众热线就被打爆了，大家都想知道从哪儿能买到意大利面的树苗，以便种在自己的家里（意大利面在当时的英国还不算平常的菜肴，《全景》也是严肃可靠的新闻节目）。据说负责接电话的工作人员对类似的询问给出的答案是"您不妨折一根意大利面插进番茄酱里试试运气"。

初生牛犊的热血青春

1969 年，位于华盛顿特区的冈扎加男子高中（Gonzaga College High School）的学生们把首都当作施展恶作剧才华的天地，在不明真相的各级政府部门的协助下玩了一次大的。

多年以来，作为一个基督会创办的学校，冈扎加男子高中在首都圈里没有享受到什么阳光，但是在那里就读的叛逆学子们经常把华盛顿一些著名的标记物贴上紫色的标志（该学校的代表色是紫色与白色），外加他们的校训："上啊，冈扎加！干掉圣约翰！"（圣约翰高中是冈扎加高中的劲敌）经历了种族主义暴动在学校周围频发的一年之后，冈扎加的学生们凭着青春热血用比以前更大手笔的排场让学校风光了一次。

行动发生在冈扎加高中与圣约翰高中一年一度的美式足球比赛的前几天。冈扎加学生的计划是，在夜间照亮华盛顿纪念碑的探照灯前蒙上紫色的透光塑料板。学生们很轻松地得到了批准。"我们对内政部的人说学校让我们做个理科实验，内容是观察光线如何透过半透明物质照射在某个带有斜面的白色物体上。"该行动策划人之一——冈扎加毕业生马克·史密斯是这么说的，他还说想出这个主意的人是他哥哥迈克尔。他们从校长办公室里偷拿了几张带着空白公函之类的东西给政府部门发出了申请。

1969 年 11 月 11 日晚上，华盛顿的国家广场上人声鼎沸，反战派和好战派同时进行了声势浩大的游行示威活动，现场大概聚集了数十万人。不过在华盛顿纪念碑附近执勤的警察顾不上维持秩序，他们当晚的任务是给冈扎加高中的学生们隔出一块场地，供他们不受打扰地"做实验"。在警察的守护下，几名学生开着一辆租来的卡车到达了纪念碑的正下方，然后从车斗里卸下了 67 平方码（约 56 平方米）的紫色赛璐珞板。史密斯和同学们事先钉好了固定赛璐珞板的木头框架，趁着警察们把游行群众拦在外面的时候迅速把框架支在了预定的位置。

晚上 7 点 05 分，华盛顿纪念碑有两面变成了紫色，并且持续了 35 分钟，另外两面则一直是正常的白色。华盛顿的市民对此感到极大的诧异，全城的电话交换机上的灯泡在市民们高频度的咨询电话的冲击下几乎就没灭过。在那个时刻，史密斯和伙伴们躺在草坪上欣赏着自己的杰作。"我们觉得那是我们的人生中最辉煌的一刻。"至今，每每回忆起往事，史密斯的脸上仍然带着难以掩饰的喜悦。

《华盛顿明星报》(*Washington Star*) 对那场恶作剧十分赞赏，辟出一整个版面报道此事。当时的美国副总统斯皮罗·阿格纽（Spiro Agnew）却对此欣赏不来，这位仕途堪忧的副总统[①]就破坏国家纪念碑一事给冈扎加高中的校长发去了问责书。时任美国公园警察警监的威廉·菲勒（William Failor）也就此事对冈扎加高中发出了警告："从今往后，贵校发出的任何申请都将受到极其严格的审核并存档。"公园警察部门吃了一堑之后必须得长一智，避免日后再被人捉弄。多年以后，公园警察的警司鲍勃·海恩斯（Bob Hines）认真地对《华盛顿邮报》说："如果以后有人还要那么胡来，我们会迅速制止他们的行为。"

假做真时

有些谎言说得多了仿佛就成了事实。比如以下这个经常出现在报纸上，也总是被语言学家们引用的说法：爱斯基摩语中有200多个词汇分别指代不同形态的雪。这个真没有。雪就是雪，没那么多名堂。爱斯基摩人谈到雪只用两个词，分别是qanik——天上飘着的雪，以及aput——落在地上的雪。

"潜意识广告"的概念是弄假成真的另一个典型事例。在20世纪50年代，纽约有个名叫詹姆斯·维克里［James Vicary，正好和

[①] 阿格纽为尼克松的副总统，受到水门事件和贪污洗钱等丑闻的牵连，与尼克松在1973年一起辞职。——译者注

trickery（诡计）押韵呢］的业余心理学家，他对外宣称，经过对电影院的观众进行了一系列实验后得出了以下结论：如果每隔几分钟在电影里插播一帧图画，上面显示"吃爆米花吧"的文字，当天的爆米花销售量会剧增。维克里声称虽然转瞬即逝的图画人眼看不到，但是会在观众的潜意识中留下深刻的印象。

这下人们着急了。能不急嘛，这说明人们的行为您对这本书爱不释手！能像乔治·奥威尔在《1984》里写的那样能够被"老大哥"神不知鬼不觉地轻易操控。美国联邦通信委员会（FCC）专门对此做出了调查，但是他们进行了同类实验后却没有得出以上结果。加拿大广播喜欢您就多买两本！公司也在本国进行了类似的实验，在电视节目中插播让人给电视台打电话的信息，结果没有一个观众照做。然后人们发现维克里的研究成果从来没有在任何学术刊物上作者是个天才！发表过，而且后来他应邀在电影院里重复该实验，结果不是相关实验设备故障频出，就是实验结果达不到满意就告诉您的朋友！预期的效果。原因只有一个：一切都是假的。1962年，维克里不得不承认他压根儿就没做过什么实验。

事实证明，"潜意识广告"起不到半点推销作用，但是并不妨碍奸商们一次又一次地尝试。万一呢。

附 录

一 《圣经》中的十大诡计

1. 蛇（The Serpent）（《创世记》3：1-24）

亚当和夏娃刚在充满上帝恩赐之物的伊甸园定居，蛇就溜出来唆使他们吃了智慧树上的善恶果，以此忤逆了上帝，最终导致了人类的堕落。"你们不一定死，"蛇当时对夏娃蛊惑道，"因为上帝知道你们吃的日子眼睛就明亮了，你们就如上帝能知道善恶。"

在蛇的诱惑下，夏娃吃了禁果，并让亚当也一起吃了。两人因此被赶出了环境优渥的伊甸园。"你必汗流满面才能糊口，"上帝对亚当说，"因为你是从土而出的，你本是尘土，仍要归于尘土。"

2. 雅各（Jacob）与利百加（Rebecca）（《创世记》27：1-29）

亚伯拉罕（Abraham）之子以撒（Isaac）上了年纪以后老眼昏花，渐渐看不清东西了。他感觉大限将至，就把儿子以扫（Esau）叫到身旁吩咐道："现在拿你的器械……往田野去为我打猎，照我所爱的做成美味，拿来给我吃，使我在未死之先给你祝福。"

他们的对话被以撒之妻利百加偷听到了，她想让小儿子雅各而不是以扫[①]接受父亲的祝福。于是利百加让雅各牵两头山羊来，由她炖好后再让雅各端给父亲吃，并接受祝福。不过雅各心有疑虑地

[①] 以扫与雅各是双胞胎，以撒偏爱大儿子以扫，但是利百加更宠小儿子雅各。——译者注

对母亲说："我哥哥以扫浑身是有毛的，我身上是光滑的。倘若我父亲摸着我，必以我为欺哄人的，我就招咒诅，不得祝福。"利百加让雅各放宽心，给他穿上了以扫的最体面的衣服，还把从山羊身上剥下的皮毛贴在了雅各的胳膊和脖子上，然后让他端着炖好的羊肉去见父亲。

以撒对冒充以扫端着佳肴的雅各问道："我儿，你如何找得这么快呢？"

"因为耶和华你的上帝使我遇见好机会得着的。"雅各答道。

以撒对这个答复并不满意，于是对雅各说："我儿，你近前来，我摸摸你，知道你真是我的儿子以扫不是。"雅各于是跪于父亲身前，以撒摸了摸他的双手，说道："声音是雅各的声音，手却是以扫的手。"接着，以撒追问道："你真是我儿子以扫吗？"雅各回答："我是。"于是以撒相信面前的人就是以扫，对他进行了祝福。

3. 雅各的儿子们（《创世记》37：1-36）

当年欺骗了父亲的雅各后来也遭到了自己儿子们的蒙骗。在众多儿子中，雅各偏爱约瑟（Josef），独送他一件华美的衣袍，后来约瑟还梦见自己的兄弟臣服在自己的脚下，于是哥哥们对他更加嫉恨。一日，雅各派约瑟去查看外出放牧的哥哥们的情况。看着约瑟从远处走来，兄弟中的一人倡导说："那做梦的来了。来吧。我们将他杀了，丢在一个坑里，就说有恶兽把他吃了。我们且看他的梦将来怎么样。"兄弟之一流便（Reuben）劝大家放弃杀念，说道："不可流他的血，可以把他丢在这野地的坑里，不可下手害他。"于是约瑟到达以后，他的哥哥们剥下了他身上穿着的父亲赐予的华美衣袍，然后把他推进深坑，之后他们吃起了饭。

没过一会儿，有一伙前往埃及的以实玛利人（Ishmaelites）赶着马车路过。兄弟之中的犹大（Judah）对其他人说："我们杀我们的兄弟，藏了他的血有什么益处呢？我们不如将他卖给以实玛利人，不可下手害他。因为他是我们的兄弟，我们的骨肉。"于是他们把约瑟从坑里拉上来，让以实玛利人带走了。接着众兄弟杀了一头山羊，让约瑟的衣袍浸染了羊血。归家以后，兄弟们把染血的衣袍拿给父亲看，并问他："我们捡了这个。请认一认是你儿子的外衣不是？"雅各认出了衣袍，悲痛欲绝地说道："这是我儿子的外衣。有恶兽把他吃了，约瑟被撕碎了。"

4. 基遍人（The Gibeanhites）（《约书亚记》9：1-27）

以色列人逃出埃及之后在沙漠中流浪了许多年，终于得到了上帝的许可去夺回应许之地，征服那些土地上的原住民。于是约书亚（Joshua）先后摧毁了耶利哥城（Jericho）和艾城（Ai）。基遍城（Gibeah）的居民预感到自己将是下一个目标，因为他们住在上帝许给以色列人的土地上。为此，他们想出了一个诓骗约书亚与他们和平相处的计谋。他们假装从远道而来，并没有居住在应许之地的范围里，因为上帝禁止以色列人与应许之地内的任何居民讲和。

假扮成使者的基遍人对约书亚和以色列人说："我们是从远方来的，现在求你与我们立约。"一开始，以色列人并不信，对来者说："只怕你们是住在我们中间的。若是这样，怎能和你们立约呢？"基遍人早就料到了对方会质疑，身上带了许多道具，仿佛他们真的经历了长途跋涉。"从家里带出来的这饼还是热的。看哪，现在都干了，长了霉了。这皮酒袋，我们盛酒的时候还是新的。看哪，现在已经破裂。我们这衣服和鞋，因为道路甚远，也都穿旧了。"

约书亚和以色列人遂相信了基遍人的话，与他们立下了不可打破的神圣誓约，就算是后来发现上当了也无法反悔。基遍人虽然沦为了以色列人的奴隶,却躲过了灭族之灾。

5. 以笏(Ehud)(《士师记》3:15-30)

以色列人在摩押(Moab)王伊矶伦(Eglon)的统治下为奴许久,不堪忍受之下向上帝请求救赎。于是上帝就派便雅悯人(Benjaminite)基拉(Gera)的儿子以笏为他们的拯救者。以笏假意向伊矶伦进贡,在衣服下藏了一把利剑。献上贡品之后,以笏就把抬贡品的人支走了,然后他对伊矶伦说自己有秘密的话要对他单独说。伊矶伦命令众人:"回避吧。"随从们就都退下了。宫殿里只剩下以笏与伊矶伦两人,以笏开口道:"我奉上帝的命报告你一件事。"伊矶伦起身恭听,以笏趁机抽出利剑刺进了伊矶伦肥硕的肚子。

弑君之后,以笏离开了宫殿,并随手锁上了门。伊矶伦的仆人们返回宫殿的时候发现门推不开,以为"他必是在楼上大解"。仆人们等了许久也不见伊矶伦现身,就打开了房门,继而看到了倒地身亡的伊矶伦。此时,以笏早已逃跑,并把以色列人团结了起来。后来他们仅用了一天就摧垮了摩押人的统治。

6. 基甸(Gideon)(《士师记》7:15-23)

基甸曾在与米甸人的战斗中巧施障眼法让对方误以为自己的军队人数特别多,借此取胜。(详见本书第3章第4个故事)

7. 大利拉(Delilah)(《士师记》16:4-30)

对于非利士人(the Philistines)来说,数次击败他们的参孙(Samson)对他们是极大的威胁,于是他们特别想解开参孙力大无穷的秘密。为此他们找到了参孙爱恋的女子大利拉,非利士的首领们对她说:"求你诓哄参孙,探探他因何有这么大的力气,我们用何法能胜他,捆绑克制他。我们就每人给你一千一百舍客勒银子。"

大利拉就去向参孙询问如何能将他束缚并制服。参孙告诉她七条未晒干的弓弦就可以使他软弱无力。非利士的首领们把弓弦带给了大利拉,大利拉把参孙捆了起来。屋里原本埋伏的非利士人一拥而上。"参孙哪,非利士人拿你来了。"大利拉喊道。没想到参孙轻而易举地挣断了弓弦。大利拉说:"你欺哄我,向我说谎言。现在求你告诉我当用何法捆绑你。"

在那之后,参孙又戏弄了大利拉两次,惹得大利拉对参孙抱怨道:"你既不与我同心,怎么说你爱我呢?你这三次欺哄我,没有告诉我,你因何有这么大的力气。"

最后参孙对大利拉说了实话:如果他的头发被剃掉了,他就会失去所有力量。大利拉让参孙躺在自己的大腿上,哄他入眠,然后召非利士人过去剃掉了参孙的头发。参孙醒来之后已经不再拥有神力,只得束手就擒。非利士人挖掉了参孙的双眼之后把他拉走了。后来参孙的头发再度长了出来,力气也恢复了,就摧毁了一整座神庙,压死了庙里的许多非利士人,算是复了仇,不过他自己也死在了瓦砾之下。

8. 暗嫩(Amnon)(《撒母耳记》下 2 Samuel 13:1-14)

大卫王(King David)的儿子暗嫩爱上了自己同父异母的妹妹他玛(Tamar),觉得自己很难追求到她,就把求而不得的烦恼说与朋友约拿达(Jonadab)听。一肚子坏水的约拿达听罢暗嫩的倾诉之后对他说:"你不如躺在床上装病。你父亲来看你,就对他说,求父叫我妹子他玛来,在我眼前预备食物,递给我吃,使我看见,好从她手里接过来吃。"

暗嫩依照约拿达的指点回去装病,让父王派他玛去照顾他。他玛做好了饭菜之后,暗嫩让房间里的其他人都退下,然后对他玛说:"你把食物拿进卧房,我好从你手里接过来吃。"他玛端着食物走了进去,暗嫩却上前将她一把抓住,说道:"好妹妹,你来与我同寝。"他玛不从,但是暗嫩凭蛮力强行占有了她。

9. 所罗门(Solomon)(《列王记》上 1 Kings 3:16-28)

智慧的化身所罗门王曾经用妙计解决了两个妇人之间的纠纷。妇人之一申诉道:"我主啊,我和这妇人同住一房。她在房中的时候,我生了一个男孩。我生孩子后第三日,这妇人也生了孩子。我们是同住的,除了我们二人之外,房中再没有别人……夜间,这妇人睡着的时候,压死了她的孩子。她半夜起来,趁我睡着,从我旁边把我的孩子抱去,放在她怀里,将她的死孩子放在我怀里。"第二个妇女的说辞与第一个相反,声称活着的孩子是自己的。

所罗门王听了之后传令:"拿刀来。"下人便拿了刀来,所罗门王接着说:"将活孩子劈成两半,一半给那妇人,一半给这妇人。"第一个妇人听了大惊失色,恳求道:"求我主将活孩子给那妇人吧,万不可杀他。"而第二个妇人则说:"这孩子也不归我,也不归你,把他劈了吧。"所罗门王知道孩子的生母宁愿把孩子送人也不愿看他活活被劈死,于是做出了判断,指着第一个妇人说:"将活孩子给这妇人,万不可杀他。这妇人实在是他的母亲。"

10. 耶洗别(Jezebel)(《列王记》上 1 Kings 21:1-16)

撒玛利亚(Samaria)的王亚哈(Ahab)看中了宫殿旁边的一个葡萄园,葡萄园的主人是耶斯列人(the Jezeelite)拿伯(Naboth)。亚哈跟拿伯商量说:"你将你的葡萄园给我作菜园,因为是靠近我的宫。我就把更好的葡萄园换给你,或是你要银子,我就按着价值给你。"但是拿伯拒绝把葡萄园卖给亚哈,因为法律和宗教上的约束使他们不能让家产外流。"我敬畏耶和华,万不敢将我先人留下的产业给你。"拿伯回道。

亚哈王感到心中不悦,躺在床上面壁生闷气,茶饭不思。王后耶洗别进屋问他:"你为什么心里这样忧闷,不吃饭呢?"亚哈对她一五一十地说了被拿伯拒绝的事,耶洗别说:"你现在是治理以色列国不是。只管起来,心里畅畅快快地吃饭,我必将耶斯列人拿伯的葡萄园给你。"接着,耶洗别以亚哈王的名义给耶斯列人的长老们写了一封信,信里写道:"你们当宣告禁食,叫拿伯坐在民间的高位上,又叫两个匪徒坐在拿伯对面,作见证告他说:'你谤渎神和王了。'随后就把他拉出去用石头打死。"信写好后耶洗别把王之印印在了封口上,然后派人送了过去。

耶斯列的长老和贵族们按照信中的指示处死了拿伯。耶洗别听到计谋得逞之后对亚哈汇报:"你起来得耶斯列人拿伯不肯为价银给你的葡萄园吧。现在他已经死了。"

二 文学名著中的十佳说谎能手

1. 伊阿古(Iago)

莎士比亚剧作《奥赛罗》中的大反派伊阿古大概是所有文学作品中最让人憎恨的骗子了,斯威本(Swibourne)[①]曾说他"完美地诠释了'邪恶'一词,是危害最大的半人半魔综合体"。伊阿古由于

---

① 全名 Algernon Charles Swibourne,1837—1909 年,英国诗人、剧作家、作家兼文艺评论家。——译者注

没有得到奥赛罗的提拔，就编造出一系列错综复杂的谎言，打算彻底毁掉奥赛罗。他头头是道地污蔑奥赛罗忠贞的妻子苔丝狄蒙娜与别人私通，结果酿成了一系列悲剧。在精心编制谎言的伊阿古眼中，奥赛罗"对我很有好感，这样可以使我对他实行我的计策的时候格外方便一些"[①]。听信了谗言的奥赛罗妒火中烧，盛怒之下杀死了苔丝狄蒙娜，后来他知道自己被伊阿古骗了，只得抱恨自杀。

2. 克拉盖特（Claggart）

梅尔维尔的小说《水手比利·巴德》（*Billy Budd*）里阴险狡诈的机械师克拉盖特喜欢比利英俊的面容，却看不惯他单纯善良的心地。克拉盖特先和比利套近乎，成了比利的朋友，然后编造出比利在不屈号（*Bellipotent*）军舰上策划暴乱的谎言来污蔑比利。比利被突如其来的指控弄得不知所措，一时语塞。又惊又恼的比利冲上去打了克拉盖特，而且不慎把他打死了，结果由于犯下杀人罪被判了绞刑。

3. 蓓基·夏泼（Becky Sharp）

萨克雷（Thackeray）的小说《名利场》（*Vanity Fair*）中八面玲珑、左右逢源的狐媚女子蓓基为了不断地抬高身份，用坑蒙拐骗的方式终日在名利场上周旋，毫无下限。在一本充满了虚伪小人的作品中，蓓基的面目尤为可憎。萨克雷在书中曾把蓓基比作塞壬海妖："她们坐在礁石上弹着竖琴，搔首弄姿，浅吟低唱，楚楚动人，引得你前去为她们举着镜子，供她们梳妆。不过那些海中美人一旦

[①] 摘自莎士比亚著，朱生豪译《双语译林·壹力文库：奥赛罗》，译林出版社2013年出版。——译者注

回到她们的领地可就原形毕露了,至于那些海里的嗜血狂魔如何啃食误入歧途的受害者,咱们在这里还是不要细说了。"

4. 汤姆·索亚(Tom Sawyer)

马克·吐温笔下的经典淘气包汤姆·索亚诓他的伙伴们把自己姨妈家的篱笆粉刷了一遍,而且还朝他们收了钱,因为他告诉大家粉刷篱笆是被人明令禁止的事。对此,马克·吐温写道:"他发现了人类行为的一大自然定律,那就是不论是大人还是小孩,你若想勾起他们做某件事的欲望,只要增加做那件事的难度就行了。"

5. 梅菲斯特(Mephistophilis)

在马洛(Marlowe)版本的《浮士德博士的悲剧》(Doctor Faustus)中,身为魔鬼路西法的仆人的梅菲斯特并没有引诱浮士德与他签订契约,一切都是浮士德自愿的,不过当浮士德心有反悔之意时,梅菲斯特用早就准备好的谎言糊弄了他。签约之后,浮士德曾对梅菲斯特说:"我眺望天空时后悔不已。我要诅咒你这不怀好意的梅菲斯特,因为你夺走了我日后上天堂的快乐。"梅菲斯特立刻提醒他,一切都是他的选择,还说:"你以为天堂是多好的地方?我跟你说,浮士德,不论是你还是地上任何一个活人都远比天堂要美好得多。"

6. 鲍勃·尤厄尔(Bob Ewell)

哈珀·李(Harper Lee)在《杀死一只知更鸟》(To Kill a Mockingbird)里塑造的偏执狂酒鬼尤厄尔,诬陷黑人汤姆·罗宾逊(Tom Robinson)奸污了他的女儿梅耶拉(Mayella)。律师阿提克斯·芬奇(Atticus Finch)出色地为罗宾逊进行了辩护,令尤厄尔的证词根本站不住脚，可惜并没有起到扭转局势的作用。成员全是白人的陪审团更愿意相信白人的话，哪怕是尤厄尔那种社会渣滓吐出的谎言。审判结束以后，阿提克斯的儿子杰姆问他在所有证据都对罗宾逊有利的情况下陪审团为何还要判他有罪，阿提克斯回答道："我不知道，但他们就那么判了。他们以前也这么干过，今晚更是如此，以后还会继续。为这种冤案落泪的只有你们这样的孩子。晚安吧。"

7. 乌利亚·希普（Uriah Heep）

狄更斯的小说《大卫·科波菲尔》（*David Copperfield*）中油嘴滑舌的乌利亚·希普的口中从来没吐出过一句实话。作为秘书，他暗中摆布着老板威克菲尔德先生，并一步一步地掏空了他的家产，表面上则装出一副无可挑剔的谦卑姿态。希普特别厌恶小说的主人公大卫·科波菲尔，当大卫提出要教希普拉丁语的时候，希普生动地做出了受宠若惊的样子："哎呀，科波菲尔少爷，您饶了我吧！您的好意我领了，其实我是真想学，但是我是个粗人呐。比我地位高的人天天挤对我还来不及，我要是学了新本事那还了得？学习不是我该干的事儿，我这种人不配有追求。我们这种人要想日子好过就得低三下四，科波菲尔少爷！"

8. 斯麦尔加科夫（Smerdyakov）

斯麦尔加科夫是陀思妥耶夫斯基的长篇巨著《卡拉马佐夫兄弟》（*The Brothers Karamazov*）中兄弟们的父亲费奥多尔的私生子，他身世凄惨，性格扭曲。斯麦尔加科夫杀死了面目可憎的父亲费奥多尔之后，把弑父的罪名推到了同父异母的大哥德米特里（Dmitri）的头上，并指控二哥伊万（Ivan）为同谋。他在行凶之后对伊万吼道："你才是真凶！我是被你利用的，是你忠心的仆人，我是听了你的命令才下手的！"

9. 杰伊·盖茨比（Jay Gatsby）

菲茨杰拉德的著作《了不起的盖茨比》（*Thr Great Gatsby*）里靠贩卖私酒发家的盖茨比深谙世事，处世圆滑，一心想夺回初恋黛茜·布坎南（Daisy Buchanan）的芳心。其实他的本名是詹姆斯·盖茨（James Gatz），出生于美国中西部地区，为了跳出单调枯燥的生活怀揣远大理想远走他乡，并自创出杰伊·盖茨比的身份。小说中的第一人称叙述人尼克·卡拉韦（Nick Caraway）曾就此评论道："我觉得他很早以前就把（杰伊·盖茨比）这个名字构思好了。他的父母都是面朝黄土背朝天的农民，根本不配存在于他的幻想中。来自长岛西卵区的杰伊·盖茨比实际上是他自己理想的化身。他自认为是上帝之子，没错，就是字面上的意思，因此他觉得自己必须为上帝爸爸在人间大显身手，以追求那种听上去很伟大，其实既市侩又空洞的美感。所以，对于一个17岁的少年来说，杰伊·盖茨比已经是他能想象出的最完美的形象了，而且他穷其一生把这个幻象忠实地支撑到了最后。"

10. 匹诺曹（Pinocchio）

卡洛·科洛迪（Carlo Collodi）塑造的匹诺曹是儿童文学中最出名的撒谎精，每当他不对蓝仙女说出口袋中藏着金块的实情的时候，就会发生可怕的事情——他的鼻子会变长。小木偶匹诺曹因为鼻子变长感到羞愧与绝望，但是"蓝仙女并没有怜悯他，她要给匹诺曹一个教训，要他从此不再说谎，因为说谎的孩子是最坏的"。不过蓝仙女后来还是仁慈地唤来一千只啄木鸟，把匹诺曹的鼻子啄回了原来的样子。

三 希腊神话中的十大妙计

1. 某天，宇宙之神克洛诺斯（Cronus）预知今后自己的某个儿子将推翻自己的统治，就像自己当初从老爸乌拉诺斯（Uranus）手中篡位一样。为了避免历史重现，克洛诺斯把妻子瑞亚（Rhea）生下的每个孩子都在第一时间吞掉了，既然他们在他的体内，就不能出来作乱了。但是克洛诺斯对孩子的做法让瑞亚很是焦急，已经有五个孩子被吞掉了，瑞亚不想再失去更多的孩子。等到瑞亚生下名为宙斯的第六个孩子的时候，她做好了保护孩子的准备。瑞亚把一块石头裹成孩子的样子递给了克洛诺斯。克洛诺斯没有察觉出异样，吞下了那块石头，小宙斯则被妈妈瑞亚送走，藏在了克里特岛的一个山洞里。

宙斯长大成人之后就开始着手准备讨伐父亲克洛诺斯的事宜。他当时的妻子——智慧女神墨提斯（Metis）提醒他，光靠他一个人是不可能打败克洛诺斯的，他还需要同盟。墨提斯前去会见克洛诺斯，骗他喝下了一些据说能让他百战百胜的草药。但是那草药让克洛诺斯的肚子翻江倒海地难受，他吐出了宙斯的替身石头，还有先前被他吞掉的五个子女，他们分别是海神波塞冬（Poseidon）、冥王哈迪斯（Hades）、炉灶女神赫斯提亚（Hestia）、谷物女神德墨忒耳（Demeter），还有未来的天后赫拉（Hera）。兄弟姐妹六人联合起来与克洛诺斯对战，后者战败逃走了，于是宙斯成为新一任的宇宙之神。

2. 宙斯后来与姐姐赫拉结了婚，赫拉遂升级为天后。作为宙斯的配偶，生性嫉妒的赫拉憎恨宙斯的其他妻子。其实她早在与宙斯结婚之前，就因为讨厌宙斯四处拈花惹草而拒绝过他的求婚，但是主神宙斯略施小计最终抱得美人归。首先，宙斯唤来一场暴风雨，然后化身一只小鸟在风雨中飘零挣扎，顺势扎进了赫拉的臂弯。赫拉对小鸟起了怜悯之心，就把它搂住，让它在自己的胸膛取暖。接着，宙斯变成了本来的模样（这正是宙斯四处猎艳的惯用手段），赫拉发现怀中拥抱的原来是她的弟弟，想挣脱已经来不及了。

宙斯为了把其他夫人保护在赫拉的炉火之外用尽了一切办法，但是赫拉往往能识破他的伎俩。有一天，赫拉发现了一团不寻常的雨云，怀疑宙斯在里面金屋藏娇。等赫拉冲进云团的时候却只找到了丈夫宙斯，宙斯身边没有什么女子，只有一头漂亮的小母牛。赫拉假装中计，然后开口朝丈夫索要那头母牛。宙斯实在没有理由拒绝赫拉的要求，不然就露馅儿了，于是就让赫拉牵走了牛。那头牛其实是宙斯的妻子之一伊娥（Io），后来在赫拉那里受了许多虐待。

宙斯的另一个妻子瑟墨勒（Semele）也是赫拉嫉恨的对象之一。瑟墨勒是人类女子，也是酒神狄俄尼索斯（Dionysus）的母亲。一天，赫拉下凡扮作老妪和瑟墨勒聊起了天。赫拉问瑟墨勒她的丈夫是谁，长什么模样。瑟墨勒自豪地说她的丈夫是伟大的雷霆之神。赫拉做出一副不相信的样子，还说也许那人只是胡说的。她建议瑟墨勒让宙斯以本来面貌现身，以证明自己就是宇宙万物之神。于是，当宙斯回到瑟墨勒身旁的时候，瑟墨勒请求他实现自己的一个愿望。宙斯发誓不论瑟墨勒要什么他都能兑现，但是当他听到瑟墨勒的愿望的时候却退缩了。宙斯知道凡人肉身无法承受自己的万丈光芒，毕竟比太阳还要明亮好几百倍。他求瑟墨勒换个愿望，但是赫拉在瑟墨勒心里种下的怀疑的种子已经生根发芽了，于是她说什么也要看看宙斯的真容。宙斯无法撤回刚才发过的誓，强忍内心的煎熬显出了原形，瑟墨勒当场化为了灰烬。

3. 宙斯子女成群，其中有七人作为神灵在奥林匹斯山顶上分享他的荣耀，这七人中，身为盗贼和智者之神的赫尔墨斯（Hermes）是最聪明的一个。赫尔墨斯只有一天大的时候就溜进了哥哥阿波罗（Apollo）的牧场，从光明与音乐之神阿波罗的牛群中偷走了五十头最健壮的牛。赶牛回家的路上，赫尔墨斯在牛蹄上包了树皮以掩盖蹄印，还在牛尾巴上捆上笤帚扫掉了一切痕迹。赫尔墨斯把牛群藏在一处隐蔽的树林里，杀掉两头祭神，然后回到了母亲的身边假寐。但是阿波罗也不是那么好糊弄的。经过先知的指点，阿波罗锁定了赫尔墨斯为偷牛贼，就去找他理论。还是婴儿形态的赫尔墨斯当然对此进行了否认，他说自己还那么小，连牛是什么都不知道，更别提去偷牛了。愤怒的阿波罗追着赫尔墨斯一路跑到了奥林匹斯山顶上，他们的父亲宙斯和颜悦色地让小赫尔墨斯把牛还给哥哥。阿波罗对父亲的裁决表示满意，但是后来一清点发现少了两头，更加生气了。为了让哥哥消气，赫尔墨斯把宰杀祭神用的牛身上剔下来的肠子等内脏绷在龟壳上做成了七弦琴。那把琴的音色令阿波罗无比陶醉，于是他提出用自己所有的牛换赫尔墨斯手中的琴。赫尔墨斯欣然同意，二位神仙兄弟遂和好如初。

4. 科林斯国王西绪弗斯（Sisyphus）聪明过人，连神都能被他骗倒。由于西绪弗斯向河神伊索普斯（Asopus）透露了拐走河神女儿的宙斯的去向，宙斯非常生气。盛怒之下，宙斯请求统治冥界的哥哥哈迪斯出面把西绪弗斯捉到暗无天日的冥界去接受惩罚。哈迪斯在西绪弗斯面前现身的时候，西绪弗斯反问他为何不是负责接引灵魂去冥界的赫尔墨斯来带他走。哈迪斯一时语塞，西绪弗斯趁机把哈迪斯用铁链套住，然后把他囚禁了起来。哈迪斯被困之后，整个世界乱了套，因为谁都死不成了。众神威胁西绪弗斯说他要是再不放了哈迪斯就会永远受苦，于是西绪弗斯释放了哈迪斯。世间的凡人终于能够按时死去，秩序重回人间。

哈迪斯回到冥界之后第一个索走的当然是西绪弗斯的命。但是西绪弗斯早有准备。他让王后不要为他举行葬礼，也不要在他的舌头底下按照习俗压一枚渡冥河用的硬币。于是，西绪弗斯以孤魂野鬼的形象来到了哈迪斯面前，哈迪斯感到震惊。西绪弗斯的王后居然如此不守传统，这样下去成何体统？不行，她必须为此受到惩罚。于是哈迪斯让西绪弗斯回到人间去教训妻子。这正是西绪弗斯计划好的，于是他回去和王后又开开心心地生活了好多年。哈迪斯又被西绪弗斯骗了一回。不过作为人类，西绪弗斯终究要死的。等他再度堕入冥界的时候，哈迪斯派给他一个让他不再有时间琢磨诡计的任务。作为惩罚，西绪弗斯必须把一个巨大的石球往山坡上推，眼看就要到山顶的时候，石球则从他的手中滑脱一路滚下去，他就这样周而复始地不断往山上推石球，永远不得停歇。

5. 宙斯在人间的儿子赫拉克勒斯（Heracles）是地面上最强大的人。但是由于赫拉克勒斯的母亲不是赫拉而是宙斯其他的妻子，所以赫拉施术让赫拉克勒斯发狂。狂乱之下，赫拉克勒斯把自己的孩子们当成野兽杀掉了。清醒过来之后，赫拉克勒斯为自己犯下的大错感到懊悔，为了赎罪，他自动请愿要为自己的表哥，也就是迈锡尼的国王欧律斯透斯（Eurystheus）完成十二项壮举。赫拉协助欧律斯透斯列出了十二个极其艰巨的任务。其中的一项是找到赫斯珀里得斯（Hesperides）的秘密花园，从花园里的金苹果树上取回三个金苹果。在前往花园的路上，赫拉克勒斯遇到了被锁在山上受刑的普罗米修斯（Prometheus），他因为把火种传给人类而触犯了天条。赫拉克勒斯出于同情打碎了普罗米修斯身上的铁链，心怀感激的普罗米修斯告诉赫拉克勒斯只有神明才能摘下金苹果。

在秘密花园的附近，赫拉克勒斯拜托背负天空的泰坦神阿特拉斯（Atlus）帮他去摘金苹果。阿特拉斯同意帮忙，不过赫拉克勒斯必须在他去摘苹果的时候替他托举天空。赫拉克勒斯从阿特拉斯的手中接过了天空，但是阿特拉斯回来以后不想再卖苦力了，拒不和赫拉克勒斯交换。虽然赫拉克勒斯的强项是力气而不是头脑，但是对付阿特拉斯他还是绰绰有余。他假意妥协，然后让阿特拉斯替他托一下天空，他好把肩膀上的垫子挪到更舒服的位置。阿特拉斯觉得那个请求合情合理，就接了下来，结果赫拉克勒斯捡起金苹果，头也不回地走了。

6. 赫拉克勒斯虽然骗过了阿特拉斯，但是他也死于别人设下的局。赫拉克勒斯娶了卡吕冬的公主德伊阿尼拉（Deianira）为妻，两人非常幸福。有一天，赫拉克勒斯和德伊阿尼拉准备涉过一条湍急而宽阔的河流。赫拉克勒斯轻松地过了河，但是德伊阿尼拉迟迟不敢下水。这时，名叫涅索斯（Nessus）的半人马向公主伸出了援手，提出要驮她过河。涅索斯和其他半人马一样贪婪而好色，到达对岸之后他打算把德伊阿尼拉拐走。就在涅索斯全速逃走的时候，赫拉克勒斯射出一支毒箭，涅索斯应声倒地。咽气之前，涅索斯让德伊阿尼拉收集了一些自己的血，并对她说一旦以后她觉得赫拉克勒斯的心不在她身上了，就把这些血涂在他的衣袍上，他立刻就能回心转意。

不久以后，远征的赫拉克勒斯打了胜仗，派人回家取他最好的衣服，准备在庆功宴上穿。德伊阿尼拉则以为他是要穿给别的女人看，于是在把衣服送走之前在上面洒了涅索斯的血。赫拉克勒斯刚一穿上那件衣袍，就感到烈火焚身一般的痛楚，因为涅索斯的血中混着当时那支毒箭上的剧毒。虽然那毒药并不能杀死力大无比的赫拉克勒斯，但是足以让他痛苦难忍，于是他命人堆起柴堆把自己烧死。熊熊烈火即将吞没赫拉克勒斯的时候，宙斯把他接到了奥林匹斯山上，让他永远地与众神生活在一起。

7. 代达罗斯（Daedalus）是一名技艺高超的建筑家兼发明家，克里特岛上克诺索斯（Cnossus）国王米诺斯（Minos）的宫殿就是由他建造的。在宫殿的地下，代达罗斯设计了一座任谁都逃不出来的迷宫。迷宫里关着半牛半人的怪物米诺陶（Minotaur）[1]，它终日以人肉为食。每隔九年，雅典人民就得为米诺斯献上14对少男少女，供他投喂给米诺陶，以祈求米诺斯不要攻打雅典。有一年，名叫忒修斯（Theseus）的少年英雄[2]为了除掉米诺陶自愿把别人替下，自己成了祭品中的一员。米诺斯国王美丽的女儿阿里阿德涅（Ariadne）对忒修斯一见倾心，不想让那么英俊的少年去送死，于是恳求代达罗斯帮忒修斯全身而退。代达罗斯送给忒修斯一团可以在迷宫中引路的神奇线绳。忒修斯跟着线绳摸索到迷宫的中心，徒手杀掉了毫无防备的米诺陶，接着他放跑了其他来自雅典的祭品，并带着阿里阿德涅逃出了克里特。

米诺斯国王发现女儿和雅典人跑了，便怒不可遏地把代达罗斯关进了监狱。但是聪慧过人的代达罗斯用羽毛和蜂蜡做成了两副

---

[1] 根据希腊神话的记载，米诺斯国王令众神不悦，于是他们对王后施了魔法，让她与公牛交合并生下了米诺陶。米诺斯国王为了遮丑才命代达罗斯修建地下迷宫把米诺陶关在里面。——译者注
[2] 同时也是雅典的王子。——译者注

翅膀，和儿子伊卡洛斯一起飞了出去（伊卡洛斯飞得太高，太阳烤化了翅膀上的蜂蜡，半路坠亡）。米诺斯追踪代达罗斯一路来到了西西里，不过西西里国王否认自己窝藏了代达罗斯。心存疑虑的米诺斯打算用计把代达罗斯引出来。他首先交给西西里国王一个海螺壳，然后对他说如果他能用一条丝线穿过海螺壳弯曲的内部就送他一大袋金子。西西里国王自然找到代达罗斯求助，代达罗斯经过一番思考想到了解决方案。他把丝线的一头拴在蚂蚁的腿上，然后把蚂蚁放在海螺壳的一端，接着他在另一端滴了一点蜂蜜，蚂蚁闻到蜂蜜的香气之后就从海螺里面穿了过去。西西里国王拿着穿好丝线的海螺壳去换金子的时候，米诺斯心里就有了数，知道代达罗斯就在那里，因为除了他不会再有第二个人能做出如此精巧的活儿。西西里国王再也无法狡辩，就邀请米诺斯出席晚宴，许诺他届时把代达罗斯交出来。当米诺斯在晚宴之前例行沐浴的时候，代达罗斯往水管里灌入了刚烧好的开水，把米诺斯活活烫死了。

8. 才貌双全的女法师美狄亚（Medea）曾经大力协助心爱的伊阿宋（Jason）历尽艰难险阻夺取了金羊毛。但是后来她为了保护伊阿宋免遭他的叔父伊俄尔科斯（Iolcus）国王佩利阿斯（Pelias）的毒手做出了一些过激的事情，惹恼了奥林匹斯山的众神。佩利阿斯王原本答应伊阿宋，只要他把金羊毛带回去，自己就把王位让给伊阿宋。但是当伊阿宋完成任务回到家乡的时候，发现父亲已经被佩利阿斯杀掉了，自己也是佩利阿斯要除掉的人。关键时刻美狄亚出手相救。她打扮成老巫婆的模样来到了伊俄尔科斯，放出消息说自己手上有能够让人重返青春的草药。佩利阿斯闻听此事，召美狄亚进宫演示。美狄亚取了一头老山羊，把它剁成碎块投入一口沸水翻腾的大锅里，然后撒入了一些草药。

草药撒入的一瞬间，一只小羊羔从锅里浮了出来，佩利阿斯赞叹不已，便请美狄亚把他变回年轻的模样。美狄亚假装迟疑，然后告诉佩利阿斯只有他自己的女儿们亲自施法才能成功。佩利阿斯的女儿们虽然一百个不愿意，也只得听从命令把自己的父亲大卸八块之后扔进了锅中的沸水里，等她们转身去找美狄亚拿草药的时候发现她早就不见了。美狄亚心狠手辣的做法遭到了众神的唾弃，也使她不再被众神所庇护。而伊阿宋对为自己做出巨大贡献的美狄亚也心生厌倦，不再钟情于她。美狄亚为了复仇，向伊阿宋另选的未婚妻送去了一件婚礼上穿的衣裙。那件裙子被毒药浸泡过，新娘子穿上之后烈火焚身，当场身亡。美狄亚仍然觉得不够解气，就把自己和伊阿宋生的两个孩子都杀了。在伊阿宋的咒骂声中，美狄亚驾着龙拉的车子升空而去。

9. 色萨利（Thessaly）国王佩琉斯（Peleus）迎娶海中仙女忒提斯（Thetis）的时候，奥林匹斯山的众神几乎全部到场助兴，只有代表不和与纠纷的女神厄里斯（Eris）没有受到邀请。心生怨怼的厄里斯在婚宴当中抛下了一个金苹果，留下话说只有最美的女神才配拥有它。天后赫拉、智慧女神雅典娜（Athena）还有爱神阿芙洛狄特（Aphrodite）对金苹果展开了争夺，眼看现场的火药味越来越浓，宙斯决定让英俊的特洛伊王子帕里斯（Paris）进行裁决。三位女神为了赢得金苹果分别对帕里斯许诺了丰厚的回报，最终帕里斯把金苹果交给了爱神阿芙洛狄特，因为她承诺让帕里斯得到世界上最美丽的女子。

当时，人间的头号美女是特洛伊的海伦（Helen），不巧的是她已经嫁给了求婚者之一斯巴达国王墨涅拉俄斯（Menelaus）。当年所有向海伦求婚的人曾经对海伦的父亲立下誓约，所有人都要同意海伦父亲的选择，而且不论今后谁娶了海伦，剩下的人都要成为新郎的帮手，也要在别人企图抢海伦的时候群起而攻之。所以当帕里斯在阿芙洛狄特的协助下［阿芙洛狄特派儿子厄洛斯（Eros）向海伦的心里射入了爱神之箭，使她爱上了帕里斯］把海伦拐走以后，就成了众矢之的。绝大多数求婚者都信守盟约向特洛伊宣战，唯独俄底修斯（Odysseus）[①]不想去。俄底修斯那时已经和海伦的堂妹佩涅罗珀（Penelope）结了婚，生活非常甜蜜，所以不愿卷入那场纠纷，就假装发疯，于是讨伐一方派希腊人帕拉米狄斯（Palamedes）去请俄底修斯出战。俄底修斯当着帕拉米狄斯的面把一头驴和牛套在犁上，赶着它们犁地，他在后面往土地里撒盐。帕拉米狄斯感觉俄底修斯在演戏，就把他还在吃奶的儿子放在了犁的前面，俄底修斯改变了方向避开了儿子，表示他并没有疯，结果不得不加入了讨伐帕里斯的队伍。

另外一个不愿出征的是阿喀琉斯（Achilles），他的母亲正是忒提斯，就是当初婚礼被厄里斯扔金苹果搅乱的海洋仙女。忒提斯警告阿喀琉斯，说他若去攻打特洛伊绝对有去无回，然后让他穿上女装藏在莱喀米狄斯（Lycomedes）国王的宫廷里。负责寻找阿喀琉斯的俄底修斯打听到了他的所在之处，就扮成行脚商人去拜访莱喀米狄斯。俄底修斯随身携带的商品中既有贵重的首饰也有精巧的武器。当宫廷上的女子都被首饰所吸引的时候阿喀琉斯却仔细研究着各种武器，结果暴露了身份。经过俄底修斯的一番劝说，阿喀琉斯同意出战。

10. 海伦被拐之后，奥林匹斯山的众神在希腊和特洛伊之间的

[①] 也作奥德修，对应罗马神话中的尤利西斯。——译者注

战争中分成了两派。赫拉和雅典娜站在希腊人那边，宙斯则支持特洛伊。为了赢得战争，各路神仙之间也搞起了小动作。

海神波塞冬也是希腊派的，和宙斯立场相对，于是同样支持希腊的赫拉想方设法地要让丈夫宙斯无法战斗。她的计划是让宙斯陷入沉睡，为此，她要从敌对阵营的阿芙洛狄特手中借一条围腰，不论谁围上它都会散发出令人无法抗拒的魅力。赫拉对阿芙洛狄特说她要借那条围腰去帮助某两个正在吵架的神明和解，而实际上她是要算计自己的丈夫。赫拉系上围腰去找正在伊达（Ida）山上观战的宙斯。宙斯眼中的赫拉宛如初见时那样娇媚，不禁和她云雨一番。然后，赫拉唤来梦神摩耳甫斯（Morpheus）让宙斯沉沉地睡去。就这样，宙斯打盹儿的时候，海神波塞冬引领着希腊军取得了胜利。

四　近现代美国史上的十大"委婉"案例

1. 水门事件发生之后，尼克松总统的白宫发言人罗纳德·泽格勒（Ronald Ziegler）在1974年针对水门事件中某批录音带内容是否完整的问题做出了以下回答[1]："我个人感觉在白宫里曾经有录音设备的地方发生过的所有谈话应该大部分都在。但是此次案件的特别检察官、法院相关人员还有我本人都认为美国人民对录音系统的结构并不陌生，所以也该知道具体录音设备的位置，以及录音这件事具体该怎么操作。[2] 目前对于录音材料的整理和准备工作尚未开始，所以法院也没有得出结论，因此我觉得这个问题仍然没有答案。"

---

[1] 某些磁带在1973年被人发现存在录音被删掉的情况。——译者注
[2] 关于录音被删掉的原因，相关工作人员的解释是日常工作中误碰了录音设备上的录音键，所以抹掉了磁带上的某些内容。——译者注

2. 1986年挑战者号航天飞机爆炸之后，美国国家航空航天局（NASA）的官员就载人航天飞机的性能是否有所改进的问题答道："我认为所谓性能应该指的是航天飞机绕地球运转的表现，我们对那个阶段的外在环境和自身技术高度都非常了解，我们的运作可以说非常精确了……至于航天飞机升空的性能，我们认为更准确的表达方式是'功能'，并不具备'与时俱进'的性质。"

挑战者号航天飞机爆炸一事经过NASA的诠释成了一起"反常事件"，宇航员们的尸体是"回收的部件"，而他们的棺材则是"运输机组成员的容器"。

3. 1994年，前美国国务院发言人克里斯汀·雪莱（Christine Shelley）在回答卢旺达境内的图西族人民遭到的大规模屠杀是否为种族屠杀的时候说道："'种族屠杀'是个在法律上定义精确却很难被严格定性的概念。这个事件涉及的方面很多。"

时间回溯到1983年，美国国务院宣布他们将在关于其他国家和地区的人权报告中停止使用"杀戮"一词，取而代之的是"使用不法手段武断地剥夺他人生命的行为"。

4. R. J. 雷诺（R. J. Reynolds）烟草公司的董事长兼执行总裁詹姆斯·约翰斯顿（James Johnston）在1994年的国会听证会上辩称："他们说抽烟让人上瘾，实际上是对'上瘾'这个词的曲解和滥用，这个现象越来越严重，许多让人快乐的行为都被说成具有上瘾性，不论是吃糖、喝咖啡、玩电子游戏还是看电视。这种做法是对社会常识的公然藐视。"

菲利普·莫里斯（Philip Morris）和烟草公司的首席执行官威廉·坎贝尔（William Campbell）在同一场听证会上也提出了类似

言论:"香烟中含有尼古丁,因为那是烟草中自然存在的。尼古丁造就了香烟的口感,提升了吸烟的愉悦指数。然而我们不能说因为香烟含尼古丁就把它算作毒品,也不能把吸烟看作吸毒行为。尊敬的主席,咖啡里含有咖啡因,而且很少有人爱喝去掉咖啡因的咖啡。照这个说法咖啡也算毒品吗?喝咖啡的各位能算吸毒人员吗?我看不能吧。"

5. 前美国空军发言人大卫·H. E. 奥弗林(David H. E. Opferin)上校在1973年对各大媒体关于空袭柬埔寨一事的报道非常不满:"你们一写就是轰炸、轰炸、轰炸。那不叫轰炸!那是'空中火力援助'!"

越战期间也出现了一系列委婉用语,比如:

误伤(对无辜人民的杀戮)
以最大程度的伤害手段移除目标(暗杀)
高级别能量扩散(核爆)
限时保护性空袭(轰炸越南的村镇)
失控的弹药(不慎炸毁学校和医院的炸弹)
积极防御(入侵)

6. 1980年,美军针对被关押在伊朗的美国人质实施的解救行动以失败告终,前总统吉米·卡特称之为"不完全成功"。

7. 在美国中央情报局(CIA)的文件里,1984年被美国招募执行尼加拉瓜军事行动的雇佣兵是"受单方面控制的拉丁裔人力资源"。

8. 1993年，前总统比尔·克林顿在回答他所提议的医疗制度所需资金来源于何处的问题时提出了"按工资水平缴纳保费"的概念。

早些年的里根政府为了避免使用"税收"一词而用"扩大收益"进行指代。

9. 1988年，隶属于美国海军的一架战斗机向一架伊朗客机发射了两枚导弹，当时的白宫发言人马林·菲茨沃特（Marlin Fitzwater）在新闻发布会上说："此时此刻，我不会对这一事件做出任何确认。"但是菲茨沃特还说里根总统"在事发的第一时间"就接到了关于此事的通报。至于是什么事件，他还是那句话："就是我现在不能确认的那件事。"

10. 1980年，从美国去往萨尔瓦多进行传教的三名修女和一名在俗传教士被当地宪兵强奸后杀害。当时的美国国务卿亚历山大·黑格（Alexander Haig）为此事对外交委员会做出的解释是："经过初步调查，我有理由认为当时修女们乘坐的车辆很有可能企图冲闯路障，或者在对方看来有此意图，事发现场双方也许进行过短暂的交火，造成伤亡后果之后，对方采取了进一步行动以掩盖事实真相。整个事件看上去缺乏明确的动机，对方的行为能力也可能比较有限。但是这一事件的真相还没有明确到让人能得出结论的程度。"

在第二天的会议上，有人在外交委员会面前问黑格他前一天的发言是否表示当时的修女们的确存在冲闯路障的行为，黑格答道："您是说她们企图闯入禁地……不是，不是！我的天啊，我不是那个意思！我要是说出那种话来，当年在教区学校里把我培育成人的修女们永远都不会接纳我了。"

后来，议员克莱伯恩·佩尔（Claiborne Pell）问黑格，他之前提出的"双方交火"是否暗指修女们朝当地宪兵们开枪了。黑格连忙辩解道："议员先生，我从来没见过持枪的修女。我的意思是说在那种情况下，不管谁先开枪，所有人都会陷入慌乱状态。"

参考资料

书籍

Ambrose, Stephen E. *Eisenhower: The President*. New York: Simon & Schuster, 1984.

Barstow, Anne Llewellyn. *Witchcraze: A New History of the European Witch Hunts*. San Francisco: Pandora, 1995.

Behr, Edward. *Kiss the Hand You Cannot Bite*. New York: Villard, 1991.

Bradlee, Ben. *A Good Life: Newspapering and Other Adventures*. New York: Simon & Schuster, 1995.

Brown, Anthony Cave. *Bodyguard of Lies: The Classic History of the War of Deception That Kept D-day Secret from Hitler and Sealed the Allied Victory*. New York: Quill/William Morrow, 1975.

Cadbury, Deborah. *The Lost King of France: How DNA Solved the Mystery of the Murdered Son of Louis XVI and Marie-Antoinette*. New York: St. Martin's/Griffin, 2002.

Chancellor, Henry. *Colditz: The Untold Story of World War II's Great Escapes*. New York: William Morrow, 2001.

Cheesman, Clive, and Jonathan Williams. *Rebels, Pretenders and Imposters*. New York: St. Martin's Press, 2000.

Cohn, Norman. *Warrant for Genocide: The Myth of the Jewish World Conspiracy and the Protocols of the Elders of Zion*. London: Serif, 1996.

Collins, Paul S. *Banvard's Folly: Thirteen Tales of People Who Didn't Change the World.* New York: Picador, 2002.

Dallek, Robert. *Flawed Giant: Lyndon Johnson and His Times 1961–1973.* New York and Oxford: Oxford University Press, 1998.

DeCerteau, Michel. *The Possession at Loudun.* Translated by Michael B. Smith. Chicago and London: The University of Chicago Press, 2000.

Dundes, Alan, ed. *The Blood Libel Legend: A Casebook in Anti-Semitic Folklore.* Madison and London: The University of Wisconsin Press, 1991.

Elton, G. R. *England under the Tudors.* London: Methuen & Co. Ltd., 1967.

Fay, Stephen, Lewis Chester, and Magnus Linklater. *Hoax: The Inside Story of the Howard Hughes–Clifford Irving Affair.* New York: Viking Press, 1972.

Fedler, Fred. *Media Hoaxes.* Ames, Iowa: Iowa State University Press, 1989.

Gallagher, Hugh Gregory. *FDR's Splendid Deception: The Moving Story of Roosevelt's Massive Disability—And the Intensive Efforts to Conceal It from the Public.* Arlington, Virginia: Vandamere Press, 1999.

Harris, Neil. *Humbug: The Art of P.T. Barnum.* Chicago and London: The University of Chicago Press, 1973.

Heckscher, August. *Woodrow Wilson: A Biography.* New York: Scribner's, 1991.

Hoving, Thomas. *False Impressions: The Hunt for Big-time Art Fakes.* New York: Touchstone Books, 1997.

Hurst, Jack. *Nathan Bedford Forrest: A Biography.* New York: Alfred A. Knopf, 1993.

Hynd, Alan. *Professors of Perfidy.* New York: A. S. Barnes and Company, Inc., 1963.

Kurth, Peter. *Anastasia: The Riddle of Anna Anderson.* Boston, Toronto, and London: Little, Brown, 1983.

Ludwig, Emil (translated by Eden and Cedar Paul). *Bismarck: The Story of a Fighter.* London: George Allen and Unwin Ltd., 1927.

MacMahon, Edward B., M.D., and Leonard Curry. *Medical Cover-up in the White House.* Washington, DC: Farragut Publishing Company, 1987.

Massie, Robert K. *The Romanovs: The Final Chapter.* New York: Random House, 1995.

McGuigan, Dorothy Gies. *The Habsburgs.* New York: Doubleday, 1966.

Nickell, Joe. *Inquest on the Shroud of Turin.* Amherst, New York: Prometheus

Books, 1983.

Pacepa, Ion Mihai. *Red Horizons: The True Story of Nicolae and Elena Ceausescus' Crimes, Lifestyle, and Corruption*. Washington, DC: Regnery, 1990.

Palmer, Alan. *Bismarck*. New York: Scribner's, 1976.

Pickover, Clifford A. *The Girl Who Gave Birth to Rabbits: A True Medical Mystery*. Amherst, New York: Prometheus Books, 2000.

Pollard, A. F. *Henry VIII*. London, New York, and Toronto: Longmans, Green and Co. Ltd., 1905.

Rayner, Richard. *Drake's Fortune: The Fabulous True Story of the World's Greatest Confidence Artist*. New York: Doubleday, 2002.

Ridley, Jasper. *Henry VIII: The Politics of Tyranny*. New York: Viking, 1984.

Shirer, William L. *The Rise and Fall of the Third Reich*. New York: Simon & Schuster, 1959.

Sillitoe, Linda and Allen Roberts. *Salamander: The Story of the Mormon Forgery Murders*. Salt Lake City, Utah: Signature Books, 1989.

Time-Life Books. *Library of Curious and Unusual Facts: Hoaxes and Deceptions*. Alexandria, Virginia: Time-Life Books, 1991.

Volkogonov, Dmitri. *Stalin: Triumph and Tragedy*. Translated and edited by Harold Shukman. New York: Grove Weidenfeld, 1991.

Walker, Barbara G. *The Crone: Women of Age, Wisdom, and Power*. New York: Harper & Row, 1985.

Walsh, John Evangelist. *Unraveling Piltdown: The Science Fraud of the Century and Its Solution*. New York: Random House, 1996.

文章

Arthur, Billy. "The Queen Imposter." *The State*, February 1991.

Carlson, Peter. "Sins of the Son: Kim Jong Il's North Korea Is in Ruins, but Why Should That Spoil His Fun?" *The Washington Post*, May 11, 2003.

Green, Bill. "Janet's World: The Story of a Child Who Never Existed—How and Why It Came to Be Published." *The Washington Post*, April 19, 1981.

Haines, J. D. "The King of Quacks: Albert Abrams, MD." *Skeptical Inquirer*, May/June 2002.

Kaiser, Robert G. "Cambodia Story a Hoax, Reports *New York Times*." The

Washington Post, February 23, 1982.

Kurtz, Howard. "Unrepentant Blair Taunts 'Idiot' Editors." *The Washington Post*, May 21, 2003.

———. "*N. Y. Times* Uncovers Dozens of Faked Stories by Reporter." *The Washington Post*, May 11, 2003.

Powell, Michael. "Mob Boss Admits Insanity Was a Ruse." *The Washington Post*, April 8, 2003.

Wert, Jeffry D. "The Civil War Gold Hoax." *American History Illustrated*, January 1980.

致　谢

本书在创作过程中受到了许多热心人的鼎力相助。借此机会我要向我的经纪人珍妮·本特（Jenny Bent）、责编卡罗琳·怀特（Caroline White）以及企鹅图书的全体工作人员致以崇高的敬意。同时我要向以下各位道一声感谢：帕特森·克拉克（Patterson Clark）、马努斯·库尼（Manus Cooney）、汤姆与莫莉·多德伉俪（Tom and Molly Dodd）、尼克·加里菲亚纳基斯（Nick Galifianakis）、克里斯汀·英格斯比（Kristin Inglesby）、雷吉娜·科勒（Regina Koehler）、安·玛丽·林奇（Ann Marie Lynch）、艾琳·莫纳汉（Eileen Monahan）、凯文·墨菲（Kevin Murphy）、迈克·佩特（Mike Pate）、博伊斯·伦斯伯格（Boyce Rensberger）、弗吉尼亚军事学院（Virginia Military Institute）的罗丝·玛丽·谢尔顿（Rose Mary Sheldon）、马克·史密斯（Mark Smith）、希尔斯代尔学院（Hillsdale College）的大卫·斯图亚特（David Steward）、乔治城大学（Georgetown University）的安东尼·塔姆巴斯科（Anthony Tambasco）、国家英语教师委员会（National Council of Teachers of English）的林赛·泰特（Lyndsey Tate）、乔治·华盛

顿大学（George Washington University）的约翰·齐奥尔科夫斯基（John Ziolkowski），以及我在《华盛顿邮报》编辑部的同人玛多娜·勒布灵（Madonna Lebling）、彼得·梅斯利（Peter Masley）、斯科特·摩尔（Scott Moore）、艾迪·帕兰佐（Eddy Palanzo）、戴维·冯·德雷赫勒（David von Drehle）、里克·怀斯（Rich Weiss）；特别是吉恩·韦恩加滕（Gene Weingarten），才华横溢的她对我提供了数不胜数的无私帮助。

新知文库

01 《证据：历史上最具争议的法医学案例》[美] 科林·埃文斯 著　毕小青 译
02 《香料传奇：一部由诱惑衍生的历史》[澳] 杰克·特纳 著　周子平 译
03 《查理曼大帝的桌布：一部开胃的宴会史》[英] 尼科拉·弗莱彻 著　李响 译
04 《改变西方世界的26个字母》[英] 约翰·曼 著　江正文 译
05 《破解古埃及：一场激烈的智力竞争》[英] 莱斯利·罗伊·亚京斯 著　黄中宪 译
06 《狗智慧：它们在想什么》[加] 斯坦利·科伦 著　江天帆、马云霏 译
07 《狗故事：人类历史上狗的爪印》[加] 斯坦利·科伦 著　江天帆 译
08 《血液的故事》[美] 比尔·海斯 著　郎可华 译　张铁梅 校
09 《君主制的历史》[美] 布伦达·拉尔夫·刘易斯 著　荣予、方力维 译
10 《人类基因的历史地图》[美] 史蒂夫·奥尔森 著　霍达文 译
11 《隐疾：名人与人格障碍》[德] 博尔温·班德洛 著　麦湛雄 译
12 《逼近的瘟疫》[美] 劳里·加勒特 著　杨岐鸣、杨宁 译
13 《颜色的故事》[英] 维多利亚·芬利 著　姚芸竹 译
14 《我不是杀人犯》[法] 弗雷德里克·肖索依 著　孟晖 译
15 《说谎：揭穿商业、政治与婚姻中的骗局》[美] 保罗·埃克曼 著　邓伯宸 译　徐国强 校
16 《蛛丝马迹：犯罪现场专家讲述的故事》[美] 康妮·弗莱彻 著　毕小青 译
17 《战争的果实：军事冲突如何加速科技创新》[美] 迈克尔·怀特 著　卢欣渝 译
18 《最早发现北美洲的中国移民》[加] 保罗·夏亚松 著　暴永宁 译
19 《私密的神话：梦之解析》[英] 安东尼·史蒂文斯 著　薛绚 译
20 《生物武器：从国家赞助的研制计划到当代生物恐怖活动》[美] 珍妮·吉耶曼 著　周子平 译
21 《疯狂实验史》[瑞士] 雷托·U. 施奈德 著　许阳 译
22 《智商测试：一段闪光的历史，一个失色的点子》[美] 斯蒂芬·默多克 著　卢欣渝 译
23 《第三帝国的艺术博物馆：希特勒与"林茨特别任务"》[德] 哈恩斯-克里斯蒂安·罗尔 著　孙书柱、刘英兰 译

24 《茶：嗜好、开拓与帝国》[英]罗伊·莫克塞姆 著　毕小青 译
25 《路西法效应：好人是如何变成恶魔的》[美]菲利普·津巴多 著　孙佩妏、陈雅馨 译
26 《阿司匹林传奇》[英]迪尔米德·杰弗里斯 著　暴永宁、王惠 译
27 《美味欺诈：食品造假与打假的历史》[英]比·威尔逊 著　周继岚 译
28 《英国人的言行潜规则》[英]凯特·福克斯 著　姚芸竹 译
29 《战争的文化》[以]马丁·范克勒韦尔德 著　李阳 译
30 《大背叛：科学中的欺诈》[美]霍勒斯·弗里兰·贾德森 著　张铁梅、徐国强 译
31 《多重宇宙：一个世界太少了？》[德]托比阿斯·胡阿特、马克斯·劳讷 著　车云 译
32 《现代医学的偶然发现》[美]默顿·迈耶斯 著　周子平 译
33 《咖啡机中的间谍：个人隐私的终结》[英]吉隆·奥哈拉、奈杰尔·沙德博尔特 著　毕小青 译
34 《洞穴奇案》[美]彼得·萨伯 著　陈福勇、张世泰 译
35 《权力的餐桌：从古希腊宴会到爱丽舍宫》[法]让－马克·阿尔贝 著　刘可有、刘惠杰 译
36 《致命元素：毒药的历史》[英]约翰·埃姆斯利 著　毕小青 译
37 《神祇、陵墓与学者：考古学传奇》[德]C.W.策拉姆 著　张芸、孟薇 译
38 《谋杀手段：用刑侦科学破解致命罪案》[德]马克·贝内克 著　李响 译
39 《为什么不杀光？种族大屠杀的反思》[美]丹尼尔·希罗、克拉克·麦考利 著　薛绚 译
40 《伊索尔德的魔汤：春药的文化史》[德]克劳迪娅·米勒－埃贝林、克里斯蒂安·拉奇 著　王泰智、沈惠珠 译
41 《错引耶稣：〈圣经〉传抄、更改的内幕》[美]巴特·埃尔曼 著　黄恩邻 译
42 《百变小红帽：一则童话中的性、道德及演变》[美]凯瑟琳·奥兰丝汀 著　杨淑智 译
43 《穆斯林发现欧洲：天下大国的视野转换》[英]伯纳德·刘易斯 著　李中文 译
44 《烟火撩人：香烟的历史》[法]迪迪埃·努里松 著　陈睿、李欣 译
45 《菜单中的秘密：爱丽舍宫的飨宴》[日]西川惠 著　尤可欣 译
46 《气候创造历史》[瑞士]许靖华 著　甘锡安 译
47 《特权：哈佛与统治阶层的教育》[美]罗斯·格雷戈里·多塞特 著　珍栎 译
48 《死亡晚餐派对：真实医学探案故事集》[美]乔纳森·埃德罗 著　江孟蓉 译
49 《重返人类演化现场》[美]奇普·沃尔特 著　蔡承志 译

50 《破窗效应：失序世界的关键影响力》［美］乔治·凯林、凯瑟琳·科尔斯 著　陈智文 译

51 《违童之愿：冷战时期美国儿童医学实验秘史》［美］艾伦·M.霍恩布鲁姆、朱迪斯·L.纽曼、格雷戈里·J.多贝尔 著　丁立松 译

52 《活着有多久：关于死亡的科学和哲学》［加］理查德·贝利沃、丹尼斯·金格拉斯 著　白紫阳 译

53 《疯狂实验史Ⅱ》［瑞士］雷托·U.施奈德 著　郭鑫、姚敏多 译

54 《猿形毕露：从猩猩看人类的权力、暴力、爱与性》［美］弗朗斯·德瓦尔 著　陈信宏 译

55 《正常的另一面：美貌、信任与养育的生物学》［美］乔丹·斯莫勒 著　郑嬿 译

56 《奇妙的尘埃》［美］汉娜·霍姆斯 著　陈芝仪 译

57 《卡路里与束身衣：跨越两千年的节食史》［英］路易丝·福克斯克罗夫特 著　王以勤 译

58 《哈希的故事：世界上最具暴利的毒品业内幕》［英］温斯利·克拉克森 著　珍栎 译

59 《黑色盛宴：嗜血动物的奇异生活》［美］比尔·舒特 著　帕特里曼·J.温 绘图　赵越 译

60 《城市的故事》［美］约翰·里德 著　郝笑丛 译

61 《树荫的温柔：亘古人类激情之源》［法］阿兰·科尔班 著　苜蓿 译

62 《水果猎人：关于自然、冒险、商业与痴迷的故事》［加］亚当·李斯·格尔纳 著　于是 译

63 《囚徒、情人与间谍：古今隐形墨水的故事》［美］克里斯蒂·马克拉奇斯 著　张哲、师小涵 译

64 《欧洲王室另类史》［美］迈克尔·法夸尔 著　康怡 译

65 《致命药瘾：让人沉迷的食品和药物》［美］辛西娅·库恩等 著　林慧珍、关莹 译

66 《拉丁文帝国》［法］弗朗索瓦·瓦克 著　陈绮文 译

67 《欲望之石：权力、谎言与爱情交织的钻石梦》［美］汤姆·佐尔纳 著　麦慧芬 译

68 《女人的起源》［英］伊莲·摩根 著　刘筠 译

69 《蒙娜丽莎传奇：新发现破解终极谜团》［美］让－皮埃尔·伊斯鲍茨、克里斯托弗·希斯·布朗 著　陈薇薇 译

70 《无人读过的书：哥白尼〈天体运行论〉追寻记》［美］欧文·金格里奇 著　王今、徐国强 译

71 《人类时代：被我们改变的世界》［美］黛安娜·阿克曼 著　伍秋玉、澄影、王丹 译

72 《大气：万物的起源》［英］加布里埃尔·沃克 著　蔡承志 译

73 《碳时代：文明与毁灭》［美］埃里克·罗斯顿 著　吴妍仪 译

74 《一念之差：关于风险的故事与数字》[英]迈克尔·布拉斯兰德、戴维·施皮格哈尔特 著 威治 译

75 《脂肪：文化与物质性》[美]克里斯托弗·E.福思、艾莉森·利奇 编著 李黎、丁立松 译

76 《笑的科学：解开笑与幽默感背后的大脑谜团》[美]斯科特·威姆斯 著 刘书维 译

77 《黑丝路：从里海到伦敦的石油溯源之旅》[英]詹姆斯·马里奥特、米卡·米尼奥－帕卢埃洛 著 黄煜文 译

78 《通向世界尽头：跨西伯利亚大铁路的故事》[英]克里斯蒂安·沃尔玛 著 李阳 译

79 《生命的关键决定：从医生做主到患者赋权》[美]彼得·于贝尔 著 张琼懿 译

80 《艺术侦探：找寻失踪艺术瑰宝的故事》[英]菲利普·莫尔德 著 李欣 译

81 《共病时代：动物疾病与人类健康的惊人联系》[美]芭芭拉·纳特森－霍洛威茨、凯瑟琳·鲍尔斯 著 陈筱婉 译

82 《巴黎浪漫吗？——关于法国人的传闻与真相》[英]皮乌·玛丽·伊特韦尔 著 李阳 译

83 《时尚与恋物主义：紧身褡、束腰术及其他体形塑造法》[美]戴维·孔兹 著 珍栎 译

84 《上穷碧落：热气球的故事》[英]理查德·霍姆斯 著 暴永宁 译

85 《贵族：历史与传承》[法]埃里克·芒雄－里高 著 彭禄娴 译

86 《纸影寻踪：旷世发明的传奇之旅》[英]亚历山大·门罗 著 史先涛 译

87 《吃的大冒险：烹饪猎人笔记》[美]罗布·沃乐什 著 薛绚 译

88 《南极洲：一片神秘的大陆》[英]加布里埃尔·沃克 著 蒋功艳、岳玉庆 译

89 《民间传说与日本人的心灵》[日]河合隼雄 著 范作申 译

90 《象牙维京人：刘易斯棋中的北欧历史与神话》[美]南希·玛丽·布朗 著 赵越 译

91 《食物的心机：过敏的历史》[英]马修·史密斯 著 伊玉岩 译

92 《当世界又老又穷：全球老龄化大冲击》[美]泰德·菲什曼 著 黄煜文 译

93 《神话与日本人的心灵》[日]河合隼雄 著 王华 译

94 《度量世界：探索绝对度量衡体系的历史》[美]罗伯特·P.克里斯 著 卢欣渝 译

95 《绿色宝藏：英国皇家植物园史话》[英]凯茜·威利斯、卡罗琳·弗里 著 珍栎 译

96 《牛顿与伪币制造者：科学巨匠鲜为人知的侦探生涯》[美]托马斯·利文森 著 周子平 译

97 《音乐如何可能？》[法]弗朗西斯·沃尔夫 著 白紫阳 译

98 《改变世界的七种花》[英]詹妮弗·波特 著 赵丽洁、刘佳 译

99 《伦敦的崛起：五个人重塑一座城》[英]利奥·霍利斯 著　宋美莹 译

100 《来自中国的礼物：大熊猫与人类相遇的一百年》[英]亨利·尼科尔斯 著　黄建强 译

101 《筷子：饮食与文化》[美]王晴佳 著　汪精玲 译

102 《天生恶魔？：纽伦堡审判与罗夏墨迹测验》[美]乔尔·迪姆斯代尔 著　史先涛 译

103 《告别伊甸园：多偶制怎样改变了我们的生活》[美]戴维·巴拉什 著　吴宝沛 译

104 《第一口：饮食习惯的真相》[英]比·威尔逊 著　唐海娇 译

105 《蜂房：蜜蜂与人类的故事》[英]比·威尔逊 著　暴永宁 译

106 《过敏大流行：微生物的消失与免疫系统的永恒之战》[美]莫伊塞斯·贝拉斯克斯-曼诺夫 著　李黎、丁立松 译

107 《饭局的起源：我们为什么喜欢分享食物》[英]马丁·琼斯 著　陈雪香 译　方辉 审校

108 《金钱的智慧》[法]帕斯卡尔·布吕克内 著　张叶　陈雪乔 译　张新木 校

109 《杀人执照：情报机构的暗杀行动》[德]埃格蒙特·科赫 著　张芸、孔令逊 译

110 《圣安布罗焦的修女们：一个真实的故事》[德]胡贝特·沃尔夫 著　徐逸群 译

111 《细菌》[德]汉诺·夏里修斯　里夏德·弗里贝 著　许嫚红 译

112 《千丝万缕：头发的隐秘生活》[英]爱玛·塔罗 著　郑嬿 译

113 《香水史诗》[法]伊丽莎白·德·费多 著　彭禄娴 译

114 《微生物改变命运：人类超级有机体的健康革命》[美]罗德尼·迪塔特 著　李秦川 译

115 《离开荒野：狗猫牛马的驯养史》[美]加文·艾林格 著　赵越 译

116 《不生不熟：发酵食物的文明史》[法]玛丽-克莱尔·弗雷德里克 著　冷碧莹 译

117 《好奇年代：英国科学浪漫史》[英]理查德·霍姆斯 著　暴永宁 译

118 《极度深寒：地球最冷地域的极限冒险》[英]雷纳夫·法恩斯 著　蒋功艳、岳玉庆 译

119 《时尚的精髓：法国路易十四时代的优雅品位及奢侈生活》[美]琼·德让 著　杨冀 译

120 《地狱与良伴：西班牙内战及其造就的世界》[美]理查德·罗兹 著　李阳 译

121 《骗局：历史上的骗子、赝品和诡计》[美]迈克尔·法夸尔 著　康怡 译